游泳池救生教程

swimming pool rescue

高　捷　主编

北京体育大学出版社

教材编委会

主　编：高　捷

副主编：许　聪

编　委：周玉成　沈　伟　于晓光　原家谦

高　捷　许　聪　孙　征　叶冬清

王　隽　李　硕　姜昕昕

前　言

我国每年有几亿群众参加游泳活动，游泳运动是一项深受广大人民群众喜爱的、且较为普及的运动项目。长期参加游泳运动的好处很多，不仅可以强身健体，增强心血管、呼吸系统的功能，改善体温调节机制，而且可以磨练意志，促进心理和智力的全面发展。然而随着参与游泳锻炼人数的不断增加，因此而引发溺水事故数量也不断提升，每年公布的因溺水死亡的人数让我们触目惊心。如何提高安全救助意识，学会并掌握正确、有效的水中自救及互救的基本技术、方法，是游泳运动中必不可少的重要一课，对于保护自己、必要时挽救他人生命具有十分重要的意义。

针对上述需求，北京体育大学组织了相关方面的专家、学者编写了本教程。本教程中包含了游泳救生基本理论与方法、游泳救生基本技术、游泳救生赴救技术、游泳救生现场急救技术、游泳救生中的观察与判断、游泳池安全管理等多方面的最新理论知识。在每一章节中均提供了内容概述、学习目标、案例分析、思考题，并结合大量图片，以最直观的图文结合的形式帮助学生快速理解教材内容，提高学习效率。该教程不仅适合于本专科体育类院校运动训练、体育教育、社会体育、休闲体育专业学生作为游泳专项理论的教学教材，同时也适合于其他院校、其他专业选修游泳或游泳救生课程的教学教材。此外该书结合游泳救生员国家职业资格认证制度，对各级游泳救生员国家职业资格考核都进行了介绍，并针对于实操考核中的各个项目都进行了详细教学讲解，因此该书也适用于参与各级游泳救生员国家职业资格考核的考生作为教学参考教材。

本教程由北京体育大学高捷教授担任主编，北京市海淀区青少年游泳业余体校许聪校长担任副主编，参编人员均为国内长期从事游泳救生方面教学、竞赛、培训、考核工作的专家、教师。参编人员中包括中国救生协会专家工作小组成员、体育行业职业技能鉴定专家指导委员会游泳救生员专业委员会委员、劳动部国家职业技能鉴定游泳救生员培训教师及考评员等。

具体编写人员及分工情况为：第一章，高捷、李硕；第二章，高捷；第三章，许聪、孙征；第四章，于晓光、许聪；第五章，沈伟、孙征；第六章，原家谦、高捷；第七章，周玉成、王隽；第八章，高捷、姜昕昕，全书由高捷和叶冬青负责统稿。

教程中所有图片均拍摄于北京体育大学游泳馆。感谢参与协助本教程图片拍摄的特约模特：孙征、韦逸、解力羊、沈小洋、蒋力等人。

《游泳池救生教程》编写组

2014 年 3 月

目录 CONTENTS

第一章
游泳救生基本理论

内容概要

游泳救生的定义与分类、游泳救生工作的意义及基本原则；游泳救生员的职业道德和职业守则。

学习目标

学习如何成为一名合格的游泳救生员；游泳救生员应具备什么样的基本素质；了解游泳救生的基本原则有哪些；明确什么是游泳救生及游泳救生的分类。

第一节　游泳救生的定义与分类

一、游泳救生的定义

游泳救生是指人们在水上活动，发生意外事故时所采取的救助措施。

游泳救生工作的宗旨：“同心同德，拯溺救难”。

当溺水事故发生时，救生员必须大胆沉着，细心负责，齐心协力，紧密配合地救助溺者，为“保护人的生命和健康”做出贡献。

游泳救生工作的指导思想：“以防为本，施救要准”。

游泳救生工作的经验和教训告诫我们：防字当头，贯彻始终，是消除一切可能发生事故隐患的基础和保证。在处理游泳救生意外事故时，施救要准，即在时间方面要争分夺秒，做到就近、就便、就快；在施救方法上，操作要正确，做到准确无误，要尽最大的努力挽回溺者的生命。因此，只有自始至终地坚持防、救结合，才能有备无患，才能更好地为“保护人的生命和健康”做出贡献。

二、游泳救生的分类

游泳救生可分为“游泳池救生”和“公开水域救生”，公开水域救生也可称为“自然水域救生”。

“游泳池救生”是指在人工建造的规则或不规则的游泳场馆中的救生活动。

“公开水域救生”是指在江、河、湖、海等公开水域中的救生活动。现代奥林匹克把公开水域比赛纳入到竞技游泳正式比赛项目，这使得游泳救生在公开水域竞技比赛中也发挥重要的作用。

第二节　游泳救生工作的基本原则

游泳是深受大众喜爱的体育项目之一，也是高风险体育项目之一，游泳救生也就成了必不可缺的特殊职业。游泳救生的职业特征是“拯溺救难，向生命负责”。

一、游泳救生工作的基本原则

岸上救生优于水中救生、器材救生优于徒手救生、团队救生优于个人救生、先施救有意识者后施救无意识者是在多年救生实践中总结出来的游泳救生的基本原则。

1. 岸上救生优于水中救生：救生员在岸上采取救助措施可以保障自身安全，同时救生员处在居高临下的位置，视野宽广，利于观察和锁定目标，可以有效地提高救助的准确性和有效性，赢得宝贵的救助时间。

2. 器材救生优于徒手救生：救生员借助救生器材救助溺水者可以保护好自身安全，更有效、更快速地施救溺水者。

3. 团队救生优于个人救生：救生员团队合作，发挥集体的力量与智慧，不但在救助溺水者的施救时间上更快，抢救操作上更准确、有效，还可以对溺水者的生命安全提供更好的保障。

4. 先施救有意识者后施救无意识者：救生员同时处理多起溺水事故时，首先对有意识的溺水者采取救助措施可以大大的提高救助的生还率，有效地降低死亡率。

总之游泳救生工作的指导思想以及实践经验和教训告诫我们“防字当头，贯彻始终”是消除一切可能发生的事故隐患的基础保障。

二、游泳救生员的职业道德和职业守则

游泳救生职业操守内涵很深，涵盖内容很广，对每个从事游泳救生的人员而言，要具备较高的职业道德和严谨的职业行为规范。

1. 应具有良好的职业道德

道德观念是指人们在共同生活中形成的行为准则与规范的、明确的意识。所谓职业道德观念，是指共同从事某种职业所要求养成的准则意识。职业道德的核心是爱岗敬业，游泳救生员所从事的岗位是崇高的，具有高风险、责任大的特点，它要求每个救生人员在受聘执岗时，必须全身心地投入，专心致志地忠于职守，全心全意地为游泳消费者服务。爱岗的集中体现是关爱职业服务对象——广大游泳消费者，要真心实意地爱，要平易近人地爱，要像爱护自己的亲人和孩子一样的爱，要有为了每个消费者安危敢于牺牲自我的舍生忘死的奉献精神。当然，提倡职业精神，不等于倡导盲目的蛮干，而是其职业特性所要求具备的崇高思想境界和优秀品质意识，只有这样才能真正做到尽职尽责，才算具备了良好的职业道德。

2. 应具有较高的职业责任感

职业责任感是指用高度负责的工作态度和工作原则，尽职尽责地做好本职工作。从广义上讲，是指人们对从事某种工作的一种自觉的忠于职守的认识与行为。游泳救生员的本职工作是拯救服务，是带有极大危险性的特殊服务，容不得半点马虎与疏忽，人命关天，责任重大，稍有闪失就有可能留下终身遗憾。保证游泳消费者的人身安全，以百倍的警惕消除不安全隐患，做到以防为主，杜绝意外，这是对从事救生工作的基本要求，也是衡量特殊服务行业的重要标准。擅自脱岗、干私活、聊天、迟到早退等极不负责的现象，都是职业道德所不允许的，是救生工作之大忌。所以，强调游泳救生员应具备较高的职业责任感，以自身的努力树立良好的职业形象，是游泳救生员应具备的素质。

3. 应具有较强的法律意识

随着法制建设的深入人心，广大消费者依法保护个人正当权益的意识不断加强，尤其是游泳这种潜在危险极大的消费，当人们花钱来游泳，自购票即刻起，就与经营者和上岗职业救生员建立起了法律合同关系，每个从事拯救服务的救生员自登上执岗台的一刻起，就对责任区内每个消费者承担起了法律责任，就必须严格依法履行职责和义务，一旦达不到消费者

的满意或出现不该发生的意外事故，就应当承担一定的责任甚至是法律责任，就要接受法律的制裁与惩处。所以，我们要求每个游泳救生人员必须有较强的法律意识，依法执法，持证上岗，并用法律的规范约束和衡量自己执业行为和服务质量。

4. 应具有较好的诚信理念

“诚信为本，服务至上”已成为社会生活的通用信条，因此，“靠诚信增强游泳消费的安全感”是合格游泳救生员又一重要标志，是每个救生人员在执业中都万万忽视不得的，必须警钟长鸣。市场化服务，服务对象的理念不同了，对诚信要求也就不同了，再用过去那种“听不听由你，管不管在我，谁出事谁兜着”的服务态度与观念，显然已不适应形势发展的需要。所以，我们必须要用全新的诚信理念做好救生服务工作，珍视广大游泳消费者的信赖和社会信誉，这是确保游泳市场蓬勃兴起的立足之本。

O 游泳救生员基本素质

1. 应具备警觉的视观洞察能力。
2. 应具备机敏的快速反应能力。
3. 应具备果敢正确的判断能力。
4. 应具备冷静而不受外界干扰的心理承受能力。
5. 应具备沉着面对突发事态的应变能力。
6. 应具备娴熟的水中赴救和陆上急救规范技术和程序工作的专业能力。

三、救生员工作守则

水上救生工作的中心是“安全”。首先要确保安全教育在前，防范可靠，以真正做到认识到位、责任到位、领导到位、措施到位为标准；其次须自觉遵守救生工作的原则，立足于防，认真细致地做好安全防范工作，力求消除一切已经出现和可能出现的事故隐患，做好一切应急救护的组织工作；最后必须以“救”辅之。防和救的结合，是游泳场所救生工作确保安全之必须。

游泳救生员的工作守则如下：

1. 热爱祖国、热爱人民、热爱游泳救生事业。
2. 同心协力、拯溺救难。
3. 见“溺”勇为。不怕脏、不怕累、不推卸、不拖延、不随意终止抢救。
4. 遵守纪律、严守岗位、服从指挥、统一调度。
5. 值岗时，不接电话、不会亲友、不兼任教练、不擅自离岗（换岗）或串岗。
6. 严禁携带任何与值岗无关的物品。
7. 值岗时，精神饱满、仪表端正、穿着明显救生员标志的救生服装。
8. 遇事故时，不要随意对外发表“个人见解”。

案例展示：成都 1 名少年泳池溺水死亡

2011 年 8 月 23 日下午，一名叫“龙龙”的 13 岁男孩在光华大道附近某小区游泳池发生意外，溺水身亡。面对悲剧，其家人和周围群众均认为是游泳池方面“抢救不及时”。据龙龙的同伴小倪称，从发现龙龙消失，到把他拉出水面，整个过程有 10 多分钟的时间，之前，游泳池边的救生员一直在岸边玩手机，直到他呼救，救生员才反应过来。

事件回顾：下午 1 点，龙龙和朋友小倪一起到光华大道附近的中鹏花园小区游泳池游泳，没想到才下水不到半个小时，就发生了意外。“他先戴了我的泳镜下水，游了两圈，他就上了岸，把泳镜给我，换我下水。”小倪说，因为只有一副泳镜，两人商量好轮流下水游泳。“我一上岸就没有看到他，以为他上厕所去了。”等了几分钟还未见龙龙回来，小倪就跑到卫生间、更衣室去寻找，但都没见到龙龙。“会不会是溺水了？”心急的小倪急忙回到泳池边寻找，终于发现已经沉到水底的龙龙。而此时，就在龙龙溺水处几米外的救生员，正在玩手机，在小倪的呼救下，才急忙赶过来营救。龙龙被救上岸时，眼睛半睁、嘴唇乌青，不时地吐水，但手还能微微颤动。从小倪发现龙龙不见到其被救上岸，时间过了 10 多分钟。救生员在拨打 120 后，立刻施行按胸、人工呼吸等急救措施，但当救护车赶到时，龙龙已经没有了呼吸。

小倪和现场几位目击者均表示，救生员没有在第一时间发现龙龙溺水。现场的几位目击者也证实了救生员一直在玩手机的说法。经调查，该救生员并没有考取救生员职业资格证书，属无证上岗行为。

小知识

★ 1819 年，英国皇家救生协会成立。

★ 1910 年，国际水上救生协会（FIS）成立。

★ 1957 年，世界救生协会（WLS）成立。

★ 1979 年上海率先成立了我国第一个水上救生组织——上海救生委员会。

★ 1990 年，在英国举办了第一届世界游泳救生锦标赛。

★ 1993 年，在比利时成立了国际救生协会（ILS）。

★ 1998 年，开始筹备成立北京市救生协会。

★ 1998 年底由国家体育总局游泳运动管理中心组织召开了第一次救生委员会工作会议，确定了我国救生协会第一版的徽章、服装和救生教材。

★ 1999 年 7 月 5 日，经国家体育总局批准成立中国救生协会筹备委员会。

★ 1999 年，在福州举行了第一届全国游泳救生锦标赛，截止 2016 年，全国救生锦标赛已举办了第十八届。

★ 为适应新形势下体育事业发展的需要，经原劳动和社会保障部批准，国家体育总局于 2004 年 6 月成立了职业技能鉴定指导中心。

★ 2005 年，中国救生协会成立。

★ 2007 年，中国救生协会正式加入国际救生协会。

★ 2007 年 11 月，劳动和社会保障部正式向社会宣布把游泳救生员纳入职业标准。

★ 2008 年 4 月，《游泳救生员国家职业标准》通过终审。

★ 2008 年 5 月，在杭州举办了第一批游泳救生员考评员培训班。

★ 2009 年 5 月，在上海举办了第一批游泳救生员培训教师培训班。

★ 2013 年，第一届全国游泳救生员职业技能大赛在北京水立方举行。

思考题

1. 一名合格的游泳救生员应具备什么样的基本素质？

2. 游泳救生的基本原则有哪些？

3. 什么是游泳救生？游泳救生可以分为几类？

4. 游泳救生工作的宗旨和游泳救生工作的指导思想是什么？

5. 国家体育总局于哪一年成立了职业技能鉴定指导中心？

6. 游泳救生员国家职业标准何时通过终稿？

7. 哪一年国家体育总局游泳运动管理中心组织召开了第一次救生委员会工作会议？都确定了我国救生协会哪些问题？

8. 哪一年劳动和社会保障部正式向社会宣布把游泳救生员纳入职业标准？

9. 游泳救生员的工作守则有哪些？

10. 我国第一批游泳救生员考评员培训班及培训教师培训班，分别在哪一年在哪里举行？

第二章

游泳救生教学理论与方法

内容概要

游泳救生教学理论与方法，游泳救生教学及组织方法。

学习目标

掌握在游泳救生教学中的教学策略、教学方法、讲解方法、示范方法及游泳救生课程教学计划的制订。学习掌握游泳救生技术教学中几个阶段。学习了解游泳救生教学中，有几种分组方式。学习制订游泳救生课程教案。

第一节　游泳救生教学的特点与策略

一、安全是游泳救生教学的关键

游泳救生工作的中心是“安全”，这是每一名游泳救生员必须时刻牢记的，一切游泳救生的教学工作都应建立在安全的基础之上。游泳救生教学与游泳教学相类似，都是一项在水中开展的教学项目。在“水”这一特殊的运动环境中进行教学，安全是首要问题，无论是从事游泳救生教学的教师还是学生必须要加强安全意识，一定要在确保安全的条件下开展游泳救生的教学实践。

二、游泳技术是学习游泳救生技术的牢固基础

游泳技术的学习是游泳救生教学的重要组成部分，是学习游泳救生技术前必须掌握的基本技术。目前，游泳救生员国家标准中规定的游泳救生员的报考条件之一为：报考人员应能够连续游 200 米。这一条件的限定就规定了，学习游泳救生技能应具备一定的游泳技术水平。

在游泳救生专项技术中，很多技术与游泳技术相类似，比如：踩水的腿部技术、反蛙泳腿部技术与游泳技术中蛙泳项目的腿部技术动作相类似；抬头爬泳的腿部技术与游泳技术中爬泳腿部技术几乎一样；蛙式潜泳与游泳技术中蛙泳配合动作要点、配合节奏相一致等等。因此掌握良好的蛙泳、仰泳、自由泳等游泳技术，能够帮助学生快速学习和掌握游泳救生专项技术和赴救技能。

三、调动学生学习的自觉积极性

在“拯溺救难”的过程中，遍布全世界的游泳救生员们用精湛的技能和高度的责任心向世界展示着游泳救生的魅力。一直以来游泳救生是一项公益性事业，2007 年 11 月，游泳救生员正式成为劳动与社会保障部向社会发布的一项新职业。

游泳救生工作是一项风险高、责任重、要求严的特殊职业，在教学中应培养学生为成为一名救生员而感到自豪和骄傲。在教学过程中，充分调动学生学习游泳救生的自觉性、积极性和主动性，使学生的学习活动从被动变为主动，从认识到喜欢最终到热爱游泳救生这一事业。

四、游泳救生教学应水陆结合、以水为主

游泳救生的教学与游泳教学相似，是一项在水中的无视听帮助的教学，再加上在水中水对人体的压力、浮力和阻力，使得人体无法准确地获得技术动作的感知觉，无法较好地控制

身体动作和节奏，与陆地上身体姿势、肢体运动速度、运动节奏、关节及肌肉感觉的不同，使得教学过程中技术动作教学的难度增大。在这样的情况下，陆上模仿、水陆结合成为游泳救生技术教学中经常使用的教学手段。每一技术动作的学习都从陆上模仿开始，在陆上掌握了动作技术后，再逐步过渡到水中练习，最终形成游泳救生技能。因此游泳救生教学应水陆结合、先陆后水，以水为主。

五、游泳救生教学应统一要求与区别对待相结合

在游泳救生的教学中，教师应根据学生的年龄、性别、初始水平、身体条件以及素质等方面的情况，制定教学计划、教学任务、教学内容、运动负荷的安排，选择教学方法和教学手段，并提出相应的教学要求。一般来讲，教师在教学实践过程中，既要向全体学生提出大多数学生能够达到的教学目标和教学要求；又必须根据不同学生的个体差异，针对其实际情况提出不同的教学目标和教学要求，在实施集体教学的基础上，个别指导，因材施教，从而保证每一学生都能得到全面发展。

在游泳救生教学中，如何体现区别对待地教学呢？

统一要求一般是针对全体学生制定的，是根据游泳教学大纲的基本要求确定的，教师在安排教学时也是根据统一要求来制定教学计划和进度的。然而在完成教学任务的过程中，由于学生体质、运动能力、基础水平的不同，必然会在教学任务的完成程度上存在差异。针对这样的情况，就要求教师在教学过程中区别对待，因材施教：在保证绝大多数学生完成教学任务，达到教学要求的基础上，针对基础较好的学生，可以在“统一要求”的基础上，提出更高的要求；针对基础较差，完成“统一要求”有困难甚至是无法完成的“困难户”，教师可以在教学过程中适当降低要求，或降低完成动作的难度，并针对其教学进度，适当调整教学目标和教学任务。

O 案例展示

在某省市的游泳救生培训班中，第二次水上课的教学任务为学习游泳救生的基本技术，抬头爬泳技术是这次课中的一项学习内容，其中爬泳腿部技术教学是本次课的教学重点。由于很多学生在学习游泳救生之前有一定的游泳基础，因此在教师进行了爬泳腿部技术的讲解、示范后，班中多数学生能够按照教师的要求直接开始徒手爬泳腿的水上练习。在大多数人能够完成徒手爬泳腿的过程中，有少数学生由于其游泳技术基础不过关，身体协调性较差等原因，在完成中总是出现打腿原地不动、打不出水花等现象。针对这样的情况，教师对于少数完成有困难的学生及时调整了教学方法，降低了教学要求，针对不同的错误动作，实施了区别对待，因材施教。从爬泳腿的陆上模仿开始，到半陆半水的爬泳腿练习，到手扶池边的爬泳腿练习，过渡到手扶板的爬泳腿练习，经过了一系列的过渡性教学练习后，学生最终顺利完成了徒手爬泳腿这一练习任务，达到了教学要求。

六、游泳救生教学中应突出循序渐进

循序渐进是根据学生认识事物的客观规律，人体生理机能活动变化规律，动作技能形成规律，正确安排教学内容、教学进度、运动负荷，通过有效的教学方法、手段，从易到难、由低到高、从简到繁、由浅入深地对学生进行系统教学，从而使学生逐步学习知识，掌握技能，最终顺利完成教学任务。

在游泳救生教学中，如何体现循序渐进地教学呢？

1. 游泳救生教学方法、教学手段从易到难

在游泳救生的教学中，无论是在教学计划、教学进度的制定，还是在教学方法、教学手段的运用中均要体现循序渐进。这就需要教师精心地设计每一个教学环节，针对每一个教学环节选择最佳的教学方法及手段。

例如，在游泳救生的教学计划和教学进度中，一般都是先进行游泳救生的基本技术学习，例如踩水、反蛙泳、侧泳、潜泳、抬头爬泳；然后在熟练掌握基本技术后，才能开展现场赴救中的拖带技术，例如：在熟练掌握反蛙泳技术的基础上，才能开展双手托双腋的拖带技术；只有在熟练掌握侧泳后，才能开展夹胸拖带技术等等。

再如，在游泳救生教学方法和教学手段的运用中，也要很好地体现循序渐进。我们以较为复杂的侧泳技术为例。尽管从事游泳救生的学生都有一定的游泳技能，但仍旧有多数学生在侧泳教学中对于一脚蹬一脚踢的动作掌握不好，因此在侧泳腿这一教学环节中，我们采用了从陆上模仿侧泳腿练习——手扶池边侧泳腿练习——手扶板侧泳腿练习——徒手侧泳腿练习的循序渐进的教学方法。步步深入，层次清晰，使得教学任务得以顺利完成。

2. 游进距离由短到长，运动负荷由小到大，从少到多

游泳救生教学中，无论是游泳救生的基本技术教学，还是直接赴救的入水、接近、解脱、拖带、上岸等技术动作教学，都是一项需要体能的教学工作。因此就需要我们在教学实践中，技术教学与体能锻炼相结合。

在技术教学的实践中，游进距离由短到长，运动负荷由小到大，从少到多。在短距离中体会技术、改进技术；在长距离中，巩固技术，提高体能；在一定体能的保证下练习技术，在技术教学与训练中，提高体能。

七、反复练习，在巩固中提高

巩固提高是指学生学习的游泳救生基本知识和游泳救生技能，从初学到巩固，从生疏到熟练掌握，到最终自如应用于日常实践。在不断反复练习、不断巩固、不断强化的过程中，使学生掌握所学知识、基本技术、基本技能，体能得到不断的发展与提高。在巩固中提高，在掌握中熟练。

在游泳救生教学中，如何体现巩固提高地教学呢？

游泳救生教学要经过学生粗略掌握动作阶段、改进和提高动作阶段和动作巩固与运用自如阶段。

在游泳救生技术教学中，对于技术练习一定要采用多次重复、反复练习的教学方法。技术动作只有在多次重复，反复练习的基础上，才能有利于建立正确技术动作概念和正确的技术动作定型，才能最终达到熟练掌握和运用自如的程度。

我们在每次课程安排上面，都要保证一定数量和一定时间的巩固性练习。但是往往巩固性练习安排的过多，就会影响学生学习的情绪与积极性，那么针对这一教学特点，我们可以采用一些趣味性的练习方法，甚至是一些增加练习难度的方法，融入到我们的教学课程中去，使枯燥无味的巩固性练习变成学生愿意尝试、愿意练习，甚至是感兴趣的教学内容，在快乐中巩固救生技术，在兴趣中提高救生技能。

第二节　游泳救生技术的教学过程

结合游泳救生运动技能形成的规律和游泳运动自身特点，游泳救生技术动作的学习过程可以划分三个阶段，每个阶段的任务以及相应的教学要求、神经特点、动作表现都有所不同。学生学习掌握某个动作，从不会到会，从不熟练到熟练的动作技能形成过程，实质上都是在大脑皮层监理站进行神经联系的过程。大脑皮层的神经活动要经过泛化、分化和巩固三个相互联系的阶段，反映在游泳技术动作教学上，表现为：粗略掌握动作阶段；改进与提高动作阶段；动作的巩固和运用自如阶段。

一、粗略掌握动作阶段

本阶段是粗略地领会动作概念和初步掌握游泳救生技术的基本环节阶段，此阶段特点是：大脑皮层的兴奋过程扩散，内抑制不够，处于泛化阶段。动作表现为缺乏控制、紧张、费力、不协调，并伴有多余动作。在呼吸方面表现为呼吸表浅、急速、节奏差，吸气不充分等。因此，在粗略掌握动作阶段，教师在教学中应注意精讲多练，抓住技术动作的重点，以正确的示范和简练的讲解帮助学生建立准确的动作概念，练习中重点抓好动作结构、方向、路线，对于技术动作中的一些细节可以适当降低难度和要求。

此外，在粗略掌握动作阶段，教师应多使用鼓励性语言，一定要在肯定学生进步的前提下指出其不足，以鼓励学生学习好游泳救生技术的信心和决心。

二、改进与提高动作阶段

本阶段将以消除错误动作，改进技术，正确掌握技术，提高动作的准确性、协调性和实效性作为教学任务。此阶段学生的特点是：大脑皮层的兴奋过程与抑制过程处于分化阶段，兴奋相对集中，内抑制逐步发展巩固，动作表现为逐步准确、协调、动作节奏感增强，可以适当增加游距。但技术动作不够熟练、巩固。因此，教师在教学中应抓住动作重点、难点，利用讲解、正误示范对比和各种直观教具，揭示动作的内在联系与规律，找出导致动作错误的根本原因，逐步改进，使动作趋于合理。

教师在改进与提高动作阶段的教学中，在教学组织方面应注意普遍指导与个体差异的相互结合，除安排一定数量的集体教学、练习外，应根据学生的不同情况，加强个别指导，因材施教，并在保证动作质量的前提下，逐步增长游距，促进分化趋向精细，动作日渐准确。

三、动作的巩固和运用自如阶段

本阶段的教学任务是使动作完善、巩固，并达到自动化程度。在此阶段中学生的特点是：大脑皮层兴奋过程在时间上和空间上高度集中，内抑制不断巩固，接通机制稳定，形成了牢固的动作定型。动作表现为准确协调、轻松自如，达到了自动化程度。因此，教师在教学中应引导学生注意动作细节，采用大量的重复游或逐渐加长游泳距离，积累数量，改善水感，让学生注意力集中于判断方位、速度、用力程度等技术细节上。使动作日趋巩固与完善，逐渐形成动作自动化，争取游得更为轻松、自如、熟练、省力。还应注意启发学生的思维，使学生掌握动作的内在原理，提高分析动作和纠正错误的能力。练习手段应特别注意多样化，调动学生练习的积极性，并可组织一些活动，以克服枯燥感和疲劳感，使学生增强学习兴趣。

从初学一个新的技术动作到熟练地掌握一种姿势的技术动作，都要经过上述三个阶段。这些阶段是有机联系的，但由于掌握游泳动作技术的程度、身体条件和学习态度的不同，各个阶段所用的时间也有所差异。因此，教师应善于根据不同的学习阶段和学生的特点，采取适当的教法，在巩固教学效果的基础上缩短各个阶段的时间，促进学生游泳技能的提高，更好地、出色地完成游泳救生教学任务。

第三节　游泳救生技术动作的常用教学方法

教学方法是教师为了完成教学任务、实现教学目的所采用的手段与方法。游泳救生技术动作的教学方法是指在游泳救生教学中，教师为了能够使学生掌握游泳救生技术、技能，而采用的各种练习手段和方法。

在游泳救生技术动作教学中主要包括：讲解法、示范法、分解教学法和完整教学法等几种教学方法。

一、讲　解

讲解是指教师在教学过程中，使用正确的语言向学生讲解所学技术动作的技术要点、启发学生思维，促进学生技术技能掌握的一种教学方法。讲解法是在游泳救生教学中运用最多的一种教学方法。

使用讲解法的要求：

1. 简明扼要，重点突出

在游泳救生技术讲解中，应抓住游泳技术或动作的关键环节和要点进行讲解，突出教学重点和难点，语言的使用要规范、准确、精炼、简单。

2. 内容准确，难易适宜

在游泳救生技术讲解过程中，应根据学生的实际水平和具体情况，以及其认知水平，使用难易适宜，深浅适中的语言进行讲解，以便于学生在学习过程中的理解，加快学习进程。

3. 生动形象、富有趣味

在游泳救生技术讲解中，讲解时语言的使用应尽量生动、形象，使学生能够对技术动作有个正确的技术表象。例如：鞭状打腿等等。此外在讲解过程中语言的使用还应富有趣味性，以达到充分调动学生学习的积极性，启发学生思维的目的，促进尽快学习和掌握游泳救生的技术动作。

4. 讲解应与示范紧密结合

在游泳救生技术教学过程中，讲解应与示范相互配合使用，生动形象的讲解配合准确规范的示范，使得学生对于所学知识建立正确的技术概念，加快技术动作学习进程。

二、示　范

技术动作示范是游泳救生技术教学中最普遍、最基本、最常用，也是最直接、最有效的一种教学方法。正确、轻松、流畅、优美的技术动作示范，能够有效地激发学生学习兴趣，调动学生学习积极性，促进学生技术动作的掌握。

使用示范的要求：

1. 示范面

在游泳救生技术教学中，应根据所教授的技术动作选择合理的示范面进行示范。一般来讲，示范面可以分为正面示范、背面示范和侧面示范。

例如：在进行蛙泳手臂教学中，教师要体现蛙泳手臂外划宽度，应采用正面示范；又如在蛙泳腿的教学中，教师要体现蛙泳腿部的外翻脚动作，应采用背面示范为宜；再如在抬头爬泳腿部技术教学过程中，教师要体现两腿上下打腿的幅度，则应选择侧面示范为宜。

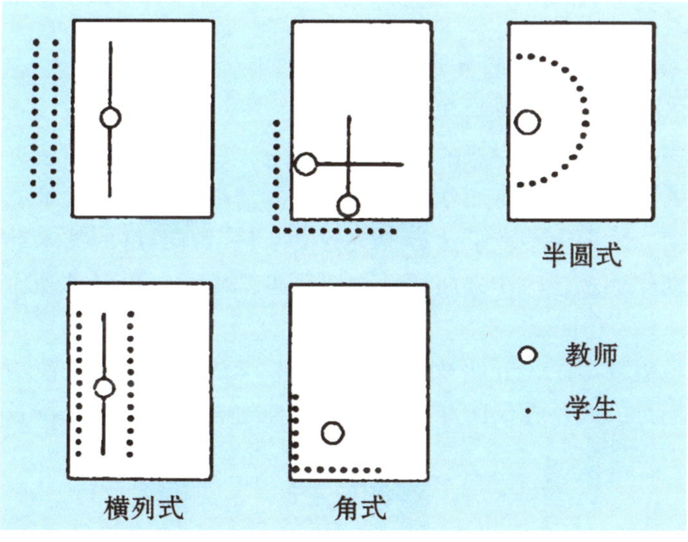

图 2-1　游泳救生教学示范常用队形

2. 示范队形的组织

在游泳救生技术教学中，教师示范的位置直接影响学生观察动作效果，选择合适的示范位置，组织合适的观察队形，以保证每个学生都能够看到、听到教师的动作和讲解，不仅是保证教学质量，同时也是教师经验的体现。

3. 示范应与讲解相结合

尽量放慢示范动作完成速度，边讲解边示范，以慢速、中速为宜，以保证学生看清示范过程中的每一技术环节。

4. 正误对比示范

在教学过程中正误对比示范是经常被教师所采用的教学方法，游泳救生技术教学也不例外。在教学过程中，教师经常会模仿一些错误技术动作，或者让有错误技术动作的学生进行示范，然后再进一步讲解正确技术，让学生加深理解，加快正确技术的掌握进程。

三、分解教学与完整教学法

分解教学法是指在教学中为了使学生更好地掌握技术动作，将相对较为复杂的技术动作合理分解为几个部分进行逐一教学与练习的教学方法。该教学方法常用于技术动作较为复杂、不宜掌握、且容易进行分解的技术动作教学。比如在游泳救生基本技术踩水及反蛙泳教学中，均涉及到蛙泳腿的学习，就可以将蛙泳腿的教学合理分解为收腿、翻脚、蹬夹和滑行四个环节进行教学。

但在教学中使用分解教学法应注意几点：首先，将其较为复杂的技术动作分解为几个技术环节，无论如何进行分解都不能改变动作结构；其次，在使用分解教学法对学生进行教学的时候，应使学生明确分解动作的环节及顺序，为后面完整动作教学打好动作基础；第三，分解动作教学的时间不宜过长，将技术动作概念基本形成后，尽快进入完整技术动作教学，以免产生动作脱节与停顿。

完整教学法是指从技术动作开始到结束，不分部分、不分阶段、不分段落，完整进行教学的教学方法。该教学方法常用于技术动作较为简单，容易掌握且不宜进行分解的技术动作教学。比如：在现场赴救技术中的入水技术的教学中，从准备姿势，经过起跳、腾空到入水，就应采用完整教学方法进行教学与练习。

在教学中使用完整教学法应注意的问题是：首先，使用完整教学法进行教学时，可以先采用陆上模仿的方式，使学生先对所学技术动作建立清晰而明确的技术动作概念，然后再到水中进行练习；其次，采用完整教学法教授较为复杂且不宜分解的技术动作时，应先强调基础动作，在掌握了动作外观、动作方向、动作路线等基础上，再要求动作效果、动作节奏等细节。

在游泳和游泳救生教学中，分解教学法和完整教学法是相互交叉使用的，单独运用一种方法都存在局限和不足，两种方法的相互交叉、相互组合使用，可以扬长避短，达到最佳教学效果。

四、相似技术教学法

相似技术教学是指在教学过程中，将技术动作相似的动作同时或交替进行教学的方法。比如在游泳救生基本技术教学中，踩水的腿部技术、反蛙泳的腿部技术以及蛙式潜泳的腿部技术动作相似，我们就可以将三种技术动作同时进行教学，交替进行练习，使技术动作相互迁移，从而达到最佳的教学效果。

第四节　游泳救生教学的组织与实施

一、游泳救生教学的分组

在游泳救生教学中，根据课程的人数合理进行分组教学和练习是保证顺利完成教学任务，提高教学质量的重要手段。一般来说，常用的分组形式有按技术水平分组和混合分组。

1. 按技术水平分组

按技术水平分组是指将游泳技术水平、救生技术相同或相当程度的学生编在一组进行教学。这种分组形式一方面便于教师设置教学目标，安排教学任务，提出教学要求，另一方面也满足不同层次水平学生学习的要求，做到因材施教。此外，还可以使同组学生在学习、掌握游泳救生技术的教学过程中，相互学习、相互研究、相互探讨、相互竞争，从而达到最佳的教学效果。

2. 按技术水平混合分组

按技术水平混合分组是指将游泳技术水平、救生技术不同程度的学生编在一组进行教学。这种分组形式的目的是在教学中使掌握技术较好、较快的学生能够发挥他们的优势，帮助技术学习相对较差、较慢的学生，在教学中体现互帮互助。这种教学分组在练习过程中经常被采用。

二、游泳救生的教学顺序

1. 游泳救生的教学顺序

学习游泳救生必须要具备一定的游泳技能，必须从蛙泳、爬泳等游泳技术开始学习，之后学习游泳救生的基本技术，然后过渡到现场赴救技术的学习。

游泳技术 → 救生基本技术 → 赴救技术

2. 游泳救生基本技术的教学顺序

游泳救生基本技术包括：踩水、反蛙泳、侧泳、潜泳和抬头爬泳。游泳救生基本技术教学与游泳中四种泳式的教学一样，都应从腿部技术动作教学开始，经过手臂技术、手臂与呼吸技术、腿与臂配合，腿臂与呼吸配合，最终到完整技术动作教学。腿部技术教学是基础，呼吸技术教学是难点，完整配合教学是重点。

腿部技术教学 → 手臂技术教学 → 手臂与呼吸技术教学 → 腿与臂配合教学 → 腿臂与呼吸配合技术教学 → 完整配合教学

3. 游泳救生单一动作的教学顺序

在游泳救生技术动作的教学中，针对于新教授的某一单一技术动作，可遵循以下教学顺序进行教学。以侧泳腿部技术教学为例：

（1）教师对侧泳腿部技术动作要点进行讲解，并示范。

（2）学生按照教师的要求，跟随教师进行侧泳腿部动作的陆上模仿。

（3）学生按照教师提出的要求进行侧泳腿部动作的半陆半水练习。

（4）学生按照教师提出的要求进行侧泳腿部动作的水中有固定支撑的练习。在此教学环节中，教师可使用手扶池边的方法进行侧泳腿部技术教学。

（5）学生按照教师提出的要求进行侧泳腿部动作的水中无固定支撑的练习。在此教学环节中，教师可使用手扶板的方法进行侧泳腿部技术教学。

（6）学生按照教师提出的要求进行侧泳腿部动作的水中无支撑的练习。在此教学环节中，教师可使用下侧手臂前伸、上侧手臂置于体侧的方式进行侧泳腿部技术教学。

教师讲解与示范 → 陆上模仿练习 → 半陆半水练习 → 水中有固定支撑练习 → 水中无固定支撑练习 → 水中无支撑练习

三、游泳救生教学的组织实施

游泳救生工作的中心是安全，游泳救生教学中的安全组织与实施，更是游泳救生教学的关键。游泳救生教学的组织实施可分为几个方面：

1. 上课前的准备工作

游泳救生上课前的准备工作大致可分为场地器材的了解与准备和学生情况调查，制定教学大纲、教学进度，编写教案等几个部分。

教师在进行游泳救生教学课前应对教学场馆、场地以及器材进行了解。例如：游泳池馆构造、游泳场馆中水的深度、深水区和浅水区的划分与范围、游泳池馆岸边以及救生器材准备情况进行了解。排除存在的安全隐患，以保证教学工作的顺利进行。

学生情况调查也是课前准备阶段中的重要内容。学生情况调查应包括：学生年龄、学生健康情况、游泳及救生基础水平等方面的调查等内容。对于患有高血压、糖尿病、心脏病、癫痫病、哮喘病、皮肤病等一系列病症的学生，不建议其参加游泳或游泳救生课程，以免发生安全事故。在课前应对学生的初始水平做大致了解，在进行第一次课时，教师应让学生下水，对其游泳水平进行初次摸底测验，做到心中有数。

此外，上课前还应准备课程所用教学大纲、教学进度以及课程教案。

2. 上课时的组织实施

一堂完整的技术教学课程应由：开始部分、准备部分、基本部分和结束部分等四个部分构成，游泳救生技术教学也不例外。

开始部分包括集合整队，点名，清点人数，宣布本次课程教学内容、教学重点以及教学中的注意事项。

准备部分，是基本部分的“热身”环节。其目的是通过一系列徒手操、肌肉、关节、韧带等部位的活动，提高大脑皮层的兴奋性，使身体各器官尽快进入工作状态，为后面的基本部分做好充分的准备。准备活动的顺序应从头–肩–胸–腰–髋–腿–膝–踝，活动部位从局部到全身，动作从易到难，甚至可以添加一些能够调动学生积极性的，有趣味性的游戏，从而调动学生上课的积极性和兴趣，更好地完成教学任务。

基本部分：是游泳救生课程最主要的组成部分，是围绕其教学任务开展的各种教学和练习部分。

结束部分：是课程中的整理及放松环节。其目的是使在基本部分中高度调动的神经系统、心血管系统兴奋状态通过一系列缓慢的整理及放松练习，过渡到平稳、安静状态，肌肉也从紧张状态过渡到放松状态。

3. 课后总结

课后总结是对本次课程教学情况进行的简单概括，是课程结束的标志。其内容包括：教学任务的完成情况，主要存在的问题，布置课后作业以及回收教学使用的器材等等。在课后总结中语言使用应简明扼要，突出重点。

四、游泳救生教学文件的制定

1. 游泳救生课程教学计划的制定

教学计划包括：教学任务、教学要求、教学内容、教学时数、教学进度安排、考核方式、必要说明等几个部分。

O 游泳救生教学计划示例

1. 任务与要求

(1) 本课程为任意选修课，授课对象为全校各专业方向学生，具有一定的游泳基础。授课 24 学时，1.5 学分。

(2) 通过本课程的学习，初步掌握溺水事故产生的原因及预防、游泳救生基本技术、现场赴救技术、现场急救技术等。

2. 教学内容、时数、进度安排

课次 / 内容	1	2	3	4	5	6	7	8	9
救生发展概况	☆								
救生员的职责		☆							
游泳救生基本技术		☆	☆	☆	☆	☆	☆		
现场赴救技术				☆	☆	☆	☆	☆	
现场急救技术					☆	☆	☆	☆	
考试									☆

3. 考　核

(1) 25 米速度游：男 20 秒，女 22 秒为 100 分，多 1 秒减 3 分。

(2) 20 米潜泳。

(3) 直接赴救：入水、接近、拖带、上岸等组合技术。

4. 说　明

(1) 教师从学生的实际出发认真备课，重视对学生运动技能的培养，在教学过程中，提高学生的实际运用能力和应变能力。

(2) 充分利用现有的场地器材设备，组织各种教学活动，提高教学效果。

(3) 在教学过程中，进行安全教育，落实安全措施，预防伤害事故的发生。

2. 游泳救生课程教案的制定

游泳救生课程教案包括教学任务、教学内容、教学方法、教学组织形式、教学及练习时间和运动负荷，练习次数等几个方面。

编制游泳救生课程教案的基本要求：

(1) 根据学生的基本情况、初始水平、教学场地、器材情况，以及明确教学大纲要求、教学任务的基础上编制教案。

(2) 课程的教学任务应具体、明确、适当。

(3) 教学内容应与教学任务相统一，教学内容安排合理，适当。
(4) 教学方法运用科学、合理；教学手段多种多样。
(5) 教学组织形式安全、科学、严密。
(6) 运动量、运动强度、练习次数等运动负荷安排合理，适当。
(7) 教学要求具体，教学重点、难点突出。

游泳救生课程教案示例

授课周次：__×__周__×__次　　授课对象：全校任选课程　　日　期：＊＊＊＊年＊＊月＊＊日

课的任务　1. 学习现场赴救中接近技术。
2. 复习和改进游泳救生的基本技术及入水技术。
3. 培养学生认真上课及刻苦训练的良好作风。

部分	时间 min	训练内容及训练量	组织教法、要求(图示)
开始部分	5	1. 集合点名，检查上课的人数。 2. 讲述本次课的训练任务及训练过程中的注意事项。 3. 介绍技术动作的任务和重点及安全常识	△ △ △ △ △ △ △ △ △ △ △ △ ★
准备部分	10	1. 做操 (1)头部运动　(6)下蹲运动 (2)伸展运动　(7)踢腿运动 (3)转肩运动　(8)压腿运动 (4)腹背运动　(9)跳跃运动 (5)体转运动　(10)活动关节 2. 牵拉练习 要求：充分拉开容易抽筋的肌肉	△ △ △ △ △ △ △ △ △ △ △ △ ★
基本部分	70	1. 复习游泳救生技术技术 (1)蛙泳 100 米 (2)潜泳 20 米 ×4 (3)反蛙泳 25 米 ×4 2. 复习入水技术 (1)蛙腿式入水 4 次 (2)跨步式入水 4 次 (3)鱼跃浅跳式入水 4 次 3. 学习接近 是指救生员及时靠近并有效地控制溺水者的一项专门技术。接近分背面接近、侧面接近和正面接近。在接近时，救生员应与其保持一定的安全距离，并在接近后尽可能地从溺水者背后做动作，以确保自身的安全。 (1)正面接近 要求：救生员入水后，游至离溺水者 3 米左右急停，下潜至溺水者髋部以下，然后双手扶溺水者髋部，将溺水者转体 180 度，然后，右手托腋，另一手从溺水者的左肩处夹胸拖带，或双手托腋。 要求：讲解 + 示范 + 练习 3～5 次	潜泳技术要求： 在潜泳过程中，身体任何一部分不能露出水面。 入水技术要求： 在蛙腿式和跨步式入水时，头部不能没入水中。

<table>
<tr><th>部分</th><th>时间
min</th><th>训练内容及训练量</th><th colspan="2">组织教法、要求(图示)</th></tr>
<tr><td>基本部分</td><td></td><td>(2)背面接近
背面接近是最安全的接近技术。
要求:救生员游至溺水者1米~2米处急停。然后,右手托腋,另一手从溺水者的左肩处夹胸拖带或双手托腋。
要求:讲解+示范+练习3~5次
(3)侧面接近
当溺水者尚未下沉,特别是两手在水面上挥舞挣扎时较适合用此法。
要求:救生员游至溺水者3米处,转向溺水者侧后方游进,用同侧手抓握住挣扎中的溺水者近侧手腕部,将溺水者拉向救生员的胸前。然后,异侧手托腋,同侧手放开手腕从溺水者的肩处夹胸拖带,控制溺水者或双手托腋。
要求:讲解+示范+练习3~5次
(4)沉底接近溺水者
要求:直接下潜至溺水者身旁,双手托腋,脚蹬池底,将溺水者托出水面,然后,左(右)手托腋,另一手从溺水者的右肩处夹胸拖带,或双手托腋。
要求:讲解+示范+练习3~5次</td><td colspan="2"></td></tr>
<tr><td>结束部分</td><td>5</td><td>1. 集合整队,清点人数。
2. 总结本次课的上课情况。
3. 布置课后作业及下次课内容。
4. 师生再见。</td><td colspan="2">△ △ △ △ △ △
△ △ △ △ △ △

★</td></tr>
<tr><td colspan="2" rowspan="2">伤病学生安排</td><td rowspan="2"></td><td>运动量</td><td>大 中√ 小</td></tr>
<tr><td>强度</td><td>大 中√ 小</td></tr>
<tr><td colspan="2">课后小结</td><td colspan="3"></td></tr>
</table>

小知识

★在游泳时身体姿势是平卧或仰卧在水中，判断身体各部位的方向时是以头的方向为前，通常是游进方向，脚的方向为后，浮力的方向为上，重力的方向为下，身体的左、右为侧。

★掌握良好的游泳技术是游泳救生的前提。然而无论是游泳，还是救生都是一项非常特别的运动，因为身体完全悬浮在一个液体的环境中运动。水是一种无形的、流动的介质，它的密度比空气大800多倍，人体在水中运动推动的是水，也必须承受着水带来的阻力。与陆上的运动项目相比，推动水所产生的反作用力要小于推动固体物质，但在水中前进时的阻力又远远大于空气。因此，如何在水中保持一个良好的身体位置，如何在加大推动力的同时尽量减少阻力，成为了游泳及游泳救生教学中的关键。

★人体与水的相对运动决定了游进阻力的产生，简单的说人体在水中的阻力大体可分为形状阻力、波浪阻力和摩擦阻力。

思考题

1. 在游泳救生教学中，有哪些教学策略？
2. 游泳救生技术的教学可分为几个阶段？
3. 谈谈游泳救生技术教学中的教学方法？
4. 试述游泳救生技术教学中使用讲解法的要求？
5. 试述游泳救生技术教学中使用示范法的要求？
6. 在游泳救生教学中，有几种分组方式？
7. 试述游泳基本技术教学的教学顺序？
8. 试述游泳救生课程教学计划包括哪几个方面？
9. 游泳救生课程教案包括哪几个方面？试述编制教案的基本要求？

第三章
游泳救生的基本技术与教学

内容概要

游泳救生基本技术是保障游泳救生员顺利实施施救的根本，本章具体阐述了游泳救生踩水、反蛙泳、侧泳、潜泳、抬头爬泳救生实用技术动作要点、教学重点难点、易犯错误及纠正方法。

学习目标

学习掌握游泳救生的基本技术，了解其技术要点及易犯错误。

第一节　踩　水

踩水也称“立泳”，是游泳救生实用技术之一。常用于持物渡江河、武装泅渡、救护溺水者等。在救生员直接赴救时，踩水贯穿整个赴救技术中，包括观察溺水者、控制溺水者、将溺水者搬运上岸等环节。踩水技术具有简单、方便、省力、持久等技术特点，但其缺点是移动速度较慢。

一、动作要点

1. 身体姿势

跳水时整个身体几乎垂直于水面，上身稍前倾，头部始终露在水面，下颌接近水面。

2. 腿部动作

踩水的腿部动作有两种形式，一种是两腿同时蹬夹腿，另一种是两腿交替蹬夹腿。

踩水的腿部动作几乎和蛙泳腿一样，只是需要注意的是它的收蹬腿的幅度要小。收腿时，膝关节可外翻，蹬腿时膝关节向内扣压，同时小腿和脚内侧蹬夹，两腿尚未蹬直并拢即开始做第二次的收腿动作。动作熟练之后，也可进行两腿交替蹬夹水的动作。在两腿交替蹬夹水的过程中，腿的蹬水路线及回收轨迹类似于椭圆形。

图 3-1　踩水身体姿势

图 3-2　踩水腿部动作

3. 臂部动作

两臂稍弯曲，在体侧前做向外、向内的摸压水的动作，。向外时，手掌心向外，有分开水的感觉；向内时，手掌心向内，有挤水的感觉。向内摸压至肩宽距离即分开。两臂划水幅度不要过大，划水路线类似于弧形。

4. 完整配合（腿、臂及呼吸配合）

踩水完整配合动作中，腿、臂及呼吸的配合比例为 1:1:1，即一次腿一次手臂一次呼吸。臂、腿、呼吸配合动作要连贯、协调，一般是两腿做蹬夹水时，两臂向外做摸压水的动作，

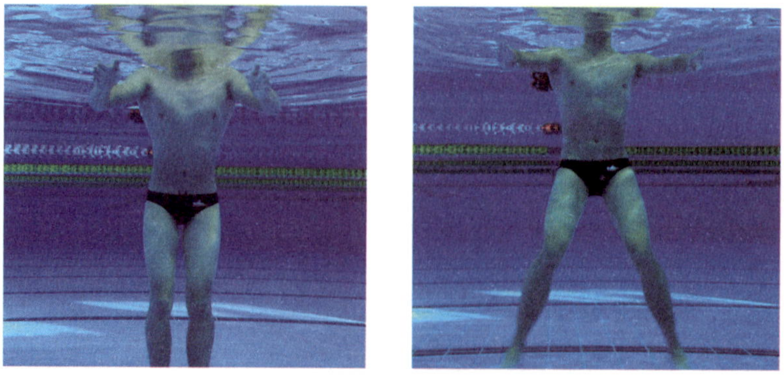

图 3-3　踩水臂部动作

收腿时，则向内摸压，呼吸要跟随臂腿自然进行。蹬夹水（臂向外）时吸气；收腿（臂向内）时呼气。可以一个动作一次呼吸，也可以几个动作做一次呼吸。

踩水游进时，可以采用身体的不同侧向以及蹬夹水和摸压水的方向来改变游进的方向。向前，即上身稍前倾，脚稍向侧后蹬夹水，两臂稍向后拨水，反之亦然。踩水动作熟练后，仅用双腿的蹬踩水动作也可使身体浮起，那么单手或双手就可以在水面上自由持物，采用两腿交替上抬下踩，使身体不下沉，并且能前进。

二、教学重点、难点

身体位置——重点：掌握身体平衡；难点：垂直用力。

手臂动作——重点：划水路线；难点：手掌面对水。

腿部动作——重点：蹬腿路线从外到里；难点：脚踝外翻。

配合动作——重点：协调用力；难点：掌握节奏。

三、教学方法

采用分组教学法进行教学，学生由浅入深逐步完成技术的掌握。

1. 陆上模仿练习

学生垂直站立进行划臂练习，建立划臂的技术感觉，陆上模仿练习便于教练员及时纠正学生的错误。

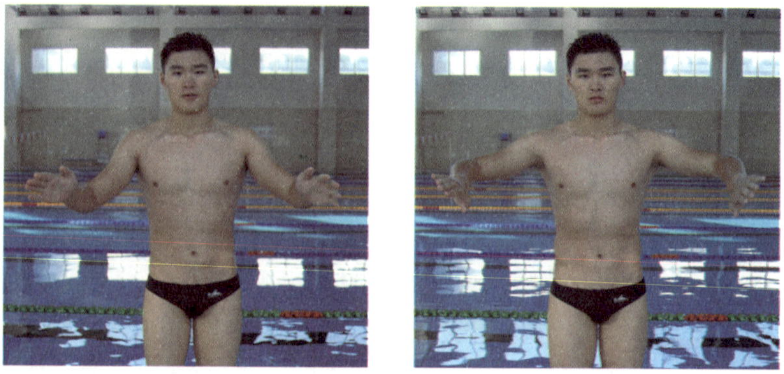

图 3-4　陆上划臂模仿

2. 半陆半水练习

（1）坐池边蹬腿练习：学生坐在泳池边缘，双手后撑，身体略后倾。将双腿放于水中进行蛙泳腿蹬水练习，注意学生练习时要观察自己的蹬腿动作有无错误。

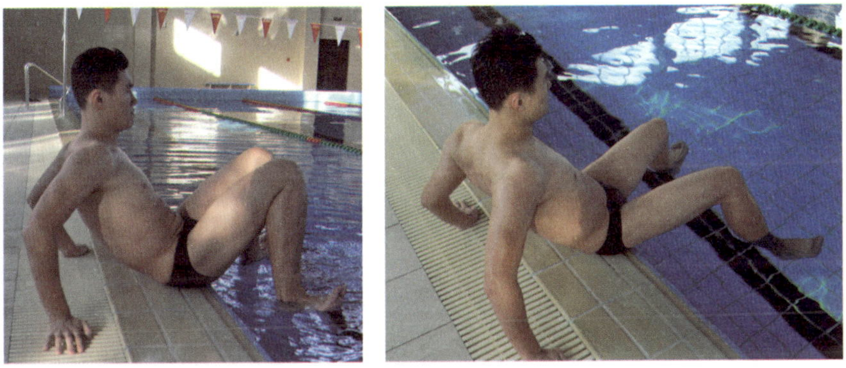

图 3-5　坐池边蹬腿练习

（2）俯卧池边划手练习：学生俯卧池边，将双臂及头肩部探出池檐，双臂在水中进行摇橹式划水或椭圆形划水练习。

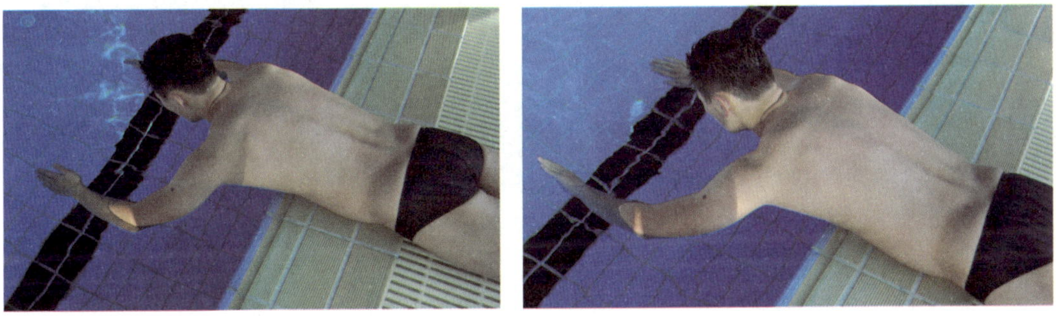

图 3-6　俯卧池边划手练习

3. 水中有固定支撑练习

（1）水中站立划臂练习：学生站立水中进行划臂练习，感受划水时手对水的感觉。注意不能过宽或过窄，手臂进行摇橹式划水或椭圆形划水。

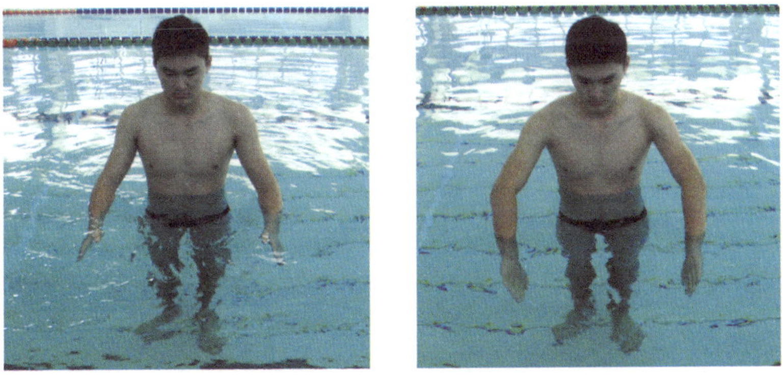

图 3-7　水中站立划臂练习

（2）扶壁蹬腿练习：学生一侧手扶墙壁，外侧腿进行蛙泳腿蹬水练习。

（3）扶边垂直踩水练习：学生双手扶池壁，身体垂直，双腿进行蛙泳腿蹬水练习或两腿交替蹬水练习。注意体会垂直踩水的身体位置，当感觉身体稳定时双手可以脱离池边，加入划臂。

图 3-8　扶壁蹬腿练习

图 3-9　扶边垂直踩水练习

4. 水中无固定支撑练习

扶板踩水练习：学生垂直水中，双臂扶板，保持上身直立，进行蛙式踩水练习。

图 3-10　扶板踩水练习

5. 水中无支撑练习

(1) 水中配合练习：学生在深水区直立身体，手臂进行摇橹式划水或椭圆形划水，双腿进行蛙泳腿蹬水或两腿交替蹬水。

图 3-11　水中配合练习

(2) 水中转动踩水练习：学生在深水区直立身体，手臂进行摇橹式划水或椭圆形划水，双腿进行蛙泳腿蹬水或两腿交替蹬水。听口令进行 180 度转身，反复进行多次。

(3) 双手出水面踩水练习：学生扶边准备，先进行蛙泳蹬腿，当身体稳定后脱离池岸，将双手举出水面（双臂肘出水面即可），保持一段时间的踩水过程。

图 3-12　双手出水面踩水练习

四、易犯错误及纠正方法

1. 易犯错误

(1) 身体失去平衡。

(2) 身体下沉。

(3) 不能持久。

(4) 手腿配合节奏不一致。

(5) 手腿动作不正确。

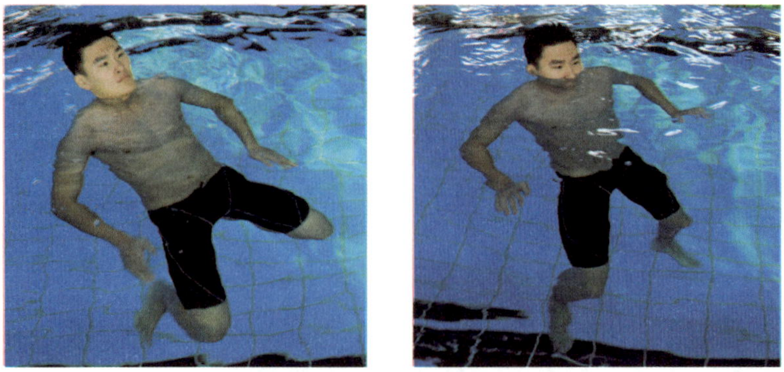

图 3-13 错误动作

2. 指导纠正方法

(1) 讲明动作要领，做正确动作示范。

(2) 上身稍前倾和稍低头，双手在胸前维持平衡。

(3) 手在胸前做向里向外的拨水动作，以增加浮力。

(4) 腿向下做蹬夹水动作，以增加浮力。

(5) 改进蹬夹水动作，提高蹬夹水的动作效果。

(6) 加强手、腿、呼吸协调配合，特别是呼吸要有节奏，为以后学习和掌握各种游泳救生技术打下基础。

第二节 反蛙泳

反蛙泳也称蛙式仰泳或仰式蛙泳，是游泳救生实用技术之二。常用于水中运物和救生拖带溺水者等。在救生员直接赴救时，反蛙泳主要作为拖带溺水者的技术，可衔接托枕、托颌、托双腋拖带技术。

一、动作要点

1. 身体姿势

身体自然伸直仰卧于水中，微收下颌，口鼻露出水面，两臂平伸置于体侧。

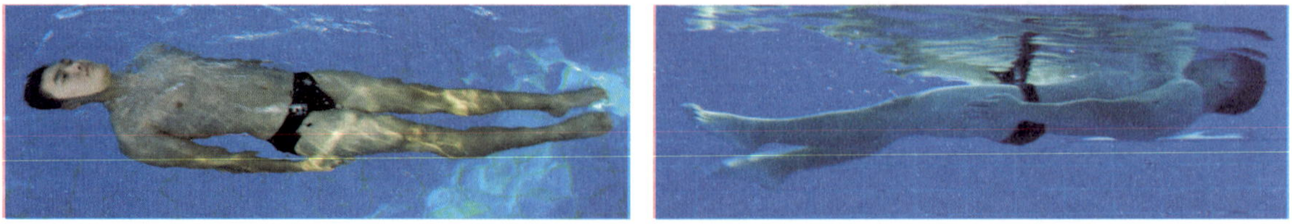

图 3-14 身体姿势

2. 腿部动作

反蛙泳腿的动作类似蛙泳腿，但是由于身体仰卧水中，所以收腿和蹬腿时膝关节不能露出水面。收腿时，膝关节向两侧边收边分，大腿微收，小腿向侧下方收得较多，收腿结束时，两膝略宽于肩，脚和小腿内侧向后对准蹬水方向。然后大腿发力向侧后方蹬夹水。

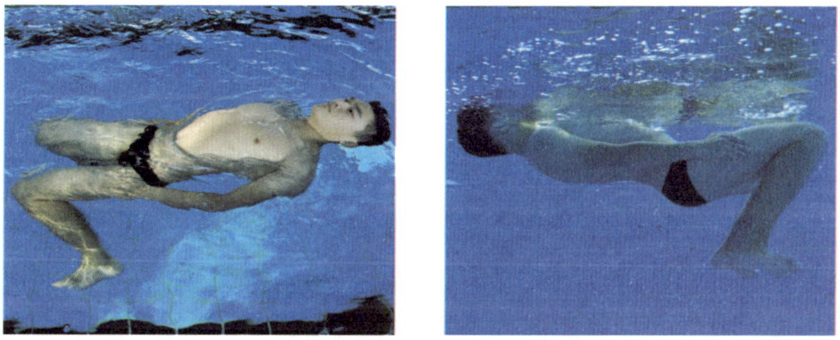

图 3-15 腿部动作

3. 臂部动作

两臂自然伸直，由体侧经空中前移在肩前入水，然后屈臂低肘掌心向后，使手和前臂对准划水方向，同时在体侧用力向后划水。划水结束后，两臂停留体侧，使身体向前滑行。然后两臂自然放松经空中向前移臂。

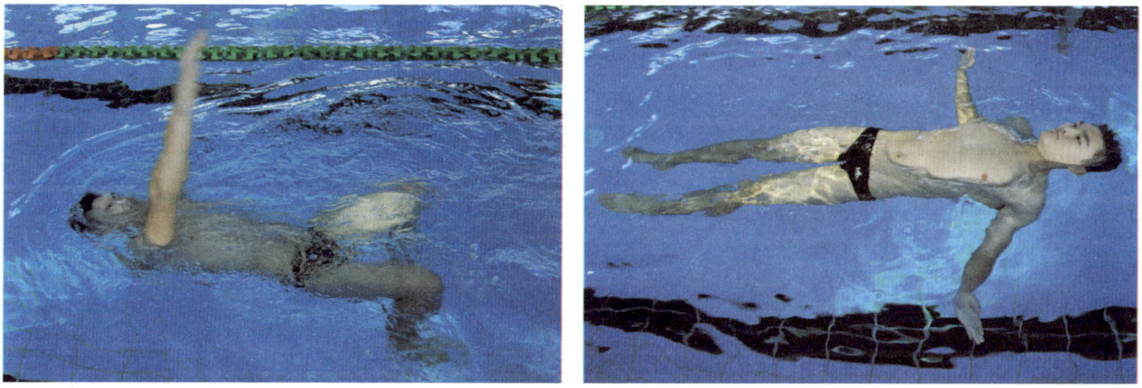

图 3-16 臂部动作

4. 完整配合（臂和腿及呼吸配合）

反蛙泳的完整配合技术有两种，一种是臂划水与腿蹬夹水、移臂与收腿同时进行；另一种是臂划水和蹬夹水交替进行，但手、腿各做一次动作之后身体自然伸直滑行。两臂前移的同时，吸气，边收边分慢收腿，两臂入水时稍闭气，两腿同时蹬夹水，然后用口鼻均匀地呼气，两腿自然并拢，臂划水，划水结束身体伸直滑行。

二、教学重点、难点

身体位置——重点：掌握身体水平仰卧位；难点：水平仰卧。
手臂动作——重点：划水路线；难点：手掌面对水。
腿部动作——重点：蹬腿路线从外到里；难点：脚踝外翻。
配合动作——重点：协调用力、且有滑行；难点：掌握节奏。

三、教学方法

1. 陆上模仿练习

陆上手臂模仿练习：学生自然站立，两臂垂直，手指自然并拢。移臂时双臂同时从身前垂直移动至头侧入水。入水后双臂微曲，手掌做抱水动作，向身体两侧做推水动作直至结束并贴近身体。

图 3-17　陆上手臂模仿练习

2. 半陆半水练习

(1) 仰卧池边蹬腿练习：学生仰卧泳池边，将双腿放于泳池中，身体仰卧。准备好后进行蛙泳蹬水练习。注意双腿膝关节不要弯曲过大，脚踝外翻到位。

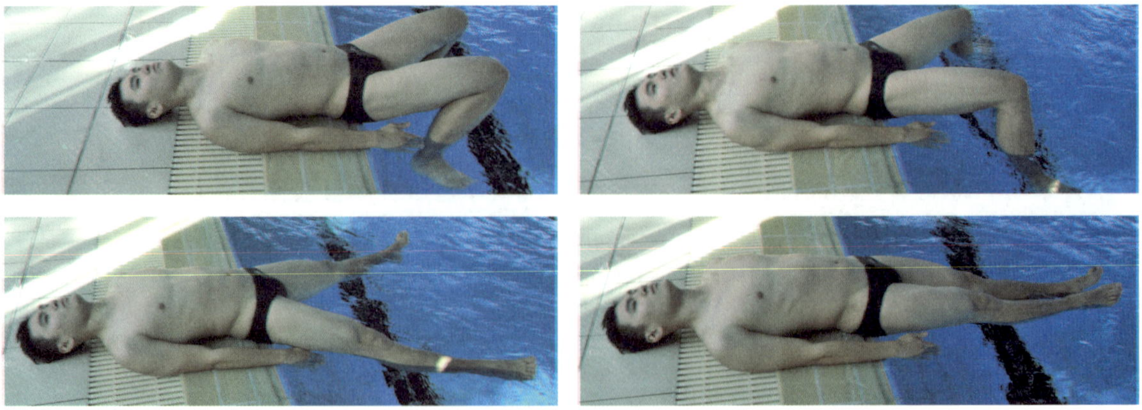

图 3-18　仰卧池边蹬腿练习

(2) 陆上配合模仿练习：学生垂直站立，进行完整配合练习。注意进行蹬腿动作时，只进行一侧腿的动作。

图 3-19　陆上配合模仿练习

3. 水中有固定支撑练习

水中有固定支撑练习：学生站立在浅水中，进行反蛙泳划臂模仿练习，注意划臂移臂的动作连贯性。

4. 水中无固定支撑练习

水中扶板蹬腿练习：学生仰卧水中，双手向下自然平伸，将扶板抱于腹部，进行蹬腿练习。扶板蹬腿练习有助于帮助学生掌握和保持身体位置的稳定，但练习时应注意不要过分用力的向下压扶板，应自然借助扶板的浮力。

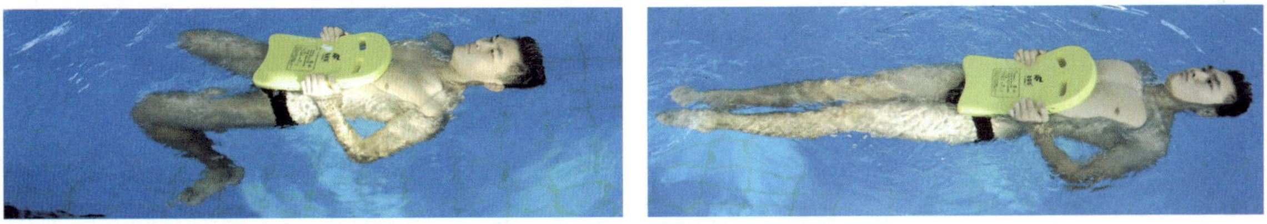

图 3-20　水中扶板蹬腿练习

5. 水中无支撑练习

(1) 水中漂浮练习：学生在浅水区进行仰卧漂浮练习，注意身体仰卧位的平衡。

(2) 水中仰卧蹬腿练习：学生仰卧水中，双腿做蹬水动作。注意蹬腿动作连贯性。双臂自然向下伸直，紧贴身体。

图 3-21　水中漂浮练习

图 3-22　水中仰卧蹬腿练习

(3) 水中划臂练习：学生仰卧水中，双臂做划水动作。注意划、移臂的动作连贯性。

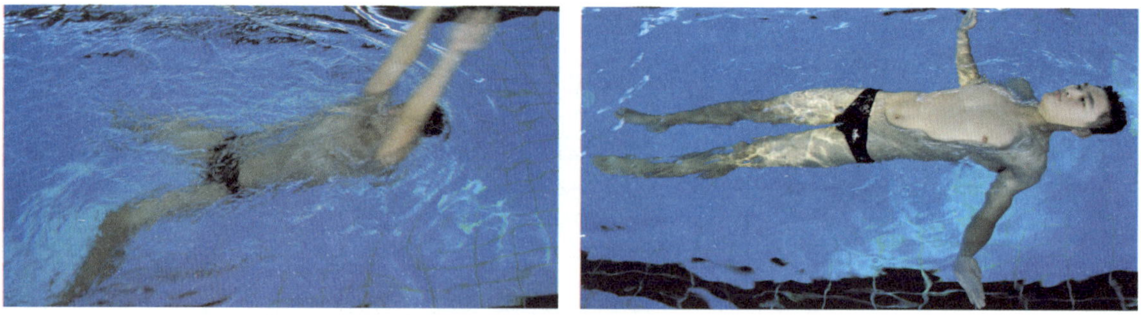

图 3-23　水中划臂练习

（4）水中配合练习：学生在深水区仰卧漂浮水中，做移臂、收腿；手掌入水、脚踝外翻；划臂、蹬夹、滑行的完整动作。

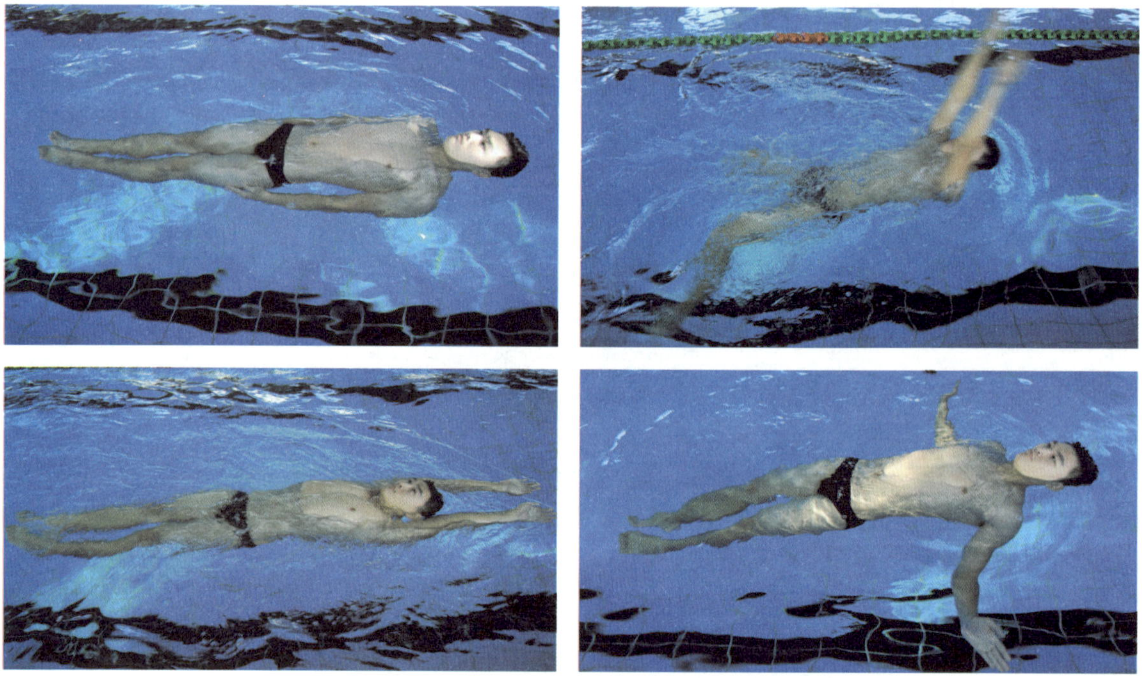

图 3-24　水中配合练习

四、易犯错误及纠正方法

1. 易犯错误

（1）身体失去平衡。

（2）身体下肢下沉。

（3）完整动作结束后无滑行。

（4）游进距离短不能持久。

(5) 手腿配合节奏不一致。

(6) 蹬夹水效果差。

图 3-25 错误动作

2. 指导纠正方法

(1) 讲明动作要领，做正确动作示范。

(2) 身体仰卧水平漂浮，下颌微收。

(3) 手臂划水路线正确，提高划臂效果增加推进力。

(4) 腿向后做蹬夹水动作，以增加浮力。

(5) 改进蹬夹水动作，提高蹬夹水的动作效果。

(6) 加强手、腿、呼吸协调配合，强调结束时滑行时间。

第三节 侧 泳

侧泳，也称“侧卧泳”，是游泳救生实用技术之三。侧泳具有较大的实用价值，在持物游渡江河或救助溺水者时经常使用。侧泳的方法有很多，大致分为手出水侧泳技术和手不出水侧泳技术两种技术。在救生员直接赴救时，侧泳主要作为拖带溺水者的技术，可衔接托枕及夹胸拖带技术。

一、动作要点

1. 身体姿势

身体侧卧于水中，稍向胸侧倾斜，头的侧下部浸入水中（近似于爬泳的吸气动作），下面的臂前伸，上面的臂置于体侧，两腿并拢伸直，游进时有滑行动作。

图 3-26　身体姿势

2. 腿部动作

图 3-27　侧泳腿部动作

腿部动作分为收腿、翻脚和蹬剪腿三部分。

（1）收腿：上腿向前收，下腿向后收，注意尽量少收大腿，特别是下面的腿，大腿几乎不动。

（2）翻脚：收腿后，上腿勾脚尖以脚掌向后对准水；下腿将脚尖绷直，以脚背和小腿前面向后对准水。

（3）蹬剪腿：上腿用大腿带动小腿稍向前伸，以脚掌对准前侧后加速蹬夹水；下腿以脚背和小腿对准侧后方伸膝踢水，与上腿形成剪水的动作。

3. 手臂动作

（1）上臂动作：上臂经空中（或在水中接近水面）往前移至头的前方入水，入水后前伸下滑高肘抱水，使手和前臂对准水，然后沿着身体屈臂加速用力向后划水至大腿外侧，其动作基本与爬泳臂划水相似。

图 3-28　上臂动作

（2）下臂动作：下臂在身体下部前伸抱水，屈臂划水至腹部下方，掌心向上，以小臂带动大臂，沿身体向前做边伸边外旋的动作，伸直时掌心向下。

图 3-29　下臂动作

（3）两臂配合动作：下臂开始划水，上臂前移；上臂开始划水时，下臂开始做前伸动作，并稍做短暂的滑行，两臂在胸前交叉。

图 3-30　两臂配合动作

4. 完整配合（腿、臂及呼吸配合）

侧泳完整配合动作中，腿、臂及呼吸配合的比例是 1:2:1。

（1）臂和腿：上臂入水下臂前伸时，收腿；当划至腹下时，腿用力向后蹬剪水。

（2）臂、腿和呼吸：侧泳的呼吸和爬泳的呼吸基本相似，只是无需把头埋入水中呼气。上臂推水和出水时吸气，并且头部也少有转动，移臂时还原，做憋气和呼气。为了保证呼吸舒畅，一般是一次腿、两臂各做一次划水、呼吸一次。

二、教学重点、难点

身体位置——重点：掌握身体侧卧位；难点：侧卧位平衡。

手臂动作——重点：划水路线；难点：手掌面对水。

腿部动作——重点：上腿进行蹬水动作，下腿进行踢水动作；难点：上腿脚踝勾起，下腿脚踝绷起。

配合动作——重点：协调用力、且有滑行；难点：双腿节奏的掌握，配合节奏的掌握。

三、教学方法

1. 陆上模仿练习

（1）陆上划臂模仿练习：学生垂直站立，一侧手臂贴紧身体垂直。另一侧手臂延肩外展方向做划抱水动作。

图 3-31　陆上划臂模仿练习

(2) 陆上腿部模仿练习：学生侧卧于地面，上腿做蹬水动作，下腿做踢水动作。身体下侧手臂向头顶上方自然伸展，上侧手臂置于胸前。特别注意上下腿脚踝部位的动作是否正确。

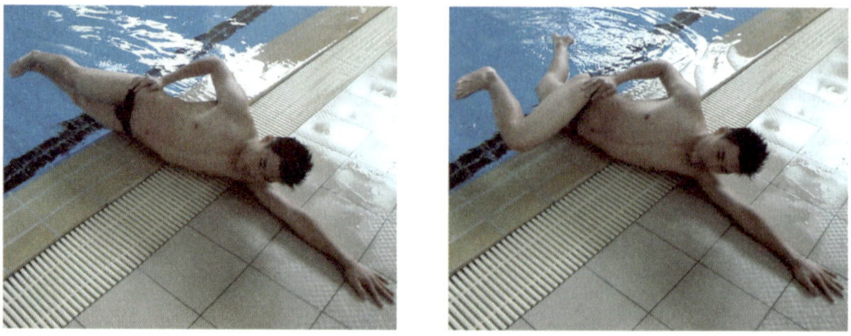

图 3-32　陆上腿部模仿练习

(3) 水中站立划臂模仿练习：学生站立于水中，将身体侧向一侧，位于身体下侧手臂进行外翻划抱水动作，上侧手臂贴于身体，自然伸直。注意头的位置应紧贴于划臂手臂，且无起伏动作。

图 3-33　水中站立划臂模仿练习

2. 半陆半水练习

池边侧卧蹬腿练习：学生侧卧于池岸，将双腿放置于水中，进行蹬剪腿的动作练习。练习时应注意蹬、剪腿的配合以及脚踝部位的动作。

图 3-34　池边侧卧蹬腿练习

3. 水中有固定支撑练习

扶边蹬剪腿练习：学生单手扶池壁，将身体保持侧卧位，进行蹬剪腿的练习。

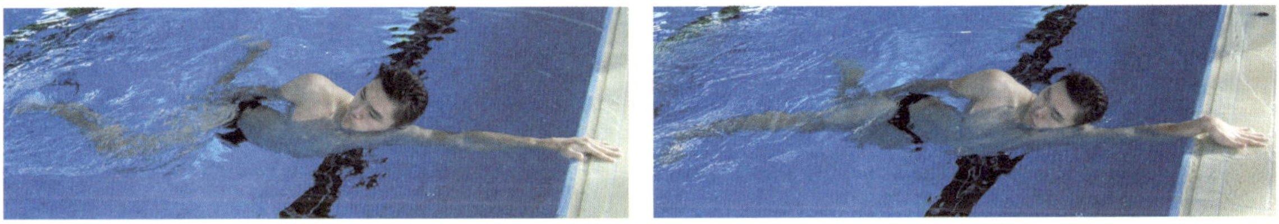

图 3-35　扶边蹬剪腿练习

4. 水中无固定支撑练习

扶板蹬剪腿练习：学生侧卧体位，身体下方手臂向头上方自然伸直，放于扶板上，头紧贴身体下侧手臂，另一侧手臂自然伸直紧贴身体。准备好后进行蹬剪腿动作练习，注意保持身体稳定，可进行蹬剪腿或侧蛙泳腿动作。

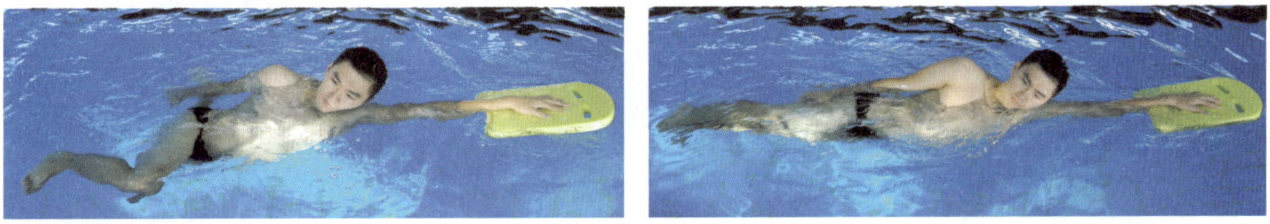

图 3-36　扶板蹬剪腿练习

5. 水中无支撑练习

水中配合练习：学生于深水区进行腿、臂、呼吸配合动作练习，特别注意游进时上下腿的配合及与划臂的配合，还应提示侧卧位头、胯的位置（头一侧贴近水面、胯尽量上提接近水面）。完整动作结束后应有滑行距离。

图 3-37　水中配合练习

四、易犯错误及纠正方法

1. 易犯错误

(1) 身体无法保持侧卧位。

(2) 身体下肢下沉。

(3) 双腿配合不协调。

(4) 手部划水过大。

(5) 完整动作结束后无滑行且不能持久。

(6) 手腿配合节奏不一致。

(7) 蹬剪水效果差且不协调。

图 3-38　错误动作

2. 指导纠正方法

(1) 讲明动作要领，做正确动作示范。

(2) 身体侧卧水平漂浮，头部下半部紧贴水面。

(3) 身体下侧手臂划水路线正确，提高划臂效果增加推进力。

(4) 上腿做蹬夹水动作，下腿做踢腿动作，以增加浮力。

(5) 提高蹬水、踢水动作的效果，改进腰部、腿部漂浮位置。

(6) 加强手、腿、呼吸协调配合，强调结束时滑行时间。

第四节　潜　泳

潜泳是游泳救生实用技术之四。潜泳是身体在水下，不做呼吸游进的泳姿。潜泳可分为潜深技术和潜远技术。

潜泳的姿势很多，包括头朝下、脚朝下的潜深技术和蛙式、蛙式长划臂、爬式潜远技术。

潜泳在生产、军事以及救助溺水者等方面都有较大的实用价值。在救生员直接赴救时，潜泳主要作为寻找接近或打捞溺水者的技术。

一、动作要点

（一）潜深技术

潜深的目的是向水下潜到一定的深度，主要用于打捞或救生。潜深技术可分为腿朝下潜深技术和头朝下潜深技术。

1. 腿朝下潜深技术

腿朝下潜深时，先利用手臂向下划水和腿向下蹬使上体跃出水面，再利用身体的重力落入水中，两臂由下向上推水帮助身体下沉。

2. 头朝下潜深技术

头朝下潜深时，借助两臂向上划水使身体翻转，头朝下，两腿向上蹬蛙泳腿帮助身体下沉。需要注意的是，没有经过专业训练的人向下潜水不宜过深，否则由于水的压力可能导致头痛、耳痛等不适的感觉。当出现耳痛时，可做吞咽动作缓解疼痛。

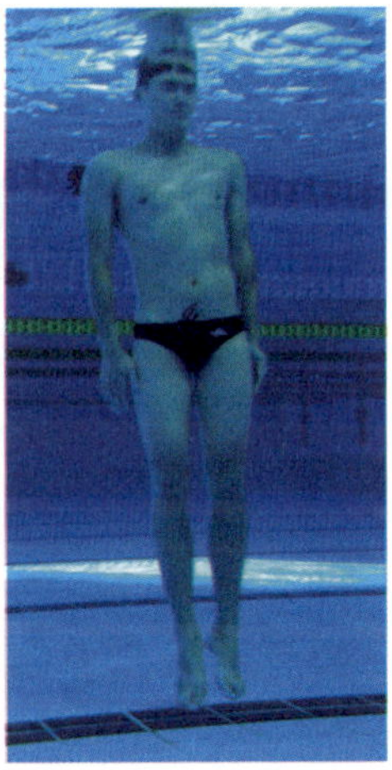

图 3-39-1　腿朝下潜深技术

图 3-39-2　头朝下潜深技术

（二）潜远技术

潜泳时，身体应保持在水下一定的深度游进。在较混浊的水中潜泳时，特别要注意安全。潜远技术主要有蛙式潜泳、蛙式长划臂潜泳、爬式潜泳和蝶式潜泳技术。

1. 蛙式潜泳

蛙式潜泳是在水下用蛙泳的方式游进的一种技术。它的动作基本上与水面上蛙泳技术相同。在游进中为了避免身体上浮，头的位置应稍低于蛙泳，头与躯干成一直线。臂划水的幅度要比蛙泳小，收腿时屈髋较小。配合动作与蛙泳相同，但滑行时间要稍长。

（1）身体姿势

蛙式潜泳要求躯干和头始终保持水平姿势，但是两臂开始划水时要稍低头，以防止身体上浮。

(2) 腿部动作

蛙式潜泳的腿部动作和蛙泳腿的动作只有很小的差别，即收腿时屈髋较小，腿向两侧分开的角度小，蹬夹水时注意角度不要过大。蹬水方向为正后方，以免身体上浮。

图 3-40 蛙式潜泳身体姿势

图 3-41 蛙式潜泳腿部动作

(3) 臂部动作

①划水动作：蛙式潜泳的划水动作，两臂向前伸直开始做准备动作，先做下划水，手掌和前臂内旋，稍勾手腕，两手向下方做划抱水动作，手臂划水的节奏由开始稍慢逐渐加快，然后两臂迅速向后内屈臂用力推水结束。推水完毕后，两臂同时在大腿两侧结束推水动作，且两臂伸直，手掌朝上。划水结束后应有滑行动作。

②移臂动作：当划水结束并滑行一段距离后，两手从大腿两侧外旋，沿腹部、胸部前伸，至头下时，手掌开始内旋，掌心转向下方，在头前方伸直，准备下一个划水动作。

(4) 完整配合（臂、腿配合动作）

蛙式潜泳动作中，腿、臂配合比例为1:1，即1次腿1次划臂。划抱水和手臂前伸时腿保持自然并拢。移臂时收腿，臂移至胸前向前伸的同时蹬腿，两臂伸直时蹬腿结束，做滑行动作。蛙式潜泳技术的配合动作较蛙式长划臂潜泳技术节奏稍快，接近于蛙泳配合动作。

图 3-42 蛙式潜泳臂、腿配合动作

2. 蛙式长划臂潜泳

(1) 身体姿势

蛙式长划臂潜泳要求躯干和头始终保持水平姿势，但是两臂开始划水时要稍低头，以防止身体上浮。

(2) 腿部动作

蛙式长划臂潜泳的腿部动作和蛙泳腿的动作只有很小的差别，即收腿时屈髋较小，腿向两侧分开的角度小，蹬夹水时注意角度不要过大。蹬水方向为正后方，以免身体上浮。

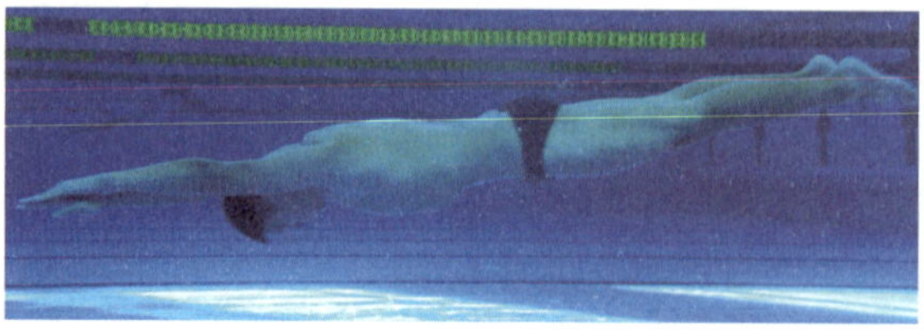
图 3-43 蛙式长划臂潜泳身体姿势

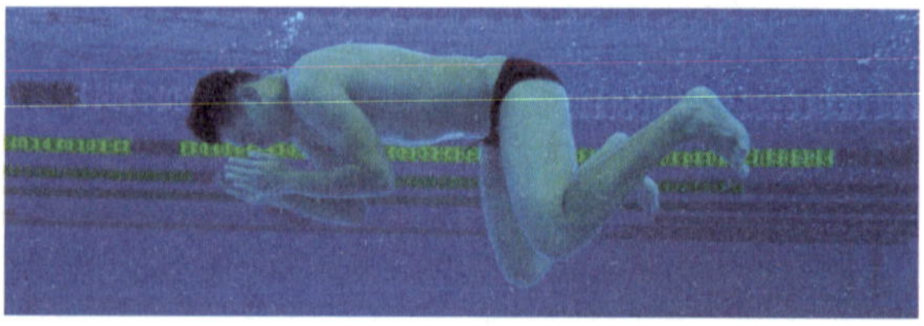
图 3-44 蛙式长划臂潜泳腿部动作

(3) 臂部动作

①划水动作：蛙式长划臂潜泳的划水动作，两臂向前伸直开始做准备动作，先做下划水，手掌和前臂内旋，稍勾手腕，两臂分开向两侧做划抱水动作，手臂划水的节奏由开始稍慢逐渐加快，然后两臂迅速向后内屈臂用力推水结束。蛙式长划臂潜泳的划臂有区别于蛙式潜泳划手，主要体现在两臂之间划臂的距离较大一点，并且手掌转动的方向没有多大的变化，双臂在向后内屈臂推水时几乎完全垂直与水面。推水完毕后，两臂同时在大腿两侧结束推水动作，且两臂伸直，手掌朝上。划水结束后应有滑行动作。

图 3-45　蛙式长划臂潜泳的划水动作

②移臂动作：当划水结束并滑行一段距离后，两手从大腿两侧外旋，沿腹部、胸部前伸，至头下时，手掌开始内旋，掌心转向下方，在头前方伸直，准备下一个划水动作。

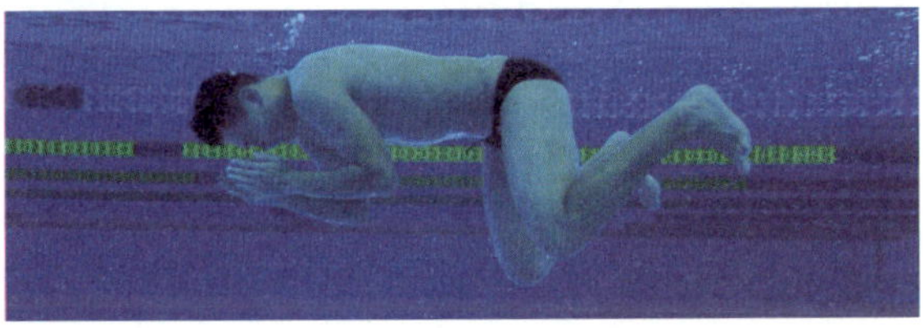

图 3-46　蛙式长划臂潜泳移臂动作

(4) 完整配合（臂、腿配合动作）

蛙式长划臂潜泳配合动作中，腿、臂的配合比例为 1:1，即 1 次腿 1 次划臂。臂划水时和划水结束后，两腿自然伸直并拢，在水里做滑行动作。向前移臂时收腿，臂移至胸前向前伸的同时蹬腿，两臂伸直时蹬腿结束，做滑行动作。

3. 爬式潜泳

爬式潜泳要求两臂向头前伸直，手掌并拢，头在两臂间夹紧，只用双腿做爬泳打腿动作向前游进。注意在游进时头及手臂的方向应略低，以免身体上浮。

图 3-47　爬式潜泳

4. 蝶式潜泳

蝶式潜泳要求两臂向头前伸直，手掌并拢，头在两臂间夹紧，只用双腿做蝶泳打腿动作向前游进。注意在游进时头及手臂的方向应略低，以免身体上浮。蝶式潜泳还可以进行侧身潜泳游进，技术要求与俯卧姿势一致，只将身体位置变为侧卧体位，用双腿做蝶泳腿的游进。

二、教学重点、难点

身体位置——重点：在潜深技术掌握垂直下潜的身体位置；在潜远技术掌握水下俯卧位身体位置；难点：潜深技术中的垂直下潜体位；潜远技术中的保持水下俯卧位。

手臂动作——重点：划水路线；难点：手掌面对水。

腿部动作——重点：收腿时髋关节屈髋较小，双腿脚踝翻转；难点：蹬腿方向的掌握。

配合动作——重点：协调用力、且有滑行；难点：手腿配合节奏的掌握，维持下潜深度。

三、教学方法

（一）蛙式潜泳及蛙式长划臂潜泳的教学

1. 陆上模仿练习

（1）陆上蛙式划臂模仿练习：学生垂直站立，做蛙式潜泳划臂模仿，注意做蛙式潜泳长划臂模仿时划臂幅度要大于蛙泳划臂。

图 3-48　陆上蛙式划臂模仿练习

（2）陆上蛙式长划臂模仿练习：学生垂直站立，做蛙式长划臂的模仿，注意划臂路线和角度的不同。

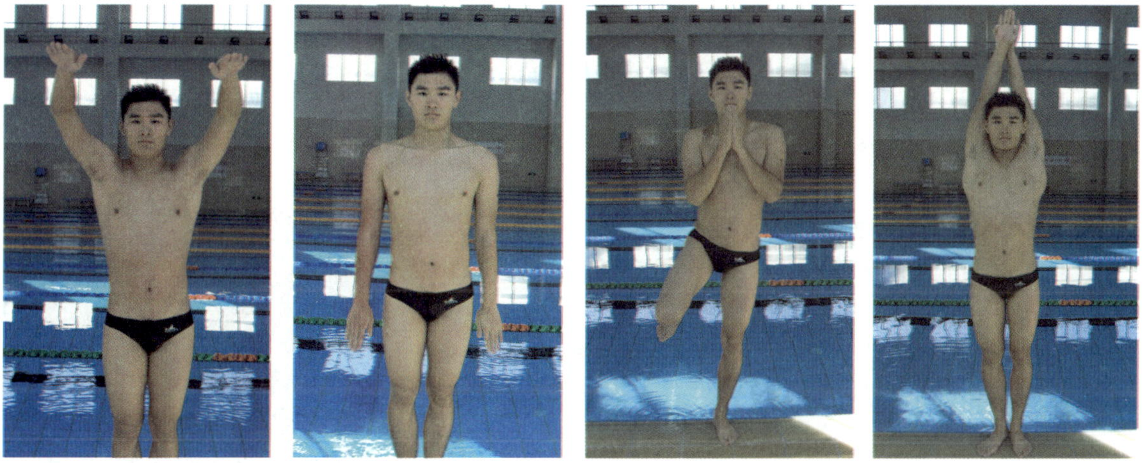

图 3-49　陆上蛙式长划臂模仿练习

(3) 陆上蛙泳腿模仿：学生坐在岸边，进行蛙泳腿收、翻、蹬、夹、停（滑行）的练习。要求学生注视自己的蹬腿动作。

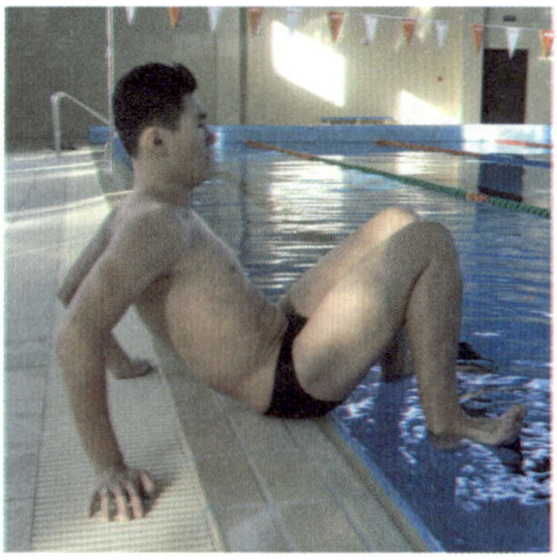

图 3-50　陆上蛙泳腿模仿

①收腿是为了翻脚、蹬水创造有利的位置，同时既要减少阻力，又要考虑到手腿配合因素的需要。开始收腿时，两腿随着吸气的动作，自然放下，同时两膝自然逐渐分开，小腿回收，回收时两脚放松，脚跟向臀部靠拢，边收边分。收腿时力量要小，两脚和小腿回收时要收在大腿的投影截面内，以减少回收时的阻力。收腿结束后，大腿与躯干约成120~140 度角，两膝内侧大约与髋关节同宽。大腿与小腿之间的角度约为 40~45 度角，并使小腿尽量成垂直姿势，这样能为翻脚、蹬水做好有利的准备。

②翻脚：在蛙泳腿的技术中，翻脚动作很重要，它直接影响到蹬水的效果。收腿即将结束时，脚仍向臀部靠近，这时膝关节向内扣，同时两脚向外侧翻开，使脚和小腿内侧对好蹬水方向，这样能使对水面加大，并为大腿发挥更大力量做好积极准备。收腿与翻脚、蹬水是一个连续的完整动作过程。正确的翻脚动作，是在收腿未结束前就已开始，在蹬水开始前完成。如果翻脚后，腿稍有停滞，则会破坏动作的连贯性并增大阻力。

③蹬夹水：蛙泳腿部动作效果的好坏，完全取决于蹬夹水技术的正确与否。蹬水应由大腿发力，先伸髋关节，这样使小腿保持尽量垂直对水的有利部位，向后做蹬夹水的动作，其次是伸膝关节和踝关节。蹬夹水的动作实际是一个连续的完整动作，只是蹬水在先，夹水在后。实际上在翻脚的动作中，两膝向内，两脚向外已经为蹬夹水固定住唯一的方向。蹬夹水效果的好坏不但取决于腿部关节移动的路线和方向，以及蹬夹水时对水面积的大小，最主要的是取决于两腿蹬夹水的速度和力量的变化，蹬夹水的速度是从慢到快，力量是从小到大的。

④滑行：蹬夹水结束后，脚处于水平面的最低点，这时身体随着蹬水的动力向前滑行，腰部下压，双脚接近水面，准备做下一个循环动作。

2. 半陆半水练习

(1) 半陆半水蛙式手臂练习：学生俯卧在池边，将头及双臂放入水中，进行蛙泳划臂练习。

(2) 半陆半水蛙泳腿模仿练习：学生俯卧在池边，将双腿放入水中，进行收、翻、蹬、夹、停的蛙泳腿练习。

3. 水中有固定支撑练习

(1) 扶池边蛙泳蹬腿练习：学生双手扶池边，双腿进行收、翻、蹬、夹、停（滑行）的练习。

(2) 站立水中蛙式潜泳手臂练习：学生站立在浅水区，上体前倾，进行蛙式划臂模仿练习。

(3) 站立水中蛙式长划臂手臂练习：学生站立在浅水区，上体前倾，进行蛙式长划臂模仿练习。

图 3-51　扶池边蛙泳蹬腿练习

4. 水中无固定支撑练习

扶板蛙泳腿练习：学生俯卧水中，双臂自然放于扶板上，双腿进行收、翻、蹬、夹、停(滑行）的练习。

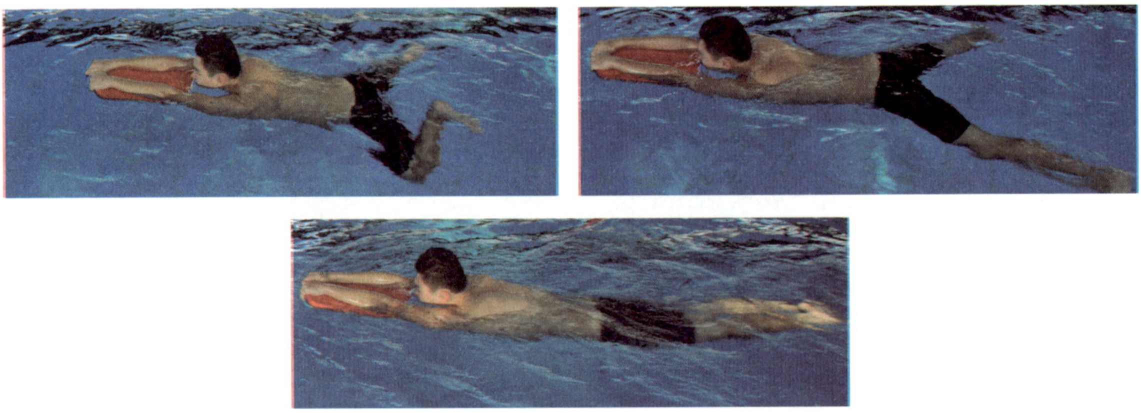

图 3-52　扶板蛙泳腿练习

5. 水中无支撑练习

(1) 水下蛙式潜泳练习：学生蹬边出发，直接下潜。下潜后做蛙式潜泳动作，注意划臂与蹬夹水的配合。

(2) 水下蛙式长划臂潜泳练习：学生蹬边出发，直接下潜。下潜后做蛙式长划臂动作，注意划臂与蹬夹水的配合。

(3) 水中下沉练习：双脚朝下下沉练习；头朝下下沉练习，注意手腿的动作配合。

图 3-53　水下蛙式潜泳练习

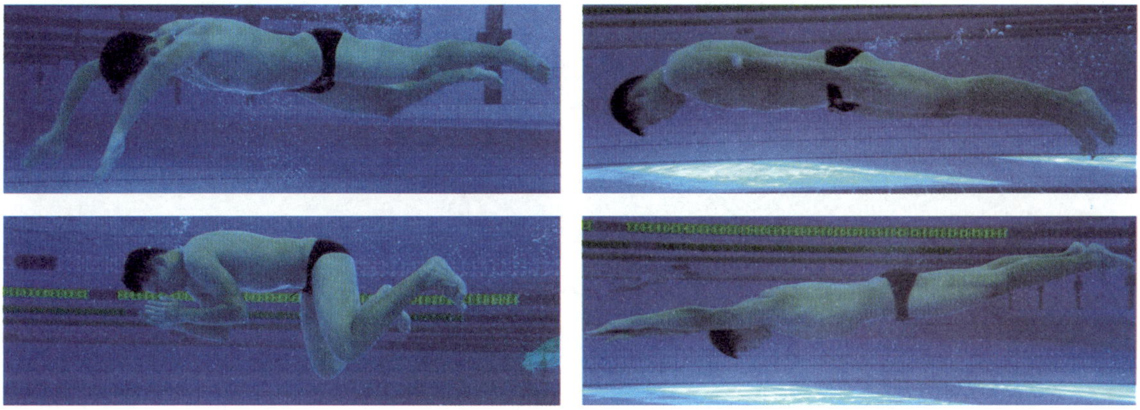

图 3-54　水下蛙式长划臂潜泳练习

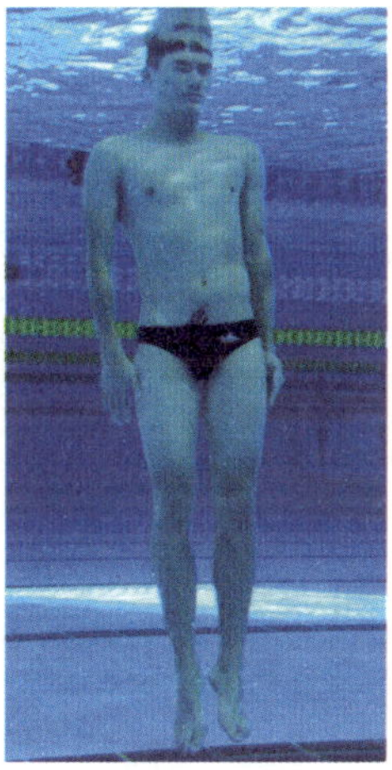

图 3-55-1　双脚朝下下沉练习

图 3-55-2　头朝下下沉练习

（二）爬式潜泳的教学

1. 陆上模仿练习

（1）陆上爬泳腿模仿：学生可俯卧于地面或坐于地面进行爬泳打腿练习，注意观察学生腿部用力的方法。

爬泳两腿正确的鞭状打水是推进身体前进和掌握爬泳技术的基础。在腿部技术教学中，可采用直腿打水的方法。要求初学者髋关节充分伸展，膝关节伸直，踝关节放松。在直腿打水的基础上，逐渐过度到屈腿的鞭状打水技术。爬泳腿动作可运用如下口诀进行教学：大腿发力带小腿，两腿交替来打水。

2. 半陆半水练习

半陆半水爬泳腿练习：学生俯卧在池边，将髋关节放于池边，双腿放于水中，进行爬泳打腿练习。

图 3-56　半陆半水爬泳腿练习

3. 水中有固定支撑练习

扶边爬泳打腿练习：学生双手扶边，身体俯卧于水面，将肩浸入水中，髋关节自然伸展，双腿交替进行打腿。注意练习时保持动作的稳定。

4. 水中无固定支撑练习

手扶板爬泳打腿练习：学生双手扶板，蹬边滑行出发，双臂将头夹紧，闭气进行爬泳打腿练习，注意扶板打腿练习可加入换气延长练习距离。

图 3-57　扶边爬泳打腿练习

图 3-58　手扶板爬泳打腿练习

5. 水中无支撑练习

(1) 蹬边滑行打腿练习：先吸口气，后蹬边；身体尽量伸展，腰背部保持适当紧张。双臂将头夹在中间成流线型。滑行后开始打腿。

(2) 爬式潜泳练习：与蹬边滑行打腿练习要求一致，区别在于蹬边后手臂及头尽量低向水面下方进行滑行，以便身体下潜。

图 3-59　蹬边滑行打腿练习

图 3-60　爬式潜泳练习

四、易犯错误及纠正方法

1. 易犯错误

(1) 身体无法下沉。

(2) 身体无法在水中保持俯卧潜游。

(3) 双臂、双腿配合不协调。

(4) 潜游时头部上扬。

(5) 蹬夹水方向错误。

(6) 水下无滑行且不能持久。

(7) 手腿配合不一致。

(8) 划臂，蹬夹水效果差。

图 3-61　错误动作

2. 指导纠正方法

(1) 讲明动作要领，做正确动作示范。

(2) 潜游时身体俯卧水平游进，下颌收紧避免头上扬。

(3) 身体双臂划水路线正确，提高划臂效果增加推进力。

(4) 双腿做蹬夹水动作，以增加推进力，注意蹬腿方向为正后方。

(5) 加强手、腿协调配合，强调结束时滑行时间。

(6) 增加练习次数。

第五节 抬头爬泳

抬头爬泳是游泳救生实用技术之五。抬头爬泳技术是指在爬泳姿势的基础上，把头抬出水面的一种泳姿。抬头爬泳技术的实用价值很大，具有速度快，准确观察水面情况，迅速接近溺水者的特点，为抢救生命赢取宝贵的时间。在救生员直接赴救时，抬头爬泳作为迅速接近溺水者和寻找溺水者的技术使用。

一、动作要点

1. 身体姿势

抬头爬泳的身体姿势类似于爬泳的身体位置（俯卧位），区别在于头部要始终保持在水面上，且不能左右转动，眼睛注视前方。由于要保持头在水面上，所以整个身体位置略高于爬泳的身体位置。

2. 腿部动作

大腿带动小腿，进行鞭状打腿，注意髋部要发力。脚踝向内，脚趾相对，做内八字状。双腿交替做打压水动作，打腿频率要稍快于爬泳打水。良好的打腿动作不仅可以维持身体平衡，而且能够保持身体的稳定性和较高体位。

3. 臂部动作

抬头爬泳的手臂动作较爬泳有所不同，与爬泳手臂动作比较，有入水较近、划水距离较短的特点。手臂移臂做高肘动作，入水后手掌做划抱水动作，注意手腕的转动动作，入水后手腕、小臂外旋正对水，肘部不能下沉。划水开始时，自入水点划至腰部尽快进行划水、推水动作至结束。

图 3-62 身体姿势

图 3-63 腿部动作

图 3-64 臂部动作

4. 完整配合（臂、腿、呼吸配合）

抬头爬泳完整配合动作中，腿、臂、呼吸的比例为6:2:1，即6次打腿，2次划臂，1次呼吸。双腿交替进行快速打水，手臂交替划水，呼吸在两臂交替划水时完成。整个配合动作要积极连贯，保持较高动作频率。

二、教学重点、难点

身体位置——重点：保持较高俯卧身体位置；难点：头始终在水面上，且不能左右转动。

手臂动作——重点：高肘移臂，划水路线；难点：手掌面对水。

腿部动作——重点：快频率爬泳打水；难点：腿部用力及频率。

配合动作——重点：协调用力、且有滑行；难点：手腿配合节奏的掌握。

三、教学方法

1. 陆上模仿练习

(1) 陆上划臂模仿练习：学生站立爬泳高肘划臂模仿，注意高肘和入水点的掌握。

(2) 陆上爬泳腿模仿：学生可站立于地面，双手扶住墙壁，做爬泳打腿练习，注意观察学生腿部用力的方法。

图3-65　陆上划臂模仿练习

图 3-66　陆上爬泳腿模仿

爬泳两腿正确的鞭状打水是推进身体前进和掌握爬泳技术的基础。在腿部技术教学中，可采用直腿打水的方法。要求初学者髋关节充分伸展，膝关节伸直，踝关节放松。在直腿打水的基础上，逐渐过渡到屈腿的鞭状打水技术。爬泳腿动作可运用如下口诀进行教学：大腿发力带小腿，两腿交替来打水。

2. 半陆半水练习

(1) 半陆半水爬泳腿练习：学生俯卧在池边，将髋关节放于池边，双腿放于水中，进行爬泳打腿

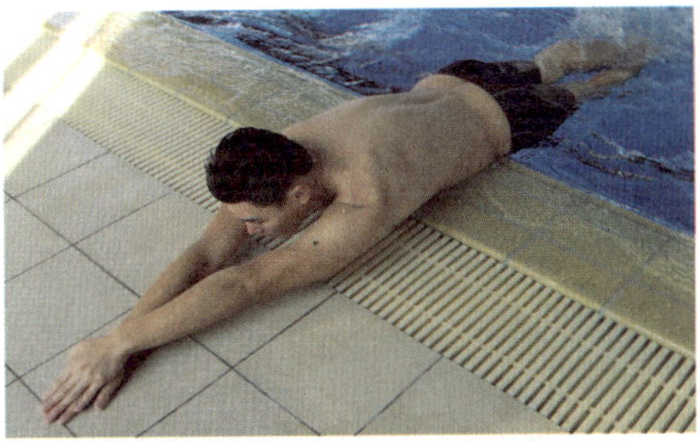

图 3-67　半陆半水爬泳腿练习

练习。

（2）半陆半水爬泳手臂练习：学生俯卧姿势，与池壁保持平行，将池边一侧手臂放于水中进行爬泳划臂练习，另一侧手臂自然伸直。

3. 水中有固定支撑练习

（1）扶边垂直爬泳打腿练习：学生双手扶持边，身体自然垂直，做爬泳打腿练习，注意打腿的节奏和用力点的掌握。

（2）手扶池边俯卧爬泳打腿练习：学生双手扶边，身体俯卧于水面，将肩浸入水中，髋关节自然伸展，双腿交替进行打腿。注意练习时保持动作的稳定。

图 3-68 扶边垂直爬泳打腿练习

图 3-69 手扶池边俯卧爬泳打腿练习

（3）水中站立划臂练习：学生站立在浅水区，上体前倾，进行双臂交替划臂模仿练习。

图 3-70 水中站立划臂练习

4. 水中无固定支撑练习

（1）扶板爬泳打腿练习：学生双手自然平伸放于扶板上，头部抬起进行爬泳打腿练习。注意打腿的节奏和头部的稳定。

（2）扶板单臂划手练习：学生单臂扶板，另一手臂进行划臂练习。注意头要保持稳定，且抬出水面，腿部打水动作连贯协调。

图 3-71　扶板爬泳打腿练习

图 3-72　扶板单臂划手练习

5. 水中无支撑练习

(1) 水中滑行抬头打腿练习：学生先吸气后蹬边，身体尽量伸展，腰背保持适当紧张，头夹于两臂之间成流线型。滑行后开始打水。当身体位置平稳后，将头抬起保持一段距离进行抬头打水，应注意头抬起后应加大打水力度，保持头部及身体的稳定性。

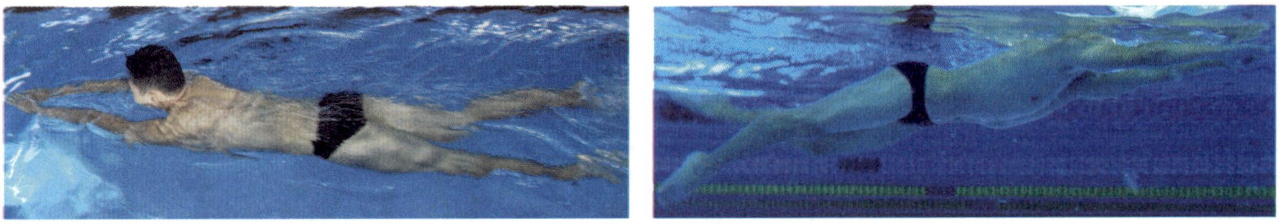

图 3-73　水中滑行抬头打腿练习

(2) 臂、腿、呼吸配合练习：学生蹬边出发，开始打水，当身体位置稳定后，抬头同时加入划臂动作，在游进中随着手臂划臂节奏加入呼吸。应注意保持头部稳定，不要随手臂动作进行摆动或转动。

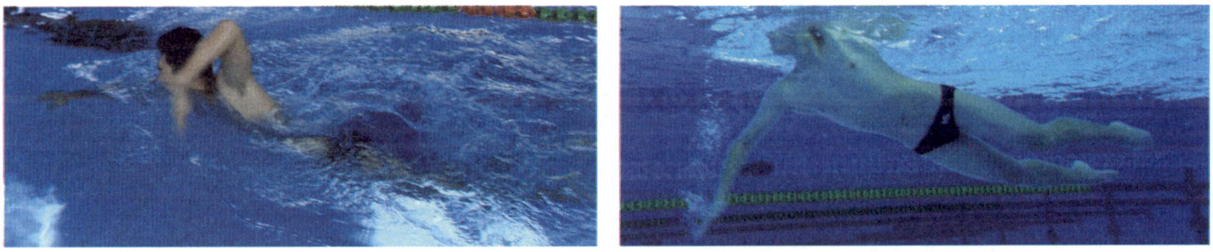

图 3-74　臂、腿、呼吸配合练习

四、易犯错误及纠正方法

1. 易犯错误

(1) 不能保持较高身体位置。

(2) 手臂不能完成高肘移臂动作。

(3) 不能保持头部在水面上或不能固定（转动或摆动）。

(4) 打腿频率和力量不足。

(5) 抬头游进不能持久。

(6) 手腿配合不一致。

图 3-75　错误动作

2. 指导纠正方法

(1) 讲明动作要领，做正确动作示范。

(2) 陆上模仿和水中练习结合，练习高肘移臂动作。

(3) 扶板抬头爬泳打腿，提高打腿能力，建立动作感觉。

(4) 徒手抬头爬泳打腿，应加快动作频率，以增加推进力，注意逐渐延长游进距离，保持头部稳定和较高身体位置。

(5) 加强手、腿、呼吸协调配合，强调头部稳定和较高身体位置。

小知识

★踩水：踩水技术也可运用于游泳时发生紧急情况时，调整呼吸及稳定情绪，必要时可以紧急呼救。

★反蛙泳：反蛙泳技术不只在拖带溺水者时发挥重要作用，其在发生腿部痉挛、腹部痉挛时也可以作为紧急处理的实用技术。

★侧泳：侧泳是实用游泳技术，在广大人民群众的游泳活动中有着广泛的使用。我国伟大领袖毛泽东主席就是凭借着侧泳游遍祖国的河湖。

★抬头爬泳：抬头爬泳在奥运会水球项目中也作为一项专项技术被使用。

★潜水：由于潜水必须憋气，时间过长或过频会引起脑缺氧而出现头痛、头晕或出现休克等现象。因此在教学中教师要提醒学生注意：潜泳时间不要过长或过频，同学之间还要互相照顾和提醒。

思考题

1. 游泳救生基本技术包括哪些？
2. 踩水技术有何特点？
3. 踩水的腿部技术有几种形式？试述其技术要点？
4. 试述踩水技术中，臂、腿、呼吸的完整配合技术要点？
5. 试述踩水教学中的易犯错误及其纠正方法？
6. 反蛙泳技术有何特点？
7. 试述反蛙泳腿部技术要点？
8. 试述反蛙泳技术中，臂、腿、呼吸的完整配合技术要点？

9. 试述反蛙泳教学中的易犯错误及其纠正方法？
10. 试述侧泳技术的分类？
11. 简述侧泳身体姿势技术、腿部技术的技术要点？
12. 试述侧泳教学中的易犯错误及其纠正方法？
13. 简述潜泳的分类？
14. 试述在游泳救生中，潜泳的技术用途？
15. 试述潜远技术有哪几种方法？
16. 试述蛙式潜泳技术与蛙泳有何区别？
17. 试述在游泳救生中，抬头爬泳的技术用途？
18. 试述抬头爬泳和爬泳技术有何区别？

第四章
游泳救生赴救技术与教学

内容概要

现场赴救技术是游泳救生员对溺水者进行间接赴救或直接赴救的技术，它分为间接赴救、水中直接赴救（入水、接近、解脱、拖带、上岸、人工运送）。本章节对间接和直接赴救进行具体阐述。

学习目标

学习掌握间接赴救技术、直接赴救技术，学习使用常用的救生器材的间接赴救技术，掌握入水、接近、解脱、拖带、上岸以及人工运送等直接赴救技术。

第一节　间接赴救

间接赴救是指救生员在游泳池内利用现场救生器材，如救生圈、救生浮漂、救生杆、手援和其它可用救生器材，对发生溺水事故正在呼救挣扎的溺水者，救生员在池岸上发现并经过准确判断，在保证自身安全的前提下，优先选择施救的一种赴救技术。

一、救生杆

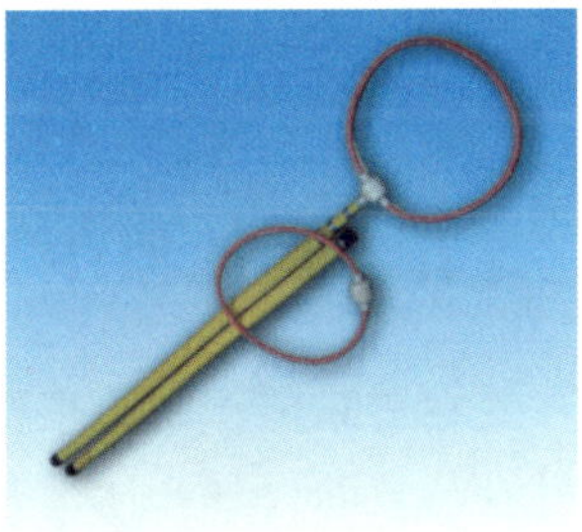
图 4-1　救生杆

救生杆是游泳池必备且最常用的救生器材之一。

救生员在使用救生杆对溺水者进行施救时，要注意不能用救生杆捅、打，伤及溺水者的要害部位，救生杆要始终放在救生员工作岗位取拿方便的位置。

二、救生圈

救生圈也是游泳池内必备且最常用的救生器材之一。

图 4-2　救生圈

它适用于溺水者距离泳池边有距离的施救。常用的救生圈有塑料制成和硬质海棉泡沫制成两种，救生圈有系绳子和不系绳子的两种。

救生员在利用救生圈施救时一定要注意：溺水者在距离池边较远或泳池中间地带时，为了缩短施救时间，在抛掷时一定要准确到位。在抛掷带有系绳的救生圈时，手一定要握紧或用脚踩住绳子的另一端，当溺水者抓住救生圈后，要立即将溺水者拖至池边救起。救生圈要始终放在救生员工作岗位取拿方便的位置。对带有系绳的救生圈要经常进行整理，保证不打死结，急救时能够安全快捷使用。

三、救生浮漂

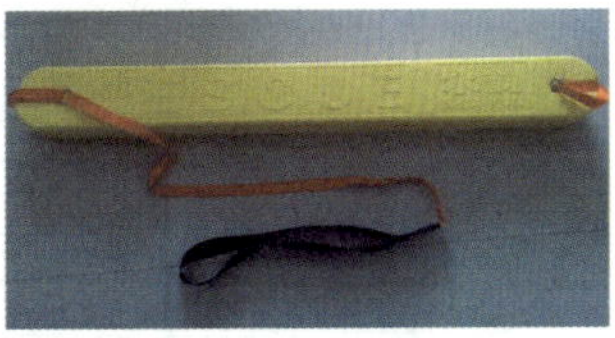
图 4-3　救生浮漂

救生浮漂是国际上普遍采用的救生器材之一，在施救过程中可以给救生员和溺水者带来安全感。它通常采用泡沫材料制成，以红色为底色，末端附有手环或扣节。救生浮漂方便拖带溺水者，广泛适用于各种溺水情况，可替代救生圈使用。根据溺水者离岸边距离的不同，可采用岸上手持救生浮漂救援、岸上手持绳带抛救生浮漂给溺水者救援和背救生浮漂下水救援的办法。救生浮漂更是抢救深水脊柱损伤溺水者的必备器材，在施救时使用救生浮漂可起到增加浮力、保持稳定的作用。

四、手　援

手援是指救生员对发生在近游泳池边的溺水者，用徒手进行施救的一种最简易的方法，但要特别注意施救者自身的安全。一般在溺水者刚刚落水、意识清醒、有判断力的情况下使用。

图 4-4　手援

五、其他救生工具

在实际工作中，根据救援环境的不同，可采用不同的救生工具。利用一切可以利用的器材进行救助，如：泳池环境时，杆、板、绳、球、桶等等；野外环境时树枝、木板、矿泉水等等。

图 4-5　其他救生工具

第二节　直接赴救

施救直接赴救是指救生员对距离游泳池边较远处发生溺水事故的溺水者，在不能采用救生器材的情况下，救生员入水与溺水者直接接触进行救助的一种救生技术。直接赴救是由入水、接近、解脱、拖带（徒手和器材）、上岸（徒手和器材）、运送等六个技术环节组成。直接赴救是与溺水者直接接触，因此带有一定的危险性，所以要求救生员在遇到紧急情况时，一定要胆大心细，要有拯溺救难、无私无畏的精神，在掌握直接赴救技术，保护自己安全的前提下，履行救生员的职责。

一、入　水

入水技术是指救生员发现溺水事故时，迅速跳入水中施救的一项专门技术。入水技术动作是否正确，对于抢救溺水者、争取抢救时间、提高生存机会起着决定性作用，因此救生员要熟练掌握技术要点。救生员入水前，为了便于施救应及时脱去外衣、鞋袜等以减少阻力，本着尽快接近溺水者的原则，迅速选择好入水地点。

入水技术包括跨步式入水、蛙腿式入水、鱼跃浅跳式入水和直立式入水。

（一）跨步式入水

适用于救生员距离溺水者较近，但救生器材救助不到的地方，水质比较浑浊，对水下情况不了解，特别是室外公开水域中。

1. 动作要点

盯住目标，两腿做跨步式的前后分开，身体稍向前倾，使重心落在身体前方；踝关节自然伸直，两臂在体侧平伸（侧平举），掌心向下。臂与腿分开，在身体入水的瞬间，双臂与双腿做抱压和剪夹水动作，保持口鼻露出水面，便于观察溺水者情况。

图 4-6　跨步式入水

2. 教学方法

分以下五个步骤重复练习，强调动作要点，可做陆上模拟练习和入水实战训练。

（1）眼睛始终盯着溺水者。

（2）在空中做两腿一前一后呈弓箭步型。

（3）上身含胸前倾，两臂侧举。

（4）入水后两脚做剪夹水动作。

（5）同时两手臂向前下方做抱压水动作。

3. 易犯错误

（1）救生员入水时眼睛没有盯着溺水者，使救生目标丢失。

（2）救生员入水时动作不规范，使头部没入水中，使救生目标丢失。

（3）双臂或两腿没有分开。

（二）蛙腿式入水

适用于救生员距离溺水者较近，但救生器材还救助不到的地方，水质比较浑浊，对水下情况不了解，特别是室外公开水域中。

1. 动作要点

盯住目标，两腿及两臂在体侧分开，呈大字形，跃起时，两腿做蛙泳收腿动作，下水时身体稍向前倾，大小腿、双臂及双手要扩大与水面接触。入水瞬间用力向下压水，双臂与双腿做抱压和蹬夹水动作，使身体迅速上浮，以便于时刻观察溺水者情况。

图 4-7　蛙腿式入水

2. 教学方法

分以下五个步骤重复练习，强调动作要点，可做陆上模拟练习和入水实战训练。

（1）眼睛始终盯着溺水者。

（2）在空中做蛙泳腿的收腿动作。

（3）上身含胸前倾，两臂侧举。

（4）入水后两脚做蹬夹水动作。

（5）同时两手臂向前下方做抱压水动作。

3. 易犯错误

（1）救生员入水时眼睛没有盯着溺水者，使救生目标丢失。

（2）救生员入水时动作不规范，使头部没入水中，使救生目标丢失。

（3）双臂或两腿没有分开。

（三）鱼跃浅跳式入水

当救生员距离溺水者较远时，可采用鱼跃浅跳式入水方法。

1. 动作要点

起跳点应根据实际情况，可在救生台上、池（岸）边或跑动中起跳。起跳是靠腿蹬离池岸，躯干同时用力伸直，两臂由下而上摆动入水。入水要浅，头部尽快出水面捕捉赴救目标。

图 4-8　鱼跃浅跳式入水

2. 教学方法

分以下五个步骤重复练习，强调动作要点，可做陆上模拟练习和入水实战训练。

（1）确定溺水者位置。

（2）起跳做好蹬离动作。

（3）躯干同时用力伸直，两臂由下而上摆动入水。

（4）入水后快速打腿出水。

（5）头部尽快出水面，衔接抬头爬泳迅速捕捉赴救目标。

3. 易犯错误

(1) 救生员选择入水位置错误。

(2) 救生员入水过深，不能迅速出水，使救生目标丢失。

(3) 出水后未采用抬头爬泳动作接近溺水者。

(四) 直立式入水

当救生观察台较高时，救生员明确池水有足够的深度时，可采用脚先入水的跳水方式。

1. 动作要点

入水时，全身与水面保持垂直，脚趾向下，一手捏鼻，一手护下腹。如身穿救生衣，则两手肘部紧压救生衣。入水后，双手及时向下压水，两脚做蹬夹动作，力求尽快上浮捕捉施救目标。

图 4-9 直立式入水

2. 教学方法

分以下五个步骤重复练习，强调动作要点，可做陆上模拟练习和入水实战训练。

(1) 确定入水位置安全。

(2) 起跳做好捏鼻护腹动作。

(3) 躯干入水时保持垂直。

(4) 入水后快速双手及时向下压水，两脚做蹬夹动作。

(5) 头部尽快出水面，衔接抬头爬泳迅速捕捉赴救目标。

3. 易犯错误

(1) 救生员选择入水位置错误。

(2) 救生员入水后不能迅速出水，使救生目标丢失。

(3) 出水后未采用抬头爬泳动作接近溺水者。

二、接 近

接近技术是指救生员接近溺水者时最常用的一种技术，它具有很大的危险性，特别是对那些尚有意识正在水中挣扎或水质混浊的公开水域中的溺水者，如果救生员接近方法不正确，将会发生危险。因此在接近时，救生员应与其保持一定的安全距离，并在接近后尽可能的从溺水者背后做动作，以确保自身的安全。

接近技术包括背面接近、侧面接近、正面接近三种。

（一）背面接近

图 4-10　背面接近

背面接近技术是救生员最常用的一种接近方法。是指救生员从溺水者背面接近并施救。背面接近是最安全的接近方法。

1. 动作要点

救生员游至距溺水者 1~2 米处急停，然后，右手托腋，另一手从溺水者的左肩处夹胸拖带或双手托腋，有效控制溺水者。

2. 教学方法

分以下三个步骤重复练习，强调动作要点，可做陆上模拟练习和入水实战训练。

（1）在水中接近溺水者 1~2 米处合理急停。

（2）双手从溺水者背后托腋或夹胸。

（3）迅速有效控制溺水者。

3. 易犯错误

（1）救生员游至距溺水者安全距离后，需急停，以免水浪将溺水者冲压下沉，进一步引起溺水者恐慌。

（2）救生员离溺水者太近，易被溺水者抓、抱持。

（3）救生员未有效控制住溺水者。

（二）侧面接近

侧面接近技术是当溺水者尚未下沉，特别是两手在水面上挥舞挣扎时较适合采用的接近技术。

图 4-11　侧面接近

1. 动作要点

救生员游至距溺水者 3 米处，有意识地游向溺水者侧后面，看准并果断、迅速地用同侧手抓握住溺水者近侧手腕部，将溺水者拉向救生员的胸前。然后异侧手迅速拖住溺水者异侧腋下做有效控制，将溺水者拉至水面（水平）后同侧手放开手腕从溺水者的肩上处实施夹胸拖带或托腋拖带。

2. 教学方法

分以下四个步骤重复练习，强调动作要点，可做陆上模拟练习和入水实战训练。

（1）在水中接近溺水者 3 米处合理急停。

（2）侧向迂回游近溺水者。

（3）同侧手抓溺水者近侧端手腕。

（4）迅速有效控制溺水者。

3. 易犯错误

(1) 救生员游至距溺水者安全距离后，需急停，以免水浪将溺水者冲压下沉，进一步引起溺水者恐慌。

(2) 救生员离溺水者太近，易被溺水者抓、抱持。

(3) 救生员未有效控制住溺水者。

(三) 正面接近

正面接近技术是指在救助溺水者时，正面接近溺水者的一种接近技术。正面接近技术是较危险的接近技术，是在救生员无法采用背面和侧面接近时所用的一种接近方法。

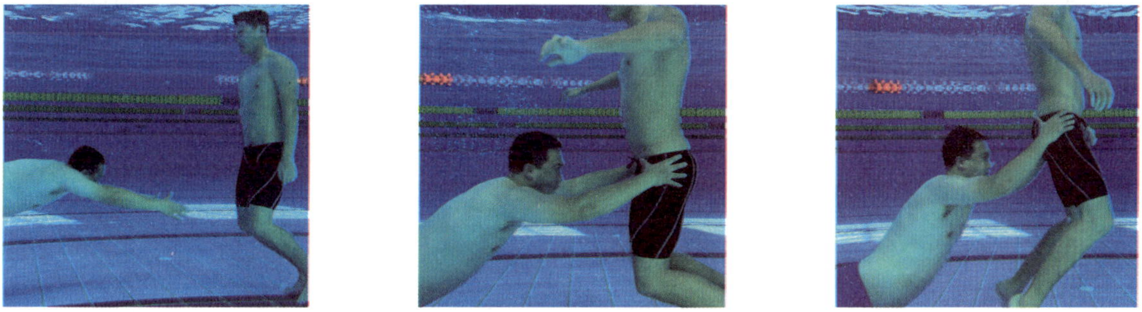

图 4-12 正面接近

1. 动作要点

救生员入水后，游至离溺水者 3 米左右急停，下潜至溺水者髋部以下，然后双手扶溺水者髋部，将溺水者转体 180 度，然后，双手托腋，将溺水者托出水面至仰卧，做有效控制。再根据情况选择托腋拖带或夹胸拖带。

2. 教学方法

分以下四个步骤重复练习，强调动作要点，可做陆上模拟练习和入水实战训练。

(1) 在水中接近溺水者 3 米处合理急停。

(2) 下潜至溺水者髋部以下，将溺水者转体 180 度。

(3) 夹胸拖带或双手托腋拖带。

(4) 迅速有效控制溺水者。

3. 易犯错误

(1) 救生员游至距溺水者距离太近，没有达到安全距离，易被溺水者抓、抱持。

(2) 救生员未能下潜至溺水者髋部以下，造成被溺水者抓、抱持。

(3) 救生员未有效控制住溺水者。

三、解 脱

解脱是指救生员在水中施救溺水者时，被头脑不清醒正在挣扎的溺水者抓住或抱住后，救生员采取合理的技术动作及时解除溺水者的抓抱，有效控制溺水者的一项专门技术。在施救过程中，溺水者在一瞬间可能会从前方抓、抱救生员的头、颈、腰、臂或腿部，也可能从后面抓、抱住这些部位，根据被抓抱的部位不同，解脱的方法和手段也各有差异。下面针对头发被抓、颈部被抱持、腰部被抱持、手被抓握（单手被双手抓握、单手被单手抓握、双手同时被抓握、双手交叉被抓、双人抱持）、腿部被抱持介绍几种常用的解脱方法。

（一）头发被抓

由于救生员的不慎，在施救时被溺水者单手抓住头发，可以用压腕掰指解脱法和压掌推肘解脱法来解脱。

1. 压腕掰指解脱法

（1）动作要点

救生员同侧手小鱼际压住抓发手腕，低头前顶，异、同侧手插入拇指，掰推抓发手中指，迫使溺水者抓发手松开。解脱后，异侧手及时将溺水者转至背贴救生员前胸，夹胸拖带，有效控制住溺水者。

（2）教学口令

①同侧手压腕。

②低头前顶。

③异、同侧插入拇指掰指解脱做掰、推动作。

④异侧手拉近溺水者至其身后。

⑤有效控制溺水者，夹胸拖带。

图 4-13　头发被抓压腕掰指解脱法

(3) 教学难点

做掰指动作时异侧手掌心向外，插入拇指同时压腕手拇指也插入，后做先掰后推动作，将溺水者抓持手推离救生员，这一动作做充分才可以体现掰指法解脱。

(4) 易犯错误

①压腕手错误。

②头未低至溺水者腰部以下。

③插入手方向错误。

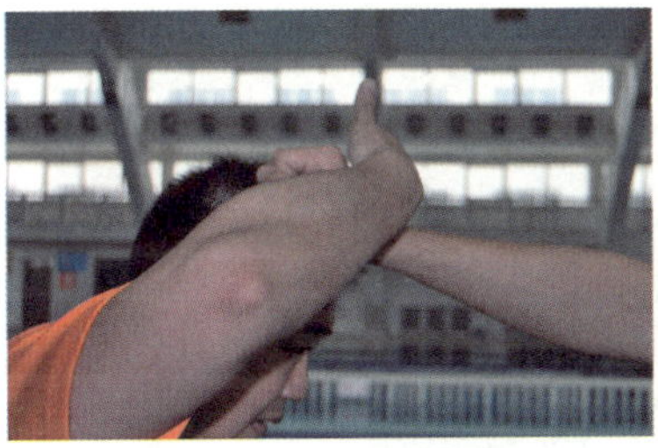

图 4-14　压腕手错误

图 4-15　头未低至溺水者腰部以下

图 4-16　插入手方向错误

④未能有效控制溺水者。

⑤拉转溺水者方向错误（溺水者背应贴于救护员胸前）。

⑥夹胸拖带技术不正确。

图 4-17　拉转溺水者方向错误

图 4-18　夹胸拖带技术不正确

（5）水中解脱参照陆上解脱口令流程

图 4–19　掰指解脱水中动作

2. 压掌推肘解脱法

（1）动作要点

救生员异侧手紧握溺水者抓发手的手腕，同侧手用力向溺水者的头部方向推击其肘部（做反关节动作），使其抓发手松开。解脱后，异侧手及时将溺水者转至背贴救生员前胸，夹胸拖带，有效控制住溺水者。

（2）教学口令

①异侧手压腕。

②低头前顶。

③同侧手上托、推溺水者肘部做反关节动作至溺水者身后。

④异侧握紧溺水者控制手腕。

⑤有效控制溺水者，夹胸拖带。

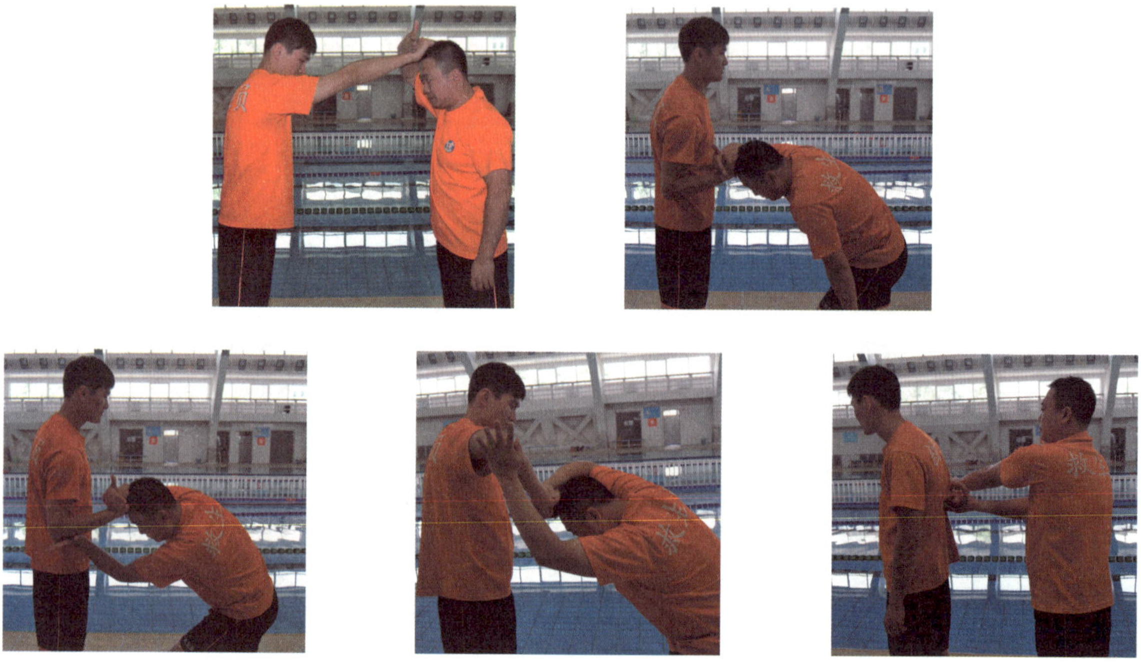

图 4-20 头发被抓压掌推肘解脱法

(3) 教学难点

做反关节动作时救生员同侧手掌心向上托、推溺水者抓持手臂肘部。将溺水者推离救生员身体，推离时以救生员手臂推直为标准。

(4) 易犯错误

①压腕手错误。

②头未低至溺水者腰部以下。

图 4-21 压腕手错误

图 4-22 头未低至溺水者腰部以下

③托推手错误，且未将溺水者推离救生员身体。

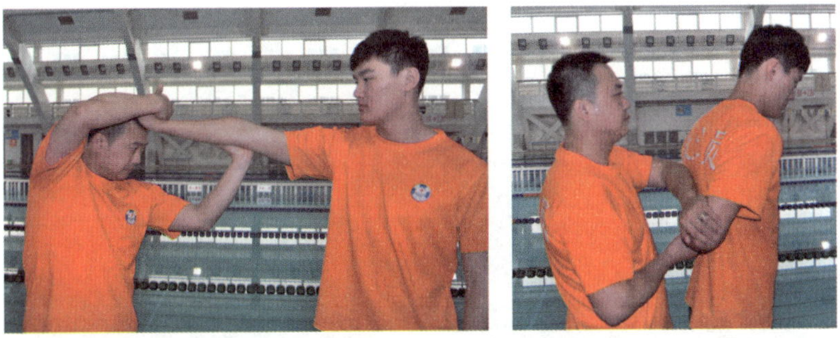

图 4-23 未将溺水者推离救生员身体

④未能有效控制溺水者。

⑤夹胸拖带技术不正确。

(5) 水中解脱参照陆上解脱口令流程

图 4-24　推肘解脱法水中动作

(二) 颈部被抱持

救生员被溺水者抱住颈部时采用的一种解脱方法。常用的方法是压腕上推单肘解脱法(适用于背面被抱持)和上推双肘解脱法(适用于正面被抱持)。

1. 压腕上推单肘解脱法

(1) 动作要点

以背面颈部被抱持为例，救生员应内收下颌，保护好呼吸道，防止被卡住，同时分清溺水者哪只手在上。如溺水者右手在上时，救生员用左手紧压溺水者的右手腕，右手上推溺水者右肘部，做反关节运动，同时转出自己的头部。然后救生员用右手抓紧溺水者的右手肘部，将其拉向救生员胸前，及时夹胸，控制住溺水者。

(2) 教学口令

①内收下颌，分清溺水者抱持的上下手。

②异侧手紧压溺水者抱持上面手的腕部。

③同侧手上托、推溺水者抱持上面手臂的肘部(反关节动作)。

④头部从溺水者被推离手臂移出，并将溺水者推离救生员身体。

⑤抓住被推离手臂腕部将其背贴救生员前胸。

⑥有效控制溺水者，夹胸拖带。

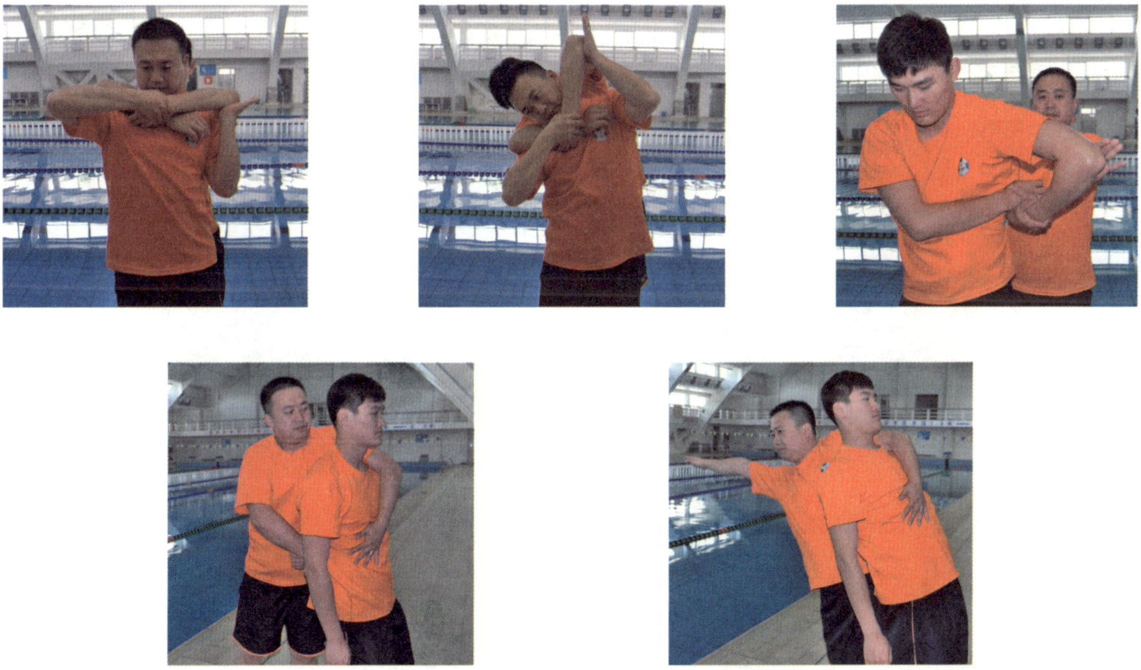

图 4-25　背面颈部被抱持压腕上推单肘解脱法

（3）教学难点

救生员做托推离溺水者手臂动作时要求完成反关节动作（过肩过头），且将溺水者充分推离救生员身体。

（4）易犯错误

①未分清上下手。

②未推击溺水者肘关节部位。

③未完成反关节解脱动作（过肩过头）。

图 4-26　未分清上下手

图 4-27　未推击溺水者肘关节部位

图 4-28　未完成反关节解脱动作

④推转溺水者时脱手，未能有效控制溺水者。

⑤推离距离不充分（以救生员推离手臂完全伸直为准）。

图 4-29　推转溺水者时脱手

图 4-30　推离距离不充分

⑥夹胸拖带技术不正确。

(5) 水中解脱参照陆上解脱口令流程

图 4-31　压腕上推单肘水中解脱动作

2. 正面颈部上推双肘解脱法

当溺水者正面抱持救生员颈部时应采用的方法。

(1) 动作要点

当救生员被溺水者正面抱住颈部时，要及时内收下颌，以防止呼吸道被夹住。救生员下沉，双手上推溺水者的双肘关节，同时头部下抽，趁势抓握住溺水者的一手腕，将溺水者转至背贴救生员前胸，然后夹胸控制。

(2) 教学口令

①上推溺水者双肘同时救生员迅速下蹲（上推下蹲）。

②将溺水者向一侧推转。

③控制其一侧手臂至溺水者身后。

④有效控制溺水者，夹胸拖带。

(3) 教学难点

救生员做上推下蹲动作时要一致，并注意推击溺水者双臂肘关节部位。解脱后迅速推转溺水者身体。

图 4-32 正面颈部被抱持解脱法

(4) 易犯错误

①未推击溺水者肘关节部位。

②未作下蹲动作。

③推转溺水者时脱手，未能有效控制溺水者。

④夹胸拖带技术不正确。

图 4-33 未推击溺水者肘关节部位

图 4-34 未作下蹲动作

图 4-35 推转溺水者时脱手

图 4-36 夹胸拖带技术不正确

(5) 水中解脱参照陆上解脱口令流程

图 4-37　上推双肘解脱水中动作

(三) 腰部被抱持

当救生员正面双臂肘部关节以下和躯干同时被溺水者抱持时，一般采用夹鼻推颌解脱技术解脱；当救生员背面双臂肘部关节以下和躯干同时被溺水者抱持时，一般采用弓身抽手扳指技术解脱。

1. 夹鼻推颌解脱法（正面腰部被抱）

(1) 动作要点

救生员低头分清溺水者脸部的朝向，弓身收腹含胸，臀部后顶，两臂内旋，抽出同侧手，并用食、中指紧夹溺水者的鼻，掌心盖住溺水者的嘴，并用掌根托住溺水者的下颌，用力向前方推出，迫使溺水者头部后仰，另一手紧抱溺水者腰，并用力向自己方向压，迫使溺水者松开双手，之后及时将溺水者转体 180 度，夹胸控制住。

(2) 教学口令

①低头分清溺水者脸部朝向。

②弓身、扩张、抽手（溺水者脸部方向手臂）。

③抽出手对溺水者夹鼻、捂嘴、推颌。

④同时另一手从抱持手臂内侧抱紧溺水者后腰。

⑤做拉、推动作（以溺水者做出背弓动作为准）。

⑥及时将溺水者转至背向救生员，并紧贴救生员前胸（腰部手做转动动作）。

⑦有效控制溺水者，夹胸拖带。

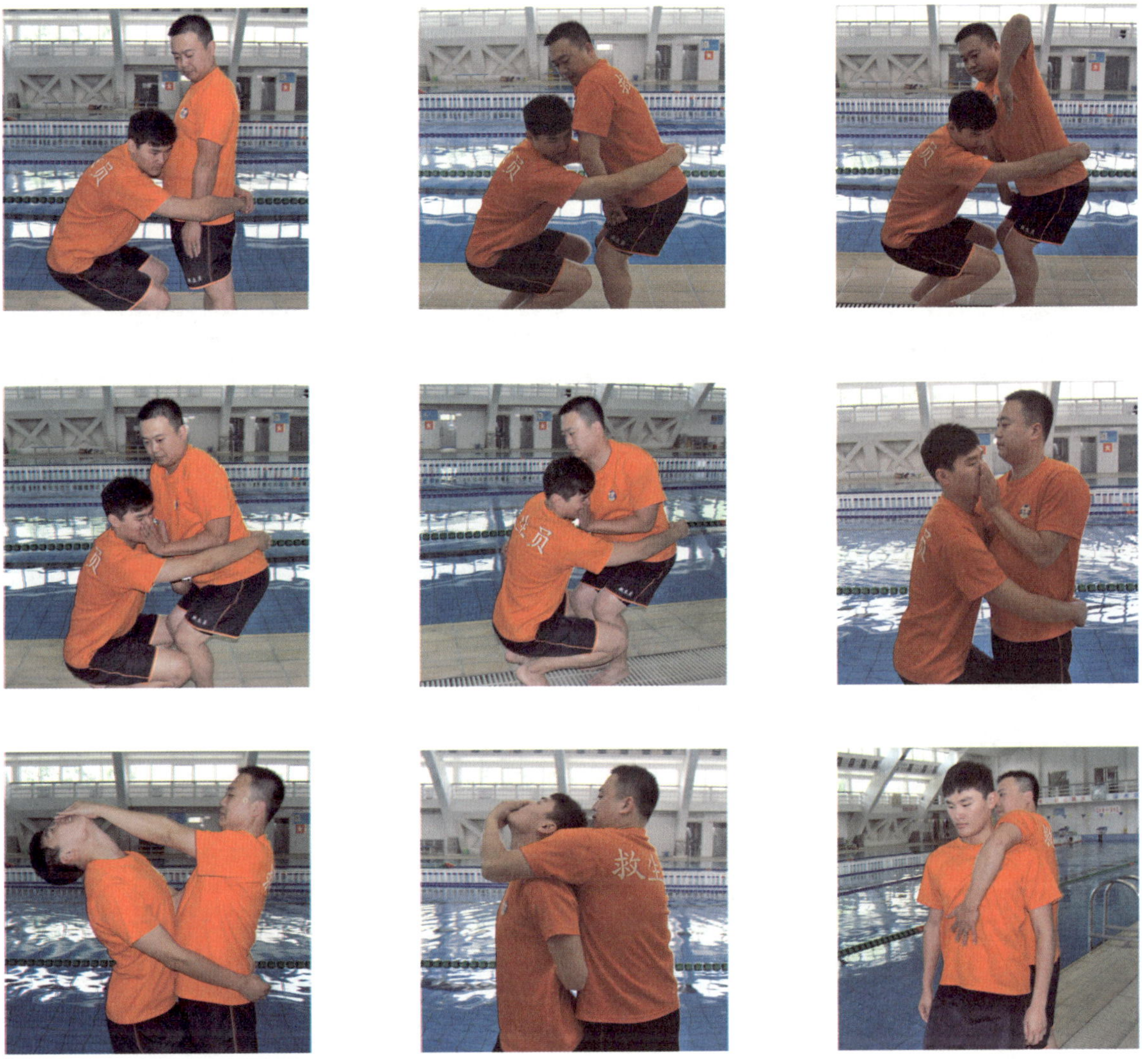

图 4-38　夹鼻推颌解脱法、正面腰部被抱

(3) 教学难点

救生员做弓身、扩张、抽手要一体完成，夹鼻、捂嘴、抱腰动作要一体完成，应先拉近溺水者身体再做推颌后仰动作，转体时必须旋转溺水者腰部。

(4) 易犯错误

①未分清溺水者脸部朝向。

②弓身、扩张、抽手不连贯。

③夹鼻、捂嘴、推颌不连贯。

④抱腰手臂在溺水者抱持手臂外侧抱腰。

⑤未先做拉近动作，直接推颌。

图 4-39　未分清溺水者脸部朝向

图 4-40　抱腰手臂在溺水者抱持手臂外侧抱腰

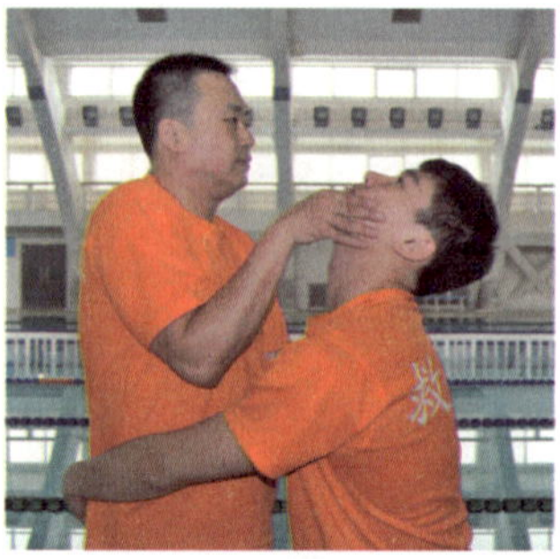

图 4-41　未先做拉近动作，直接推颌

⑥未旋转溺水者腰部，而是推转其头部。

⑦推转溺水者时脱手，未能有效控制溺水者。

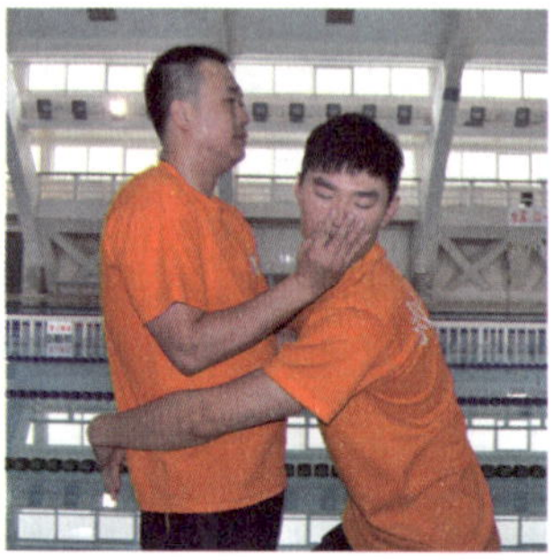

图 4-42　推转其头部

图 4-43　推转溺水者时脱手

⑧夹胸拖带技术不正确。

(5) 水中解脱参照陆上解脱口令流程

图 4-44 夹鼻推颌解脱法水中动作

2. 弓身抽手扳指法（背面腰部被抱）

(1) 动作要点

救生员低头分清溺水者哪只手在上，然后弓身收腹含胸，臀部后顶，两臂内旋，前推，抽出同侧手压住溺水者手背，再抽出异侧手压住溺水者另一只手的手背上。先扳开溺水者在外侧手掌的中指，使之松开后用力向外展开，然后再掰开另一手掌的中指，松开后用力向外展开，使两臂呈侧上举。救生员下蹲至溺水者腹部下，放开溺水者一只手，同时撤移至其背后，将溺水者贴紧救生员前胸，夹胸拖带，有效控制住溺水者。

(2) 教学口令

①低头分清溺水者被抱持的上下手。

②弓身、扩张、抽手。

③先抽出溺水者上面手臂同侧手压住溺水者双手，再抽出另一手压住双手。

④先掰开溺水者上面手掌中指，再掰开另一手掌中指，同时外展上举下蹲。

⑤救生员下蹲至溺水者腰部，放开溺水者一只手，同时撤移至溺水者身后，紧贴救生员前胸。

⑥有效控制溺水者，夹胸拖带。

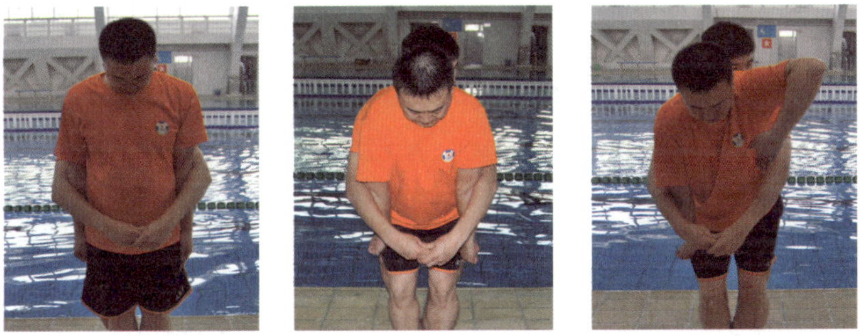

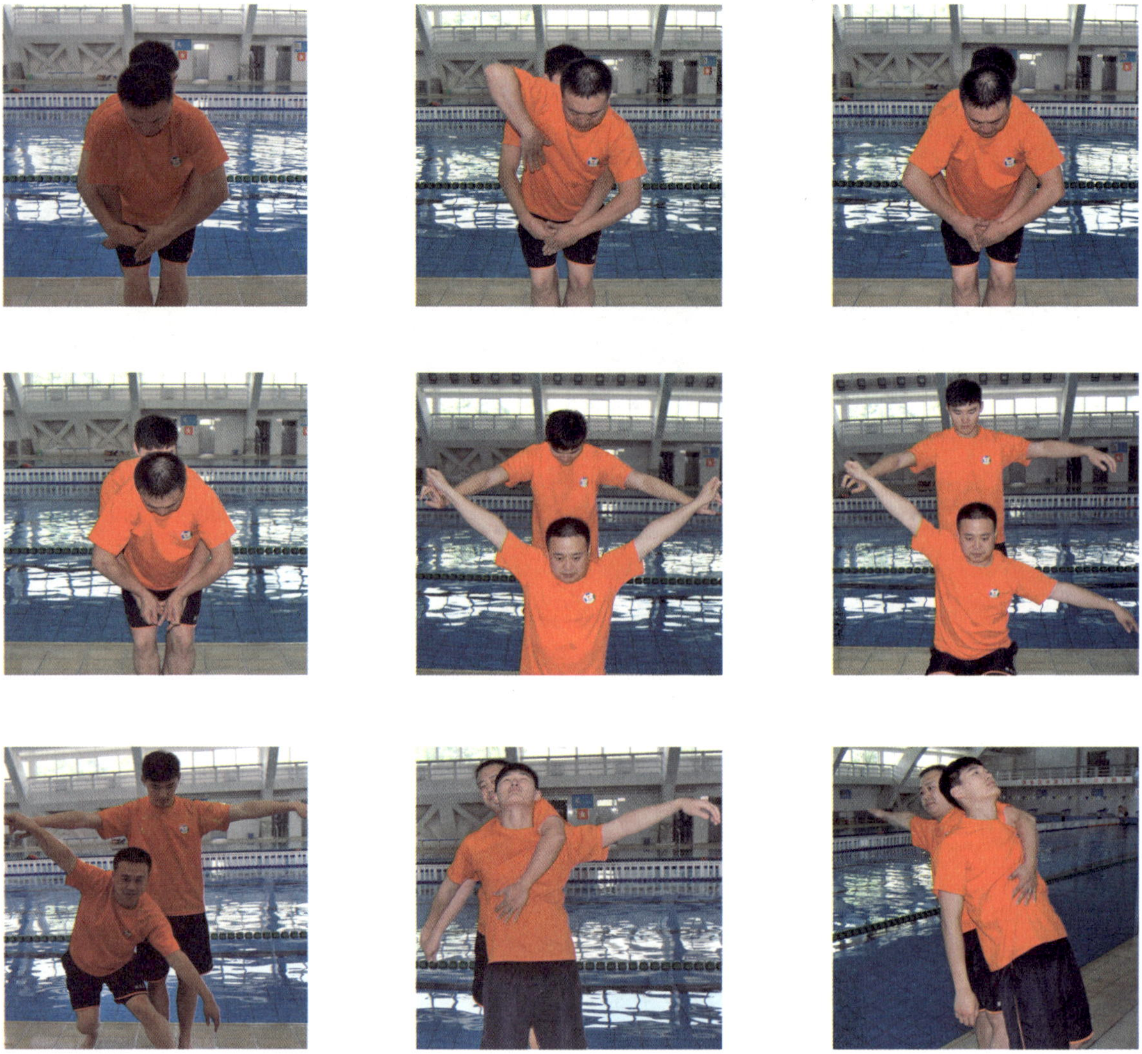

图 4-45　弓身抽手扳指法（背面腰部被抱）

(3) 教学难点

救生员做弓身、扩张、抽手要一体完成，掰溺水者中指做解脱动作，上举下蹲一体完成，且要蹲至溺水者腰部以下，撤移时放开溺水者一侧手臂，并从其腋下后撤。

(4) 易犯错误

①未分清溺水者手臂上下。

②弓身、扩张、抽手不连贯。

③被抱持手只抽出一侧。

④未对溺水者中指进行掰指解脱动作。

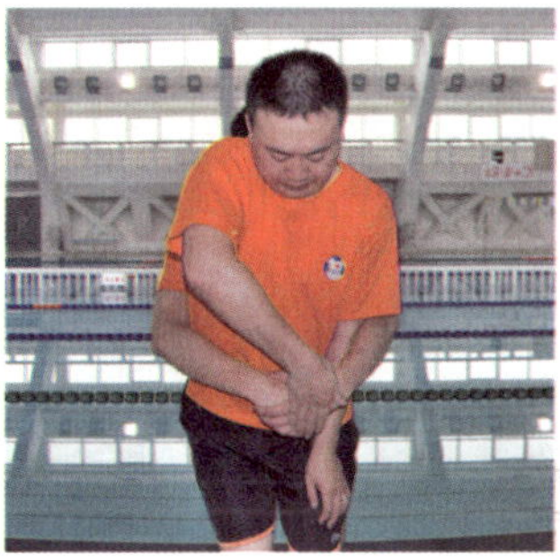
图 4-46 未分清溺水者手臂上下

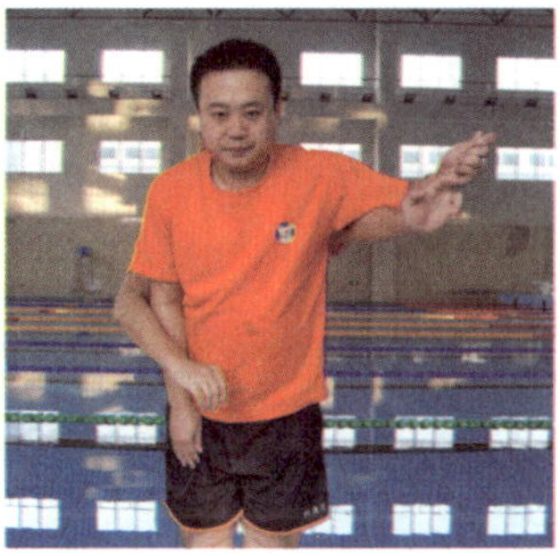
图 4-47 被抱持手只抽出一侧

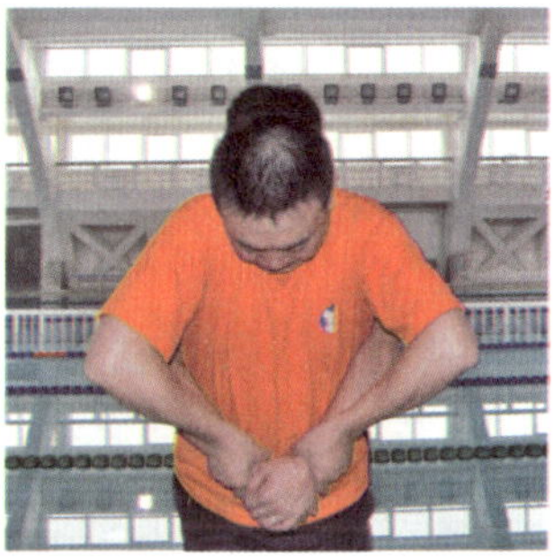
图 4-48 未对溺水者中指进行掰指解脱动作

⑤上举下蹲动作不连贯，且未蹲至其腰部以下。
⑥撤移时未放开溺水者一侧手臂，且未从其腋下后移。
⑦撤移时脱手，未能有效控制溺水者。

图 4-49 未蹲至其腰部以下

图 4-50 未从其腋下后移

图 4-51 撤移时脱手

⑧夹胸拖带技术不正确。
(5) 水中解脱参照陆上解脱口令流程

图 4-52 弓身抽手扳指法水中动作

（四）手被抓握

救生员手被溺水者抓握，分单手被双手抓握、单手被单手抓握、双手同时被抓握、双手交叉被抓等几种情况。针对不同的情况，分别采取转腕法、推击法等。

1. 转腕法

适用于单手被抓或双手同时被抓的情况。

（1）单手被抓（转腕法）

①动作要点

以右手为例：当救生员右手被溺水者的右手抓住时，救生员可用被抓的右手上提，向溺水者右手虎口的相反方向转腕外翻下压解脱，并用右手及时抓住溺水者的右手腕部位向右拉出，使溺水者背贴救生员前胸，另一只手夹胸控制住溺水者。

②教学口令

A. 低头分清上下手，上提被溺水者抓持手腕，向虎口方向转腕下压溺水者手腕，解脱后控制溺水者手腕。

B. 解脱后顺势将溺水者手腕控制，向被控制手臂同侧上提，使其背部紧贴救生员前胸。

C. 有效控制溺水者，夹胸拖带。

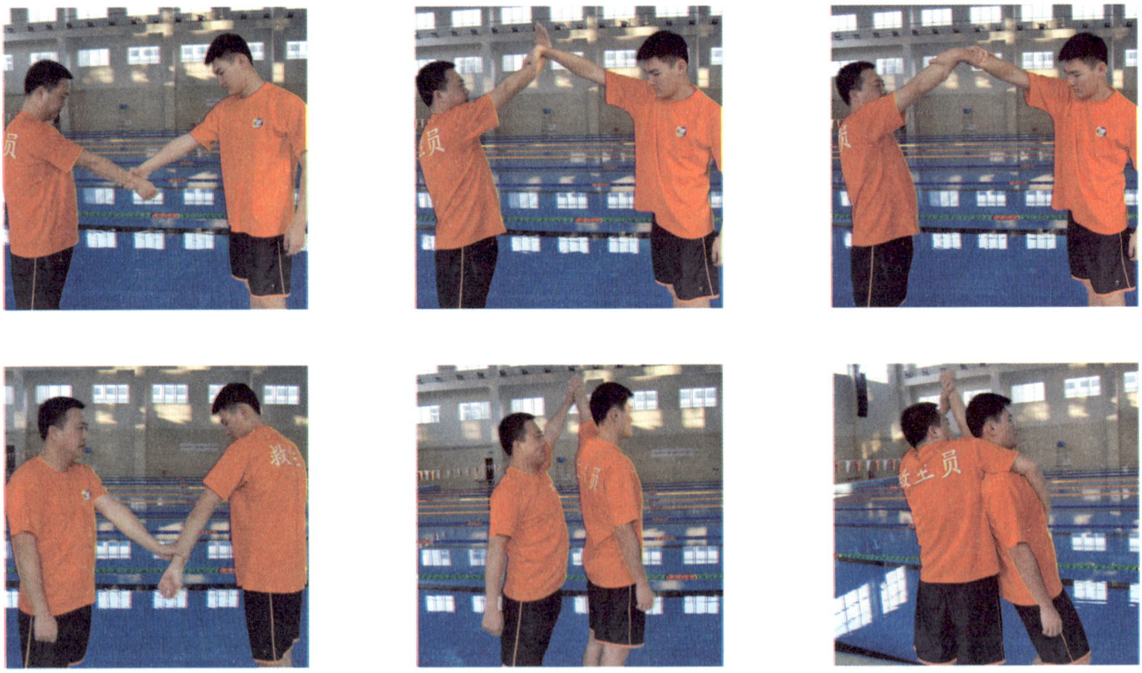

图 4–53　单手被抓转腕解脱法

③教学难点

救生员同侧手上提幅度要大，同时向虎口方向做转腕动作，当完成转腕后迅速反控制溺水者手腕并做下压动作。注意动作要连贯完成，不要有停顿。

④易犯错误

A. 虎口转向错误。

B. 牵拉方向错误。

图 4-54　虎口转向错误

图 4-55　牵拉方向错误

C. 牵拉溺水者时脱手，未能有效控制溺水者。

D. 夹胸拖带技术不正确。

⑤水中解脱参照陆上解脱口令流程

图 4-56　转腕法水中动作

(2) 单手被抓（推击法）

适用于单手被同侧手抓持的情况。

①动作要点

以左手为例：当救生员左手被溺水者的左手抓住时，救生员可用右手虎口推击溺水者的左手腕部，撞击时要迅速、有力，使其手松开。救生员解脱后，立即紧握溺水者的左手腕部，并及时把溺水者的左手向救生员右侧拉出，并转动其身体，使溺水者背贴救生员前胸，另一只手夹胸控制住溺水者。

②教学口令

A. 低头分清上下手，异侧手虎口向下用力推击溺水者手腕部。

B. 异侧手顺势将溺水者牵拉向救生员，使其背部紧贴救生员前胸。

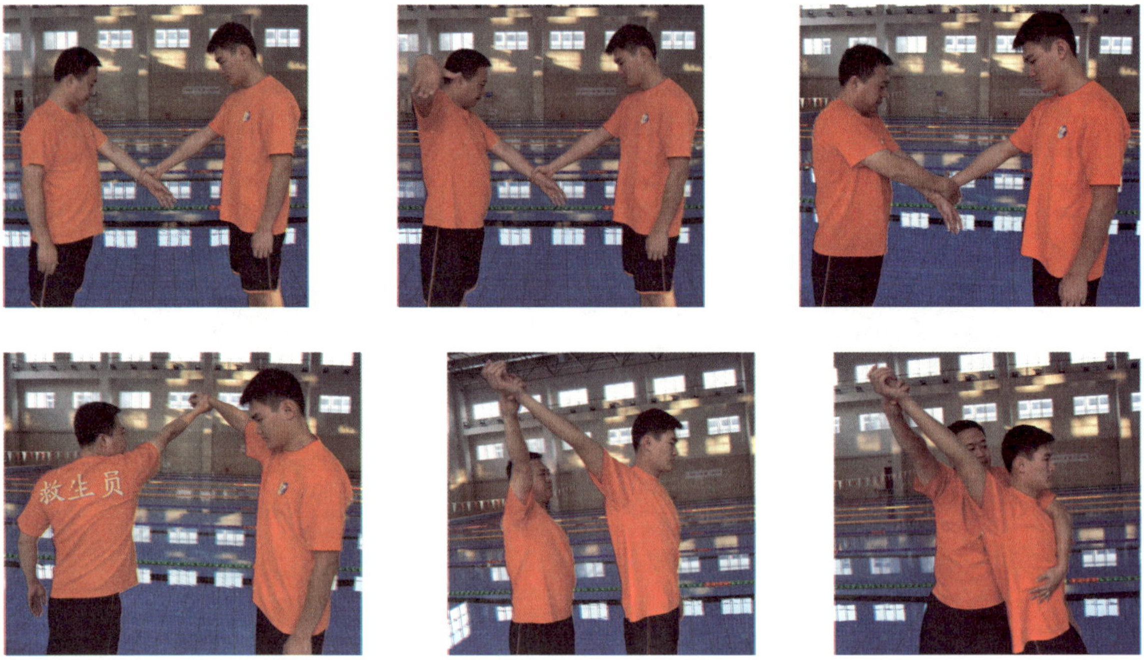

图 4-57　单手被抓推击解脱法

C. 有效控制溺水者，夹胸拖带。

③教学难点

救生员异侧手虎口向下（掌心朝向救生员身体），推击溺水者抓持手腕部位。注意向推击手反方向做牵拉动作，使溺水者背向救生员。注意动作要连贯完成，不要有停顿。

④易犯错误

A. 虎口方向错误。

B. 牵拉方向错误。

C. 牵拉溺水者时脱手，未能有效控制溺水者。

图 4-58　虎口方向错误

图 4-59　牵拉方向错误

图 4-60　牵拉溺水者时脱手

D. 夹胸拖带技术不正确。

⑤水中解脱参照陆上解脱口令流程

图 4-61　水中动作

2. 双手同时被抓解脱法

(1) 动作要点

当救生员双手被溺水者抓持时，救生员应迅速将溺水者双臂上提至头部以上，向救生员手虎口方向做转腕下压动作。解脱后放开一侧手臂，同时抓持溺水者一侧手臂，后向异侧手方向拉转溺水者，使其背后紧贴救生员前胸，并进行有效控制，夹胸拖带。

(2) 教学口令

①上提被溺水者抓持双手手腕，向虎口方向转腕下压溺水者手腕，解脱后控制溺水者手腕。

②放开一侧手臂，选择一侧手臂保持抓握，顺势将溺水者被控制手臂方向异侧上提，使其背部紧贴救生员前胸。

③有效控制溺水者，夹胸拖带。

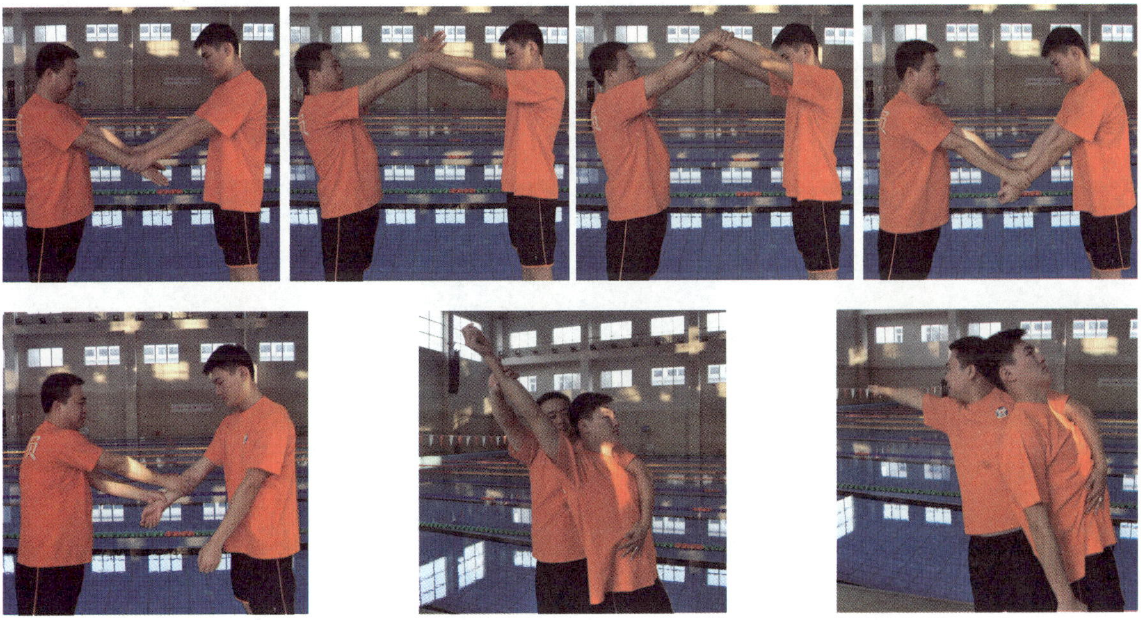

图 4-62　双手同时被抓解脱法

(3) 教学难点

救生员双手臂上提幅度要大，向虎口方向转腕下压，并反控制溺水者。注意动作要连贯完成，不要有停顿。

(4) 易犯错误

①上提幅度不到位。

②虎口转动方向错误。

③牵拉方向错误，且未放开一侧手臂。

图 4-63　上提幅度不到位

图 4-64　虎口转动方向错误

图 4-65　牵拉方向错误

④牵拉溺水者时脱手，未能有效控制溺水者。

⑤夹胸拖带技术不正确。

(5) 水中解脱参照陆上解脱口令流程

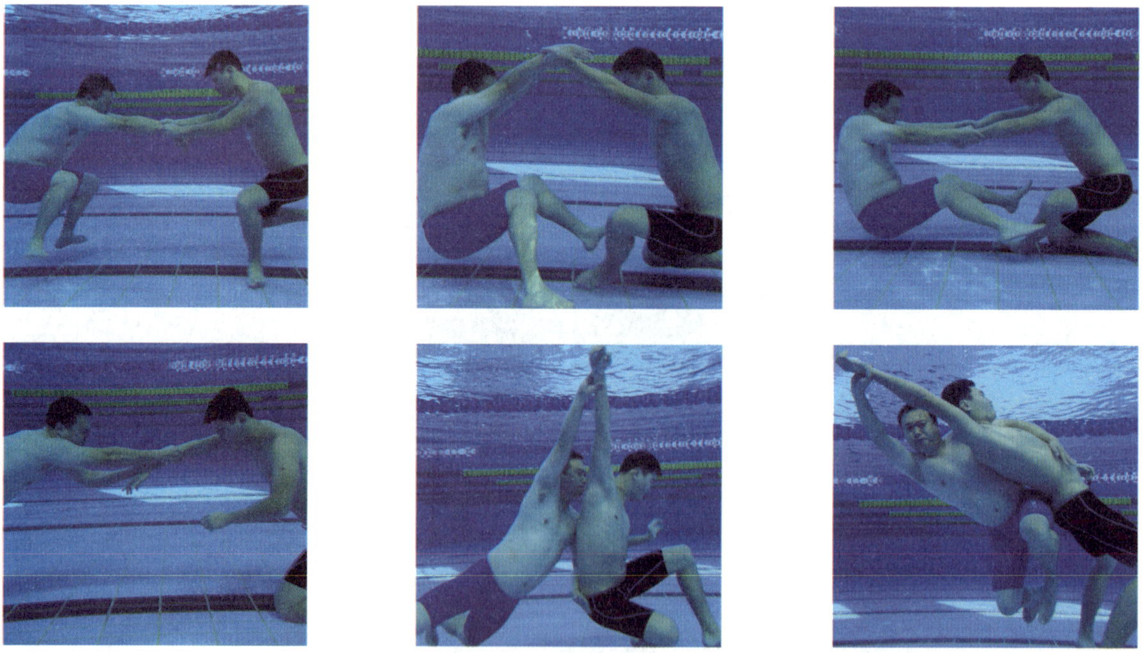

图 4-66　双手同时被抓解脱水中动作

3. 交叉手被抓解脱法

（1）动作要点

以溺水者右臂在上为例。救生员采用转腕法解脱上臂被抓持手腕，先解脱救生员的右手，然后救生员右手臂肘击溺水者左手腕，解脱左手臂，趁势将溺水者向右面拉出，转体180度后，左手臂穿过溺水者前胸托住其右腋，控制住溺水者。

（2）教学口令

①低头分清上下手。

②上侧被抓持手臂上提做转腕法解脱，解脱后反控制溺水者手腕。

③上侧手保持抓握动作，向异侧手斜上方牵拉，将肘部对转下侧手腕部位做回击动作。

④回击结束后将溺水者牵拉转体至其背部对救生员前胸。

⑤有效控制溺水者，夹胸拖带。

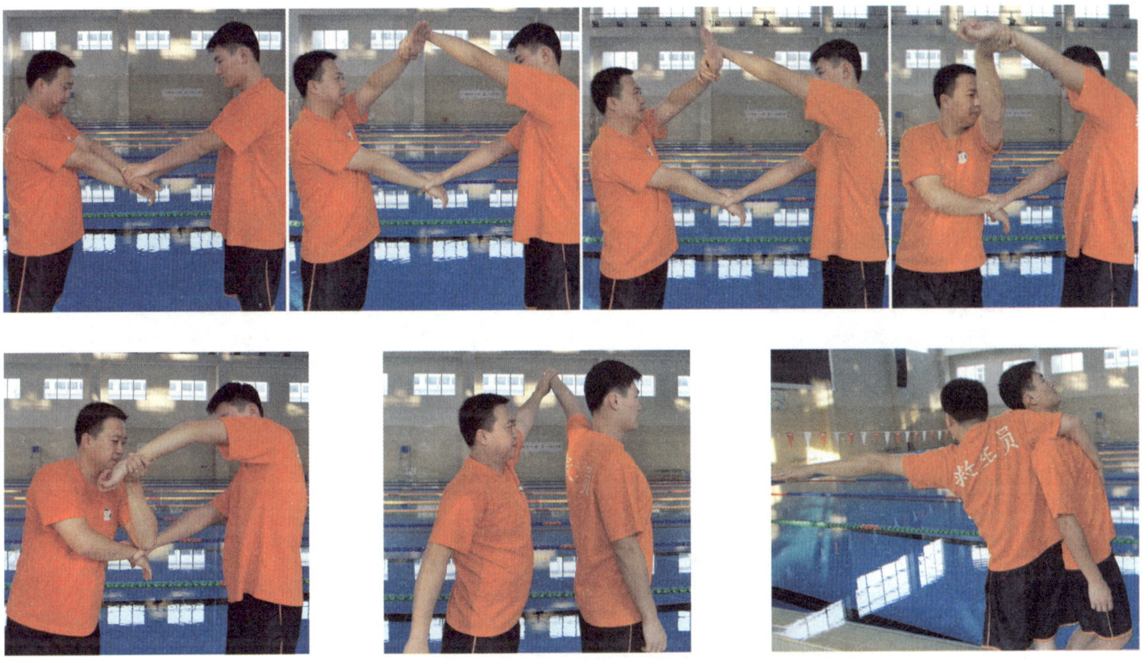

图 4-67　交叉手被抓解脱法

（3）教学难点

救生员上侧手做转腕法解脱，并控制溺水者手腕。肘部回击下侧手腕部位，力度要大且部位准确。注意动作要连贯完成，不要有停顿。

（4）易犯错误

①上提幅度不到位。

②虎口转动方向错误。

③牵拉方向错误。

④肘部未回击手腕部。

⑤牵拉溺水者时脱手，未能有效控制溺水者。

⑥夹胸拖带技术不正确。

图 4-68　上提幅度不到位

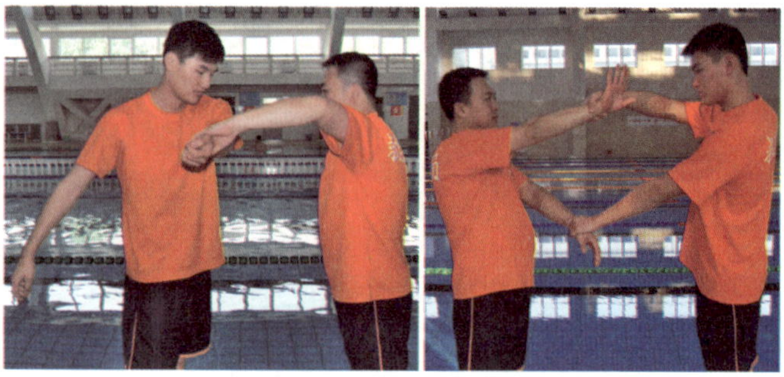

图 4-69　虎口转动方向错误

图 4-70　牵拉方向错误

图 4-71　肘部未回击手腕部

（5）水中解脱参照陆上解脱口令流程

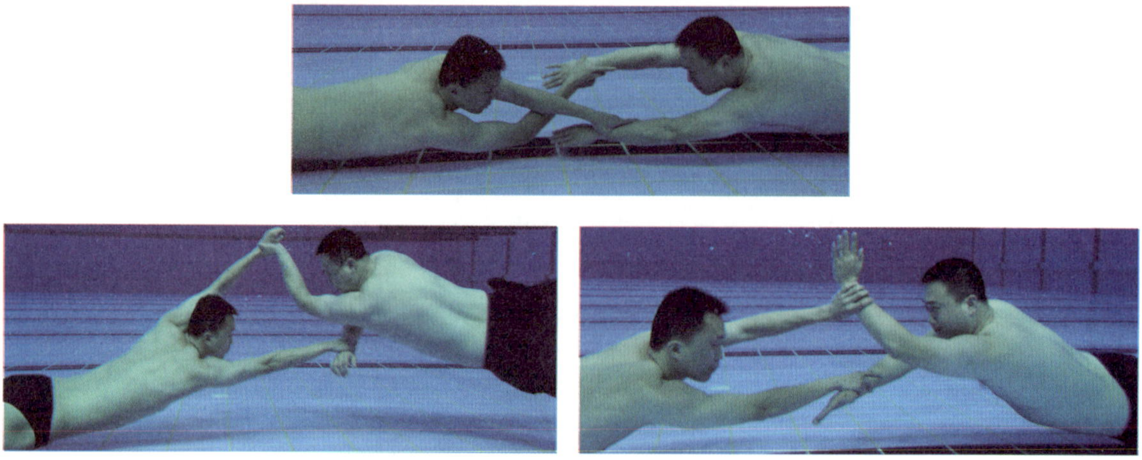

图 4-72　交叉手被抓解脱水中动作

4. 单手被双手抓握解脱法（同侧手在上、异侧手在上）

（1）动作要点

以左手为例，救生员的左臂被溺水者双手抓握时（溺水者右手在上，左手在下），救生员右手虎口向下，用力撞击溺水者的另一侧右手腕部，使溺水者松开一手，并紧握溺水者右手腕，然后，救生员上身前倾，以右臂肘部回击溺水者左手腕部，致使全部解脱，并趁势将溺水者的右手向救生员自己的右侧拉出，并将溺水者转体 180 度，呈背贴救生员前胸，然后夹胸控制。

救生员的左臂被溺水者双手抓握时（溺水者左手在上，右手在下），救生员采用先用右手臂肘部击溺水者左手腕部，再用右手虎口推击溺水者右腕部，并顺势将溺水者右手腕控制，并趁势将溺水者的右手向救生员自己的右侧拉出，并将溺水者转体 180 度，使背贴救生员前胸，然后夹胸控制。

（2）同侧手在上

①教学口令

A. 低头分清上下手。

B. 异侧手虎口向下用力推击溺水者上手腕部。

C. 上体前倾，再用异侧手肘部用力回击开溺水者下手腕部。

D. 异侧手顺势将溺水者拉向救生员，使其背部紧贴救生员前胸。

E. 有效控制溺水者，夹胸拖带。

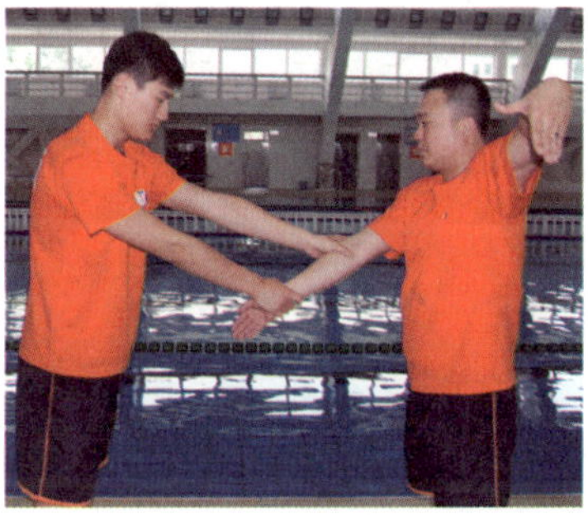

图 4-73　单手被双手抓握同侧手在上解脱

②教学难点

救生员异侧手虎口向下，推击溺水者上侧手腕，注意推击的力度要大且准确。推击结束后直接抓持住溺水者手腕。回击下侧手腕时，要准确击其腕部。

③易犯错误

A. 采取先击后推的动作手法，且推击部位不正确。

B. 虎口方向错误。

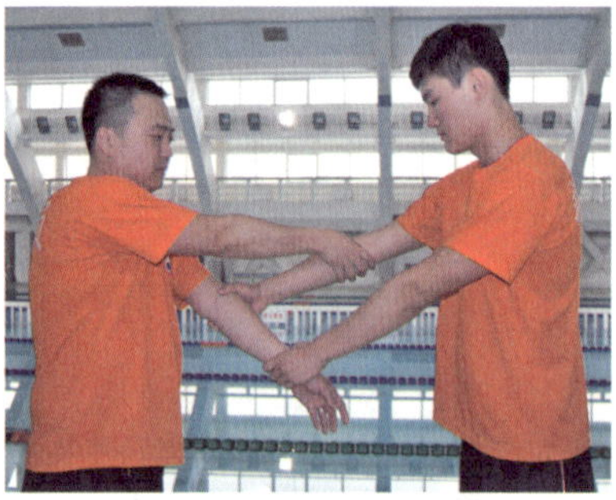

图 4-74　推击部位不正确

图 4-75　虎口方向错误

C. 牵拉方向错误。

D. 回击时肘部未击其腕部。

E. 牵拉溺水者时脱手，未能有效控制溺水者。

图 4-76　牵拉方向错误

图 4-77　回击时肘部未击其腕部

图 4-78　牵拉溺水者时脱手

F. 夹胸拖带技术不正确。

④水中解脱参照陆上解脱口令流程

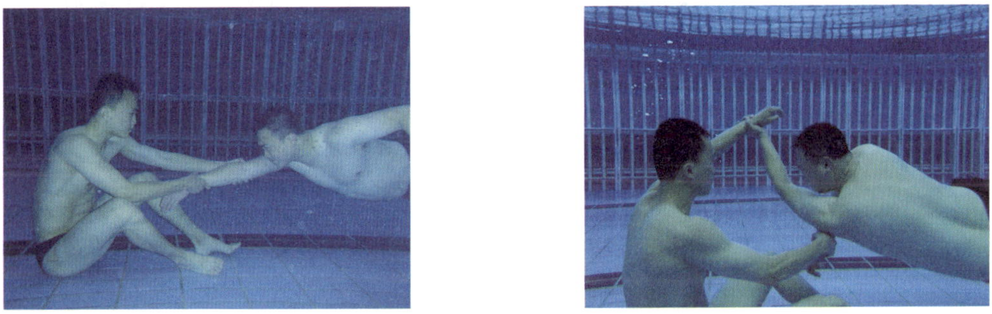

图 4-79　单手被双手抓握同侧手在上解脱水中动作

(3) 异侧手在上

①教学口令

A. 低头分清上下手。

B. 上体前倾，异侧手肘部用力回击开溺水者上手腕部。

C. 异侧手虎口向下用力推击溺水者下手腕部。

D. 异侧手顺势将溺水者拉向救生员，使其背部紧贴救生员前胸。

E. 有效控制溺水者，夹胸拖带。

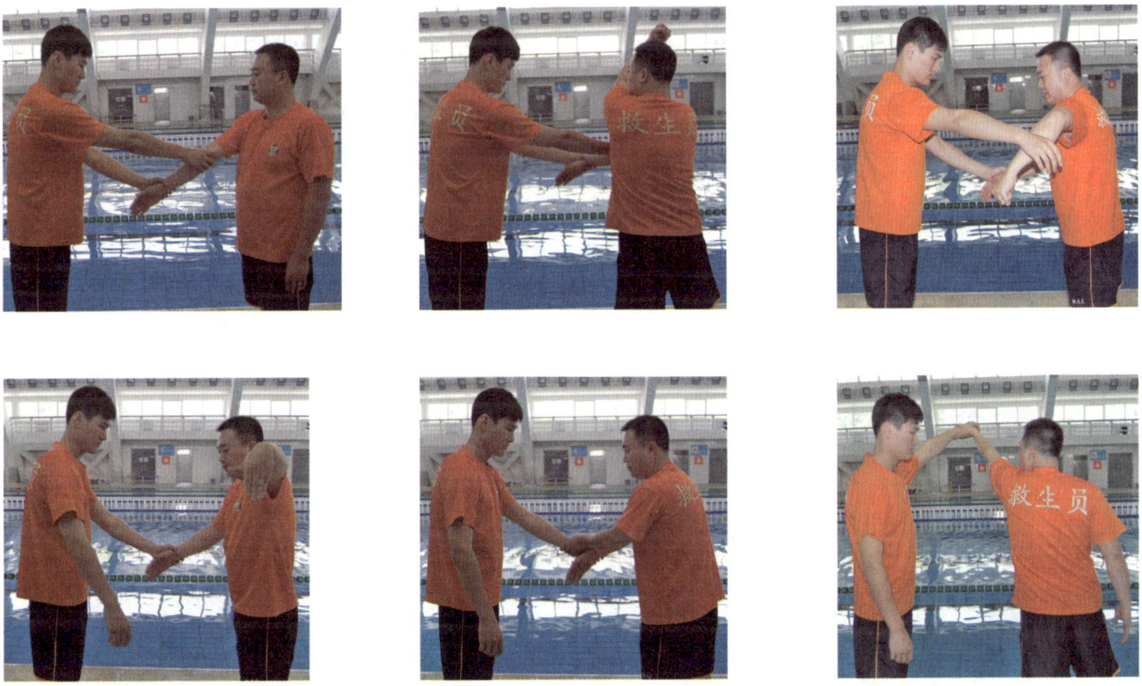

图 4-80　单手被双手抓异侧手在上解脱

②教学难点

救生员未抓持手臂肘部击溺水者手腕，注意应将身体转动加大肘击手腕的力度。肘击结束后，迅速变为虎口向下推击另一手腕解脱，并直接抓持住溺水者手腕。注意推击的力度要大且准确。

③易犯错误

A. 采取先推后击的动作手法

B. 虎口方向错误

图 4-81　采取先推后击的动作手法

图 4-82　虎口方向错误

C. 牵拉方向错误

D. 肘部未击其腕部

图 4-83　牵拉方向错误

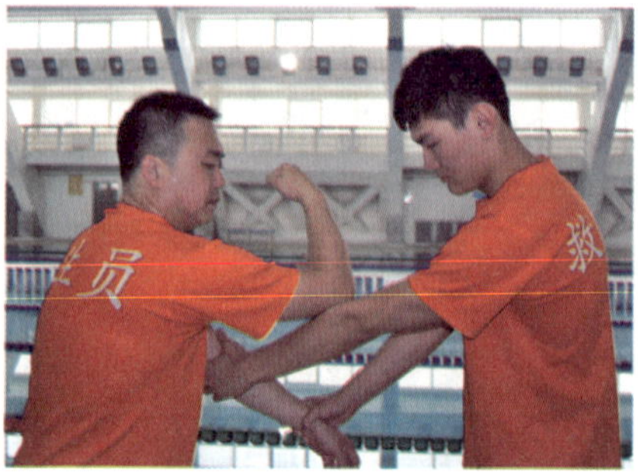

图 4-84　肘部未击其腕部

E. 牵拉溺水者时脱手，未能有效控制溺水者。

F. 夹胸拖带技术不正确。

④水中解脱参照陆上解脱口令流程

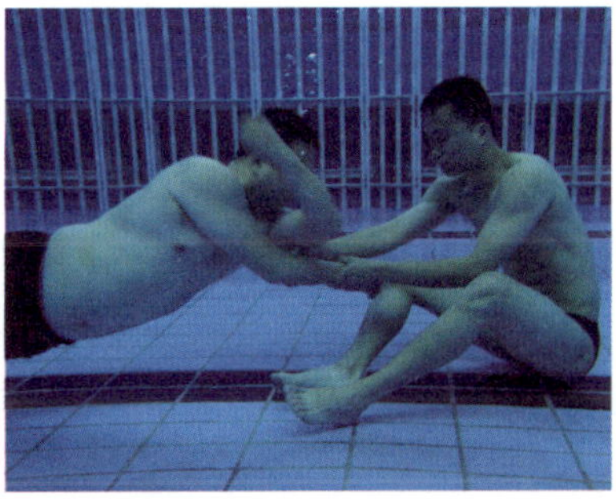

图 4-85 单手被双手抓异侧手在上解脱水中动作

(五) 双人抱持解脱法

双人抱持解脱可采用夹胸蹬离解脱法和托腋蹬离解脱法。

1. 动作要点

(1) 夹胸蹬离解脱法动作要点：此方法适用于双人抱持情况。

在解脱前，救生员需认清抱持的两个人中，谁是溺水者，救生员手由溺水者肩上，经前胸插入溺水者另一侧腋下或夹胸，同时一脚紧贴被抱持人胯部，用柔力蹬离，以免被抱人受伤。当二人的肩部松离时，再提起一脚（与夹胸手同侧）紧贴被抱持人胸部，将被抱持人蹬离解脱。

图 4-86 双人抱持解脱法

(2) 托腋蹬离法动作要点：此方法适用于双人抱持情况。

在解脱前，救生员需认清抱持的两个人中，谁是溺水者。救生员双手插入溺水者的两腋下，提起一脚紧贴被抱持人胸部，用柔力将被抱持人蹬离解脱。

2. 教学口令

(1) 分清溺水者抱持状况。

(2) 选择外侧抱持者接近。

(3) 采用托腋法或夹胸拖带法将外侧抱持溺水者控制。

(4) 采用蹬离法将另一溺水者蹬离开（溺水者胯骨部位)。

(5) 将被控制溺水者拖至岸边，后返回再对另一溺水者施救。

(6) 有效控制溺水者，夹胸拖带。

3. 教学难点

救生员应判断准确，分清外侧抱持者和内侧抱持者。正确采用托腋或夹胸拖带技术控制溺水者。蹬离溺水者时应注意蹬离部位，应为溺水者胯骨部位。

4. 易犯错误

(1) 对溺水者抱持状态判断不准确。

(2) 未对溺水者采用正确的拖带技术。

(3) 蹬离位置不正确。

(4) 未能有效控制溺水者。

5. 水中解脱参照陆上解脱口令流程

图 4-87　双手抱持解脱水中动作

(六) 双腿被溺水者抱持 (夹鼻推颌解脱法)

1. 动作要点

救生员低头分清溺水者脸部的朝向，弓身收腿含胸，臀部后顶，中指紧夹溺水者的鼻，掌心盖住溺水者的嘴，并用掌根托住溺水者的下颌，用力向前方推出，迫使溺水者头部后仰，另一手紧抱溺水者背部，并用力向自己方向压，迫使溺水者松开双手，之后及时将溺水者转体 180 度，夹胸控制住。

2. 教学口令

(1) 低头分清溺水者脸部朝向。

(2) 收腿团身，对溺水者夹鼻、捂嘴、推颌。

(3) 同时另一手臂抱紧溺水者后腰。

(4) 做拉、推动作 (以溺水者做出背弓动作为准)。

(5) 及时将溺水者转至背向救生员，并紧贴救生员前胸 (腰部手做转动动作)。

(6) 有效控制溺水者，夹胸拖带。

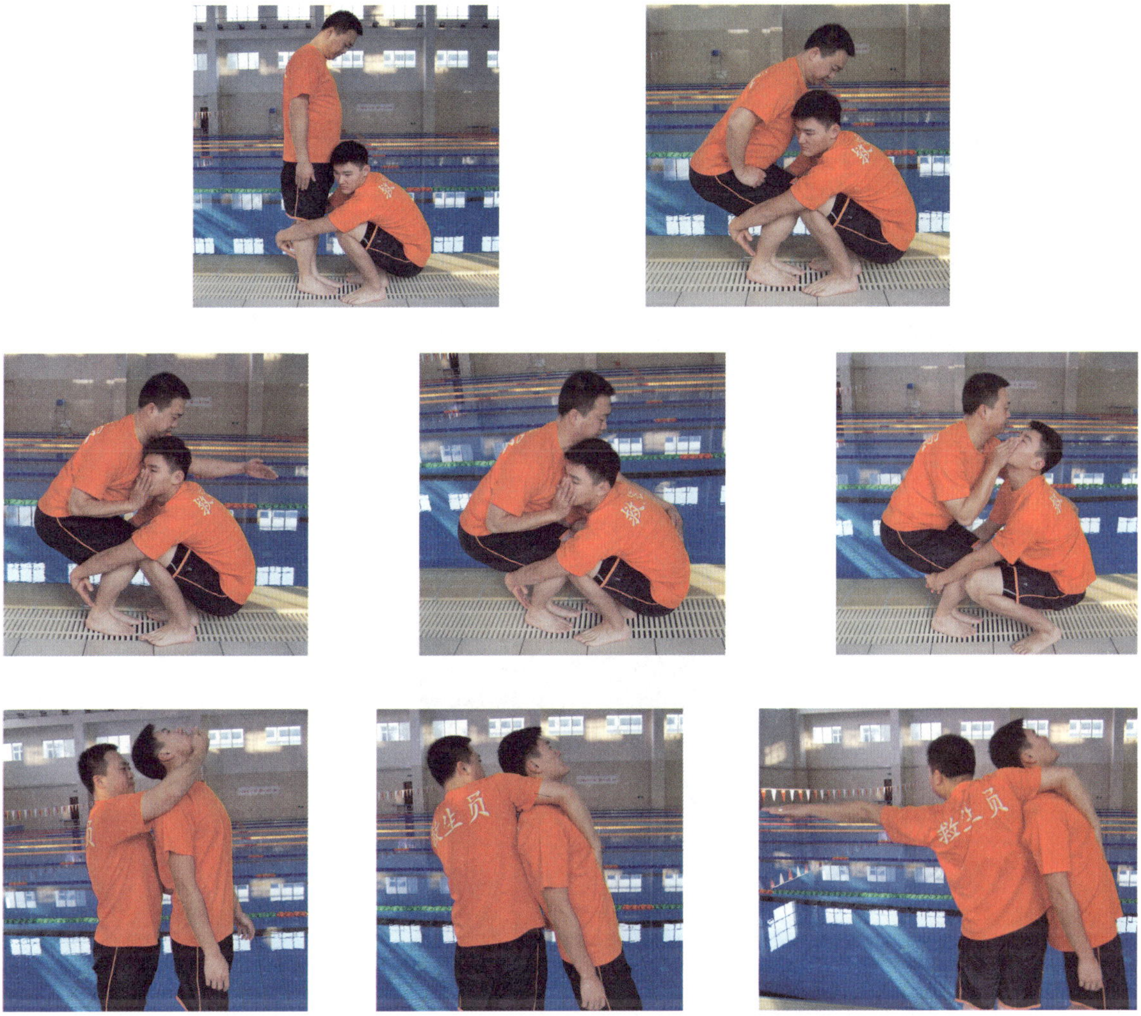

图 4-88　双腿被溺水者抱持、夹鼻推颌解脱法

3. 教学难点

救生员收腿团身做夹鼻、捂嘴、推颌要一体完成，应先拉近溺水者身体再做推颌后仰动作，转体时必须旋转溺水者腰部，使其转至背向救生员。

4. 易犯错误

（1）未分清溺水者脸部朝向。

（2）夹鼻、捂嘴、推颌不连贯。

（3）未先做拉近动作，直接推颌。

（4）未旋转溺水者腰部，而是推转其头部。

图 4-89　未分清溺水者脸部朝向

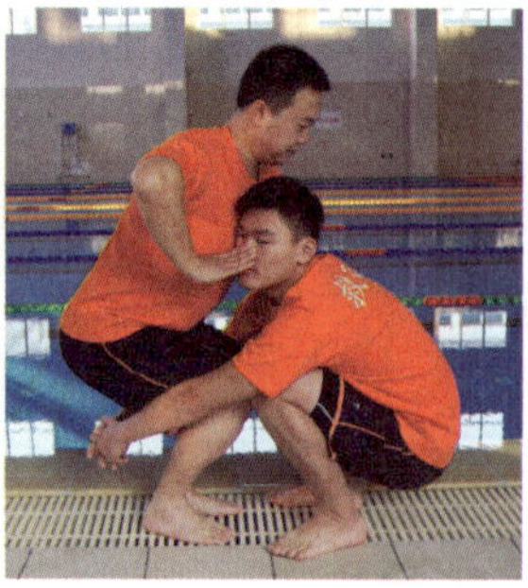

图 4-90　夹鼻、捂嘴、推颌不连贯

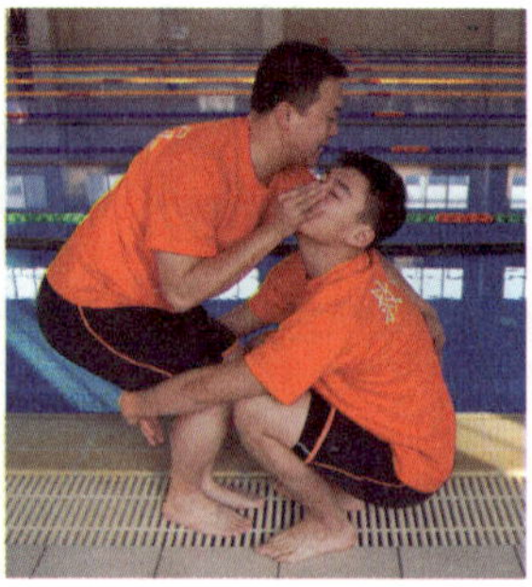

图 4-91　未先做拉近动作

图 4-92　推转其头部

(5) 推转溺水者时脱手，未能有效控制溺水者。

(6) 夹胸拖带技术不正确。

5. 水中解脱参照陆上解脱口令流程

图 4-93　双腿被抱持解脱水中动作

四、拖　带

拖带是指救生员在水中采用侧泳、反蛙泳等不同的游泳技术，将溺水者拖带到池边的一种技术。拖带技术主要包括双手托腋拖带技术、夹胸拖带技术、托颌拖带技术、托枕拖带技术、双人拖带技术等方法。

(一) 双手托腋拖带

双手托腋是指救生员使用双手托腋拖带溺水者的一种方法，它比较省力，易于控制溺水者。

1. 动作要点

救生员双手托在溺水者的两侧腋下，以拇指分别紧握溺水者上臂两侧，四指分开托住腋下，用反蛙泳蹬腿动作进行拖带，这种

图 4-94　双手托腋拖带

方法适用于昏迷或有些骚动的溺水者。

2. 教学方法

分以下三个步骤重复练习，强调动作要点，可做陆上模拟练习和入水实战训练。

(1) 救生员双手托在溺水者的两侧腋下。

(2) 救生员以拇指分别紧握溺水者上臂两侧，四指分开托住腋下。

(3) 救生员用反蛙泳蹬腿动作进行拖带。

3. 易犯错误

(1) 救生员托在溺水者的两侧腋下不实。

(2) 救生员拖带时双臂没有伸直。

(3) 救生员蹬反蛙泳腿时与溺水者保持距离不够。

(二) 夹胸拖带

是指用一侧手臂从溺水者肩上夹住其胸部，采用侧向游进的拖带技术，较适宜于身材高大、臂长、体力较好的救生员。

图 4-95　夹胸拖带

1. 动作要点

以左臂为例，救生员左臂由溺水者的左肩上穿过，上臂和肘紧贴溺水者胸部，左腋紧贴溺水者左肩，左手抄于溺水者的右肋部，并将此作为拖带的用力点。在运送过程中，救生员的左髋顶住溺水者的腰背部，保持水平位置，便于拖带。救生员根据自己的技术特长，可采用蛙泳腿或侧泳腿技术。

2. 教学方法

分以下三个步骤重复练习，强调动作要点，可做陆上模拟练习和入水实战训练。

(1) 救生员左臂由溺水者的左肩上穿过，上臂和肘紧贴溺水者胸部，左腋紧贴溺水者左肩，左手抄于溺水者的右肋部，并将此作为拖带的用力点。

(2) 救生员左髋顶住溺水者的腰背部，保持水平位置，便于拖带。

(3) 采用蛙泳腿或侧泳腿技术。

3. 易犯错误

(1) 救生员从溺水者同侧腋下穿过。

(2) 救生员用手臂从溺水者同侧肩上穿过时，用力过猛，造成溺水者头部二次没水。

(3) 救生员髋部没有顶住溺水者的腰背部。

(三) 托颌拖带

1. 动作要点

救生员双手托住溺水者的下颌骨两侧，使溺水者的口鼻始终保持在水面上，用反蛙泳技术游进。

2. 教学方法

分以下两个步骤重复练习，强调动作要点，可做陆上模拟练习和入水实战训练。

(1) 救生员双手托住溺水者的下颌骨两侧，保持溺水者的口鼻始终露出水面。

(2) 救生员用反蛙泳技术游进。

3. 易犯错误

(1) 救生员双手未托住溺水者的有效部位，造成溺水者的口鼻没有露出水面。

(2) 救生员拖带时双臂没有伸直。

图 4-96　托颌拖带

(四) 托枕拖带

托枕拖带技术不适用于疑似颈部受伤者。

1. 动作要点

救生员用左（右）手托住溺水者的后脑（枕部），用力握住枕部两侧，采用侧泳或反蛙泳游进。

图 4-97　托枕拖带

2. 教学方法

分以下两个步骤重复练习，强调动作要点，可做陆上模拟练习和入水实战训练。

(1) 救生员用左（右）手托住溺水者的后脑（枕部），用力握住枕部两侧。

(2) 救生员用反蛙泳或侧泳技术游进。

3. 易犯错误

(1) 救生员双手未托住溺水者的有效部位。

(2) 未分清颈部是否受伤。

(五) 双人拖带

1. 动作要点

两名救生员拖带一名溺水者时，两名救生员用靠近溺水者一侧的手臂拖住溺水者的腋下，用侧泳技术游进。

2. 教学方法

分以下两个步骤重复练习，强调动作要点，可做陆上模拟练习和入水实战训练。

(1) 两名救生员用靠近溺水者一侧的手臂拖住溺水者的腋下。

(2) 救生员用侧泳或蛙泳技术游进。

图 4-98　双人拖带

3. 易犯错误

两名救生员相互配合不默契。

五、上　岸

上岸是指救生员将溺水者从水中送上池岸的一种救助方法。由于游泳场所池边的建筑结构和溺水者的受伤情况不同，上岸的方法也各有区别，常用的方法有单人池边深水无阶梯上岸法、双人上岸法、扶梯上岸法等。

（一）单人深水无阶梯上岸法

在游泳池的深水区，将溺水者拖带至池边时，由于水面距离池边平台较高或只有一名救生员在场，这时候可以采用单人池边深水无阶梯上岸法。

1. 动作要点（以右手到边为例）

(1) 救生员将溺水者拖带至池边，用右手抓攀池边定位，将溺水者移近岸边。

(2) 救生员用左手将溺水者的左手压在池边固定，松开右手将溺水者右臂移上池岸，使溺水者双臂重叠固定后右臂经溺水者头后方换位，然后右手移压在溺水者的双手背上固定，腾出救生员左手。

(3) 救生员用右手抓住溺水者的双手，并用右手将溺水者重叠的双手紧压在岸边，右手紧压溺水者重叠的双手背上，左手抓攀岸边，在溺水者的左侧，上岸用蛙腿脚蹬夹，双手用力撑起。

(4) 救生员上岸后，右手不能离开溺水者重叠的双手并右转成面对溺水者，然后用左手紧抓溺水者的左腕，右手抓住溺水者的右腕。

(5) 救生员紧抓溺水者双手腕，稍提起将溺水者转体 180 度呈背对池边。

(6) 救生员双脚前后开立。双手先将溺水者向上预提一下（利用水的浮力），然后用力将溺水者上提，使其臀部高于池面后，移至池岸。

(7) 救生员右手紧抓溺水者，右手上提，防止其倒下，左手将溺水者手臂移至胸前，再将右手手臂移至胸前，注意将前腿膝盖顶住溺水者背部，脱出左手移至溺水者颈部，防止颈部受伤。

(8) 救生员用右手将溺水者的双腿原地旋转 90 度，让溺水者呈仰卧姿势。

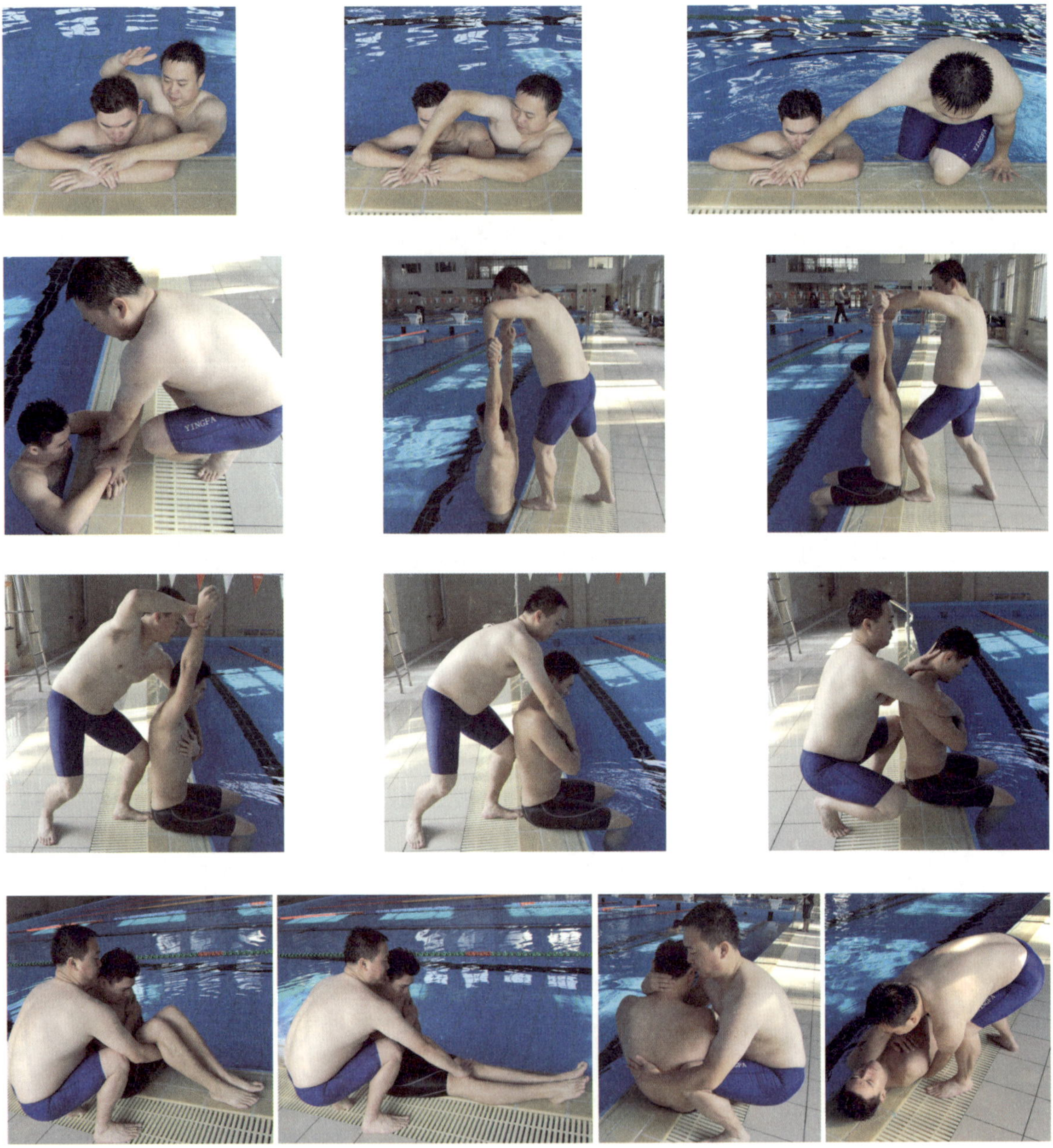

图 4-99　单人池边深水无阶梯上岸法

2. 教学方法

分以下八个步骤重复练习，强调动作要点，可做陆上模拟练习和入水实战训练。

(1) 救生员将溺水者拖带至池边，先用左手抓攀池边定位，再将溺水者移近岸边。

(2) 救生员用右手将溺水者的左手压在池边，然后左手移压在溺水者的左手背上，腾出右手。

(3) 救生员用右手抓住溺水者的右手，移至溺水者的左手背上重叠，并用右手将溺水者重叠的双手紧压在岸边，右手紧压溺水者重叠的双手背上，左手抓攀岸边，在溺水者的左侧，上岸用蛙腿脚蹬夹，双手用力撑起。

(4) 救生员上岸后，右手不能离开溺水者重叠的双手并右转成面对溺水者，然后用左手紧抓溺水者的左腕，右手抓住溺水者的右腕。

(5) 救生员紧抓溺水者双手腕，稍提起将溺水者转体 180 度呈背对池边。

(6) 救生员双脚左右开立，与肩同宽。双手先将溺水者向上预提一下（利用水的浮力），然后用力将溺水者上提，使其臀部高于池面后，移至池岸。

(7) 救生员右手紧抓溺水者，右手上提，防止其倒下，脱出左手移至溺水者颈部，防止颈部受伤。

(8) 救生员用右手将溺水者的双腿原地旋转 90 度，让溺水者呈仰卧姿势。

3. 易犯错误

(1) 救生员到边时单手定位不牢。

(2) 救生员未把溺水者改变身体位置，牢牢顶在池边。

(3) 救生员未分清溺水者的上下手就轻易上岸，造成无法转体提拉。

(4) 救生员将溺水者上提时，未使其臀部高于池面就提拉，造成溺水者腰椎受伤。

(二) 双人上岸法

1. 动作要点

(1) 在水中的救生员（甲）将溺水者双手拖带至池边后，以夹胸的右手顺着溺水者的左手臂移至前臂交给岸上接应的救生员（乙），乙用同侧手反握抓腕部。

(2) 甲将溺水者的右前臂上举，乙右手抓握使溺水者背对岸边。

(3) 甲将溺水者向上提放下后再用力上提，乙可协助上托将溺水者上岸。

(4) 将溺水者放平呈仰卧姿势。

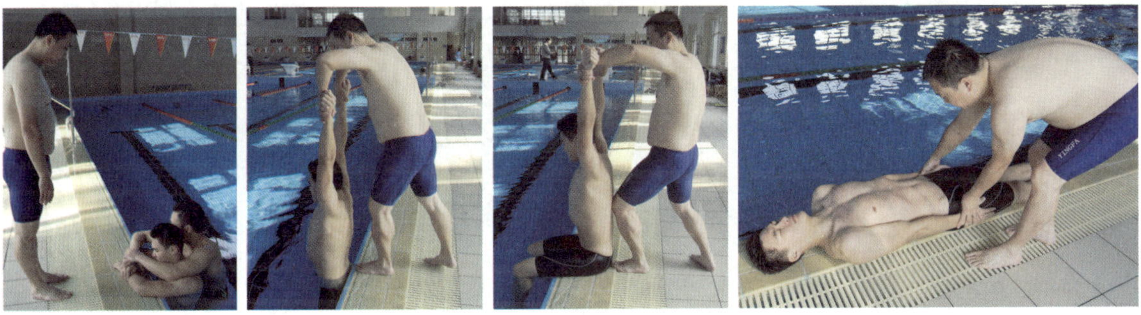

图 4-100 双人上岸法

2. 教学方法

分以下四个步骤重复练习，强调动作要点，可做陆上模拟练习和入水实战训练。

(1) 在水中的救生员将溺水者双手拖带至池边后，以夹胸的右手顺着溺水者的左手臂移至前臂交给在池岸上接应的救生员，接应救生员和溺水者的同侧手反握抓腕部。

(2) 水中的救生员将溺水者的右手前臂上举，接应救生员右手抓握将溺水者背对岸边。

(3) 接应救生员将溺水者向上预提放下后再用力上提，水中救生员可协助上托将溺水者上岸。

(4) 将溺水者放平呈仰卧姿势。

3. 易犯错误

(1) 水中救生员与岸上救生员配合时，左右手未分清，造成向上提拉错误。

(2) 岸上救生员未向上预提就用力上拉，造成溺水者脊柱受伤。

(三) 扶梯上岸法

此上岸法适用于有意识的被救人员，救生员协助其自主上岸。

1. 动作要点

(1) 救生员将溺水者拖带至池边扶梯前，先抓住扶梯扶手，后将被救人员移至扶梯。

(2) 协助被救人员扶住扶梯把手，保护其上岸。

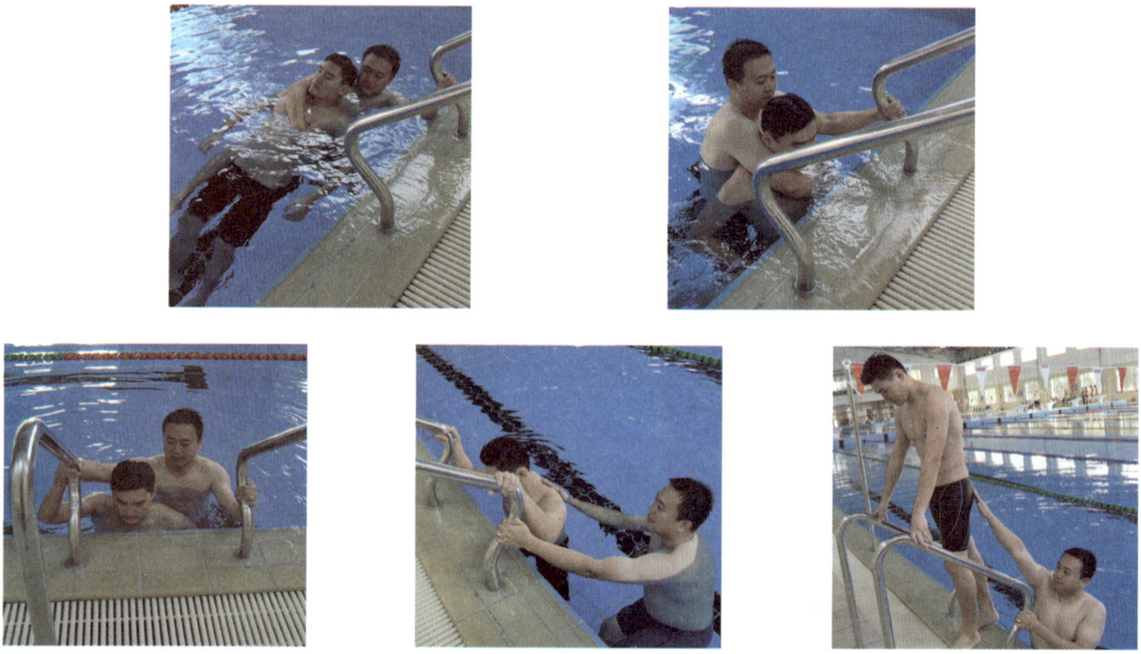

图 4-101　扶梯上岸法

2. 教学方法

分以下两个步骤重复练习，强调动作要点，可做陆上模拟练习和入水实战训练。

(1) 救生员将溺水者拖带至池边扶梯前，先抓住扶梯扶手，后将被救人员移至扶梯。

(2) 协助被救人员扶住扶梯把手，保护其上岸。

3. 易犯错误

(1) 救生员蹬踩扶梯不稳，造成滑倒。

(2) 被救人员上岸滑落，救生保护不到位。

六、人工运送

运送是指救生员将溺水者送至现场急救室或邻近医院的一项专门技术。运送可用肩背、急救板等方法。本节重点介绍肩背运送法。

在运送方法中，肩背运送是一项比较实用的技术。但救生员必须确定溺水者无脊柱受伤，无颈椎损伤时，方可采用此方法。肩背运送的作用在于起到“运送”、“控水”、“畅通呼吸道”和“挤压心胸区”，有利于溺水者的心肺复苏。

（一）肩背技术介绍（以右手为例）

1. 动作一：救生员半蹲在溺水者臀部右侧，以左手臂在溺水者颈背部插入，右手握持其右手腕，将其上身扶起。

2. 动作二：救生员右脚插入溺水者两腿间臀下，并左转 90 度成面对溺水者。腾出右手，将右手由溺水者左腋下穿过至溺水者背后将溺水者扶抱保护，腾出左手穿过溺水者右腋下，至溺水者背后，左右两手手指交叉锁紧，双臂夹住溺水者。

3. 动作三：两臂用力将溺水者托起，左脚后退一步成右弓步，将溺水者“坐”于右大腿上。

4. 动作四：右臂在溺水者的背部将其贴靠在救生员胸前，腾出左手紧握溺水者的右手腕，然后头部由其右腋下钻过，以颈部将溺水者挂靠保护，腾出右手。

5. 动作五：以右手插入溺水者两腿间，并下蹲降低救生员自己的重心，以抄裆的右手臂将原“坐”在大腿上的溺水者上托，左手将溺水者左拉，使溺水者俯卧在救生员的肩背上。使救生员的右肩顶在溺水者的腹部，左肩顶在其胸部。

6. 动作六：右臂将溺水者右腿紧夹在右胸前，右手紧抓其右上臂，左手扶撑在自己的左膝，用力站起，然后，左手后上举，保护溺水者的头部，不致与障碍物、墙边等碰撞。

肩背运送时，如有其它救生员在旁接应配合时，则一人按以上“上肩”动作操作，另一人在“上托坐腿”、“抄裆上肩”、“肩背起立”需用力时，给予帮助。

图 4-102　肩背运送上肩动作

（二）放下技术介绍

1. 方法（一）

（1）动作一：救生员左手抓握溺水者的右上臂，上身右倾下蹲，右腿托在裆下，将其“坐”在救生员的右大腿上。

（2）动作二：左手仍紧抓溺水者的右臂，将其挂靠在颈背部保护好，抽出右手，插入溺水的左腋下，至背后紧抱保护，然后，头部由溺水者的右腋下抽出，脱出左手，插入其右腋下至后背，双手手指交叉锁紧双臂夹抱溺水者。

（3）动作三：左脚上前一步，双臂将溺水者托起，缓步放下，使溺水者“坐”于地面。

（4）动作四：抽出左手，放在溺水者颈部后托扶头部，然后，将溺水者缓缓放平，卧于地面或急救板上。

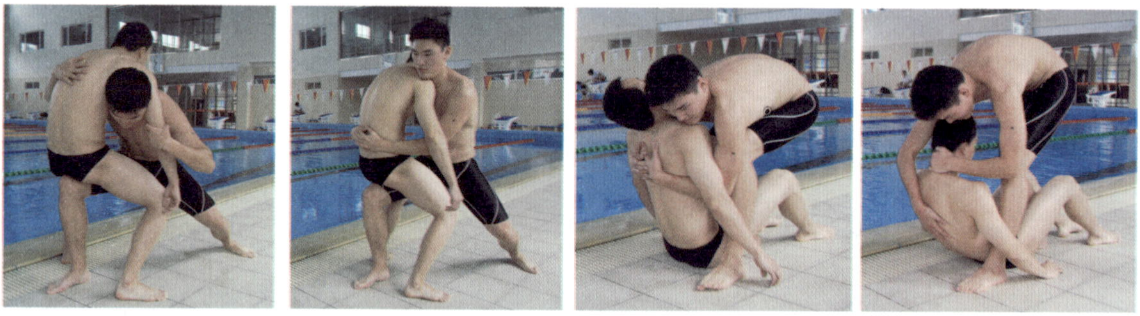

图 4-103　肩背运送放下动作一

2. 方法（二）

（1）动作一、二：同方法一(1）和（2）。

（2）动作三：救生员双手手指交叉锁紧双臂夹抱溺水者，向左转体 90 度，重心移至左腿。

（3）动作四：将溺水者缓缓放平，右手仍护住后背，左手抽出保护溺水者颈部。

（4）动作五：将其仰卧于地面或急救板上。

图 4-104　肩背运送放下动作二

O 教案展示：游泳救生的直接赴救技术专题教案

游泳救生的直接赴救技术是指救生员在不能采用间接救生技术的情况下所采取的赴救技术。它包括：入水、接近、解脱、拖带、上岸，运送等技术环节。

水中赴救技术名称	水中赴救方法名称	教学要点	教学内容及方法
入水技术：入水技术是指救生员发现溺水事时，迅速跳入水中的一项专门技术。	方法 1：跨步式入水法。当救生员距离溺水者较近时，可采用此种方法。	1. 眼（看目标）。	1. 眼睛始终盯住溺水者。
		2. 腿（弓步型）。	2. 在空中时，两腿一前一后呈弓步型。
		3. 胸（前倾）。	3. 上身含胸前倾两臂侧举。
		4. 脚（剪水）。	4. 入水后两脚做剪水动作。
		5. 臂（抱压）。	5. 同时，两手臂向前下方做抱压水动作。
	方法 2：蛙腿式入水法。当救生员距离溺水者较近时，可采用此种方法。	1. 眼（看目标）。	1. 眼睛始终盯住溺水者。
		2. 腿（蛙式）。	2. 跃起时，两腿做蛙泳收腿动作。
		3. 胸（含胸）。	3. 含胸收腹，两臂侧举。
		4. 脚（蹬夹）。	4. 两腿向下做蛙泳腿蹬夹水动作。
		5. 臂（抱压）。	5. 两手臂向前下方做抱压水动作。
接近技术：接近技术是指救生员接近溺水者时最常用的一种技术。	方法 1：背面接近法。	1. 停（急停）。	1. 距离溺水者 1 ~2 米处急停。
		2. 手（托腋）。	2. 两手从背后托腋（或夹胸）。
		3. 控（制）。	3. 迅速有效控制住溺水者。
	方法 2：侧面接近法。	1. 停（急停）。	1. 游至距离溺水者 3 米处急停。
		2. 转（侧向）。	2. 转向溺水者背面游进。
		3. 抓（近侧手）。	3. 同时手抓住溺水者近侧手腕部。
		4. 拉（胸前）。	4. 将溺水者拉向自己胸前。
		5. 控（制）。	5. 迅速有效控制住溺水者。
	方法 3：正面接近法。当救生员无法采用背面和侧面接近的情况下，所采用的一种方法。	1. 停（急停）。	1. 游至距离溺水者 3 米处急停。
		2. 潜（下潜）。	2. 下潜至溺水者髋部以下，将其转体 180 度。
		3. 手（夹胸）。	3. 夹胸（或双手托腋下）。
		4. 控（制）。	4. 迅速有效控制住溺水者。
拖带技术：拖带技术是指救生员在水中采用侧泳，反蛙泳等各种不同的游泳技术，将溺水者拖带到池边的一种技术。	方法 1：托腋拖带法。这种拖带较省力易于控制溺水者，是较常用的一种方法。	1. 手（托腋）。	1. 双手托住溺水者的双腋下。
		2. 腿（蹬或踢）。	2. 采用反蛙泳腿或仰泳腿动作。
		3. 脸（出水面）。	3. 脸部（口鼻）露出水面，保持身体水平位置。
	方法 2：夹胸拖带法。在水中，当溺水者出现极度紧张、慌乱、急、挣扎时，适用此法。	1. 手（夹胸）。	1. 一手夹胸（不压喉部），另一手划水。
		2. 髋（顶腰背）。	2. 髋部顶住溺水者的腰背部。
		3. 腿（蛙或侧）。	3. 采用反蛙泳腿或侧泳腿动作。
		4. 脸（出水面）。	4. 脸部（口鼻）露出水面，保持身体水平位置。

水中赴救技术名称	水中赴救方法名称	教学要点	教学内容及方法
上岸技术：上岸技术是指救生员将溺水者从水中送上池岸的一种救助技术。	方法：单人上岸法（深水无阶梯）。在游泳池的深水区，将溺水者拖带到池边时，可采用单人上岸方法。	1. 固（定身体）。	1. 先固定好自己身体在池边后，再固定溺水者的身体在池边。
		2. 上（岸）。	2. 压住溺水者的双手背、蹬水上岸。
		3. 提（上提）。	3. 面对溺水者交叉手并将其转体背向，向上提起坐在池岸上。
		4. 放（仰卧）。	4. 原地转体，护头放下呈仰卧姿势。

O 教案展示：解脱技术专题教案

被抓抱部位名称	被抓抱解脱方法	教学要点	教学内容及方法
头发被抓	方法 1：压腕掰指法解脱	1. 压（腕）	1. 同侧手压腕。
		2. 低（头）	2. 低头前顶。
		3. 掰（指）	3. 异侧手掰指解脱做掰、推动作。
		4. 拉、转	4. 异侧手拉近溺水者。
		5. 控（制）至溺者身后	5. 有效控制溺水者，夹胸拖带。
	方法 2：压掌推肘法解脱	1. 压（腕）	1. 异侧手压腕。
		2. 低（头）	2. 低头前顶。
		3. 推（肘）	3. 同侧手上托、推溺水者肘部。
		4. 转（体）	4. 推转溺水者，异侧握紧溺水者控制手腕。
		5. 控（制）至溺者身后	5. 有效控制溺水者，夹胸拖带。
手臂被抓	同侧手被持解脱：推击法解脱	1. 推腕	1. 异侧手虎口向下用力推击溺水者上手腕部。
		2. 拉、转	2. 异侧手顺势将溺水者拉向救生员，使其背部紧贴救生员前胸。
		3. 有效控制至溺者身后	3. 有效控制溺水者，夹胸拖带。
	异侧手被持解脱：转腕法解脱	1. 转腕	1. 上提被溺水者抓持手腕，向虎口方向转腕下压溺水者手腕，解脱后控制溺水者手腕。
		2. 拉、转	2. 解脱后顺势将溺水者手臂控制，向被控制手臂同侧上提，使其背部紧贴救生员前胸。
		3. 有效控制至溺者身后	3. 有效控制溺水者，夹胸拖带。
	双手被抓持解脱：转腕法解脱	1. 转腕	1. 上提被溺水者抓持双手手腕，向虎口方向转腕下压溺水者手腕，解脱后控制溺水者手腕。
		2. 拉、转	2. 放开一侧手臂，选择一侧手臂保持抓握，顺势将溺水者被控制手臂向同侧上提，使其背部紧贴救生员前胸。
		3. 有效控制至溺者身后	3. 有效控制溺水者，夹胸拖带。

被抓抱部位名称	被抓抱解脱方法	教学要点	教学内容及方法
手臂被抓	交叉手被抓：转碗法、推击法解脱	1. 低头	1. 低头分清上下手。
		2. 转腕	2. 上侧手转碗法解脱后控制溺者手腕。
		3. 击腕	3. 顺势肘击下侧手臂手腕。
		4. 有效控制至溺者身后	4. 有效控制溺水者，夹胸拖带。
	单手被双手握持解脱，异侧手在上：先击后推	1. 击腕	1. 上体前倾，异侧手肘部用力回击开溺水者下手腕部。
		2. 推腕	2. 异侧手虎口向下用力推击溺水者上手腕部。
		3. 拉、转	3. 异侧手顺势将溺水者拉向救生员，使其背部紧贴救生员前胸。
		4. 有效控制至溺者身后	4. 有效控制溺水者，夹胸拖带。
	单手被双手握持解脱，同侧手在上：先推后击	1. 推腕	1. 异侧手虎口向下，用力推击溺水者上手腕部，使其松开并顺势将手腕紧握住。
		2. 击腕	2. 上体前倾，再用异侧手肘部用力回击开溺水者下手腕部，使其全部解脱。
		3. 拉、转	3. 异侧手顺势将溺水者拉向救生员，使其背部紧贴救生员前胸。
		4. 有效控制至溺者身后	4. 有效控制溺水者，夹胸拖带。
颈部被抱持	方法：上推双肘接解脱法（正面）	1. 推双肘	1. 上推溺水者双肘，下蹲。
		2. 推、转	2. 推转溺水者，双手抓持一侧手臂。
		3. 有效控制至溺者身后	3. 有效控制溺水者，夹胸拖带。
	方法：压腕上推单肘解脱法（背面）	1. 收颌、分清手	1. 内收下颌，分清溺水者被抱持的上下手。
		2. 压腕	2. 异侧手紧压溺水者抱持上面手的腕部。
		3. 推肘	3. 同侧手上推溺水者抱持上面手臂的肘部。
		4. 侧头	4. 头部从溺水者上面手臂一侧移出，并抓住其上面手腕部将其背贴救生员前胸。
		5. 有效控制至溺者身后	5. 有效控制溺水者，夹胸拖带。

被抓抱部位名称	被抓抱解脱方法	教学要点	教学内容及方法
腰部被抱持	腰部正面被抱持：夹鼻推领解脱法	1. 低头	1. 低头分清溺水者脸部朝向。
		2. 扩张	2. 弓身、扩张、抽手。
		3. 抽手	3. 抽出的手对溺水者夹鼻、捂嘴。
		4. 拉近、推领	4. 同时另一手抱紧溺水者后腰，并拉向救生员。
		5. 转体	5. 及时将溺水者转至背向救生员，并紧贴救生员前胸（腰部手做转动动作）。
		6. 有效控制至溺者身后	6. 有效控制溺水者，夹胸拖带。
	腰部背面被抱持：弓身抽手掰指解脱法	1. 低头	1. 低头分清溺水者被抱持的上下手。
		2. 扩张	2. 弓身、扩张、抽手。
		3. 抽手	3. 先抽出溺水者上面手臂同侧手压住溺水者双手，再抽出另一手压住双手。
		4. 掰指	4. 先掰开溺水者上面手掌中指，再掰开另一手掌中指，同时外展上举下蹲。
		5. 下蹲、撤步	5. 救伤员下蹲至溺水者腰部，放开溺水者一只手，同时撤移至溺水者背后，紧贴救生员前胸。
		6. 有效控制至溺者身后	6. 有效控制溺水者，夹胸拖带。
腿部被抱持	夹鼻推领解脱法	1. 低头	1. 低头分清溺水者脸部朝向。
		2. 弓身、收腿	2. 弓身、收腿。
		3. 夹鼻、抱腰	3. 一手对溺水者夹鼻推领、一手搂抱溺水者腰部，先拉近后推领。
		4. 转体	4. 对溺水者做转体动作（转溺水者腰部）。
		5. 有效控制至溺者身后	5. 有效控制溺水者，夹胸拖带。
双人同时被抱持解脱法	蹬离法：夹胸拖带	1. 判断	1. 分清溺水者和救生员。
		2. 接近	2. 从溺水者一侧接近。
		3. 托腋	3. 拖住溺水者双腋，蹬离另一溺水者（注意蹬离位置为髋骨位置）。
		4. 蹬离	4. 蹬离后将溺水者拖至水面。
		5. 有效控制至溺者身后	5. 有效控制溺水者，夹胸拖带。
	蹬离法：托腋拖带	1. 判断	1. 分清溺水者和救生员。
		2. 接近	2. 从溺水者一侧接近。
		3. 托腋	3. 拖住溺水者双腋，蹬离另一溺水者（注意蹬离位置为髋骨位置）。
		4. 蹬离	4. 蹬离后将溺水者拖至水面。
		5. 有效控制至溺者身后	5. 有效控制溺水者，托腋拖带。

小知识

★技术不熟练。初学游泳的人，由于技术掌握的不好，在水中一旦发生问题就手忙脚乱，导致呛水而造成溺水。为预防溺水事故发生，平时应正确地掌握游泳技术，呼吸自如，游进时自然放松。如发生呛水，保持镇定，可改变游泳姿势，用踩水方法，排出呛水后立即上岸休息。根据情况决定是否再继续游泳。

★在非游泳区游泳。由于对水中的情况不熟悉，即使会游泳，也可能发生溺水事故。因为水中可能有暗桩、礁石、急流、旋涡、水草以及障碍物等都可能对游泳者造成伤害。在日常的课堂教学中，教师应告知学生，尽量不要在非游泳区游泳。如在游泳中遇到水草缠住脚时，一旦遇到危险的情况，首先要保持冷静然后采用仰泳或反蛙泳姿势使身体平卧水面，用手将缠住脚的水草向脚趾方向扒掉。如进漩涡，使身体保持平卧姿势，增长身体半径，游出危险区。

★患病期间游泳。对于一些有慢性病的人在医生的指导下是可以游泳的，但没有医生的指导是很危险的。如有些患心脏病的人平时没有什么不良感觉，但一下水由于受到冷水的刺激或游泳运动量过大，心脏一时不能适应发病而产生溺水。

★潜水。由于潜水必须憋气，时间过长或过频会引起脑缺氧而出现头痛、头晕或出现休克等现象。因此要注意：潜水时间不要过长或过频，随行人员之间还要互相照顾和提醒。

★碰撞打闹。特别是学生年龄小，同学之间喜欢在游泳池内打闹，一些男孩子喜欢挑战性的动作，如跳水，这是比较危险的，有时池子深度不够，跳水后将自己的头撞破的事故时有发生。在游泳时要时刻提醒学生注意此类事件。

★抽筋溺水。由于游泳前未做好准备活动、身体过于疲劳、出汗后马上下水、水温过凉、技术动作过分紧张等原因，在游泳中都会出现抽筋的现象。如手指、前臂、脚趾、小腿和大腿等部位都容易抽筋。如果在深水自己不会处理，就会发生溺水事故。

思考题

1. 什么是间接赴救技术？常用的救生器材包括哪些？
2. 什么是直接赴救技术？直接赴救技术包括哪些技术环节？
3. 入水技术有几种方式？每种入水方式适用于什么情况？
4. 简述跨步式入水的技术要点？
5. 简述蛙腿式入水的易犯错误？
6. 接近技术有几种方式？
7. 试述背面接近的技术要点及适用范围？
8. 试述正面接近的技术要点及易犯错误？
9. 试述侧面接近的技术要点及适用人群？
10. 简述背面颈部被抱持的解脱方法及易犯错误？
11. 简述正面腰、肘部同时被抱持的解脱方法及易犯错误？
12. 简述背面腰、肘部同时被抱持的解脱方法及易犯错误？
13. 简述头发被抓的解脱方法及易犯错误？
14. 简述单手被双手抓握的解脱方法及易犯错误？
15. 拖带有几种方式？每种拖带适用哪些人群？
16. 试述夹胸拖带的技术要点及易犯错误？
17. 试述托双腋拖带技术要点及易犯错误？
18. 简述深水无阶梯单人上岸技术的技术要点及易犯错误？

第五章 现场急救技术与教学

内容概要

本章节对溺水者的现场急救技术进行阐述，包括溺水者的心肺复苏、颈托、急救板（陆上、水中）的使用。学生通过学习本章节内容，掌握各项现场急救技术的步骤及手法。

学习目标

通过学习掌握溺水者的心肺复苏、颈托、急救板（陆上、水中）技术的操作步骤及手法。

现场急救是针对在水上游泳活动中发生的意外事故（如溺水、颈椎损伤等），在医务人员尚未到来之前，进行现场施救的基本技术，也是整个施救过程中最重要的措施之一。它对及时有效地维护溺水者的生命安全，防止再损伤，提高抢救成功率，减少致残率，为进一步诊治创造条件，具有极其重要的意义。为此现场急救是为了抢救生命，提高生存率；减轻病痛，防止病情恶化，降低伤残率。

现场急救的原则是使溺水者尽快脱离水域；先复苏后固定；先止血后包扎；先重伤后轻伤，先救命后救伤；先救治后运送；急救与呼救并重；加强途中监护与救治。

第一节　溺　水

一、溺水的原因与过程

发生溺水事故的原因有很多，可以归类为：游泳者自身的状况；游泳场所设备的缺陷；救生员观察时思想不集中等因素。因此，为了减少溺水事故的发生，应当加强对游客安全宣传教育，提高自我防范意识，狠抓游泳场所管理制度建设，增强救生员职业道德教育与技术培训。

溺水者会本能地挣扎求助，呼救时可能发生误吸，溺水会刺激产生过度通气，溺水者会主动闭气，同时会有不同程度的喉痉挛，这一系列的改变会导致低氧血症。由于低氧血症及其产生的酸中毒可能会导致心脏骤停和中枢神经系统缺血，甚至溺水者死亡。

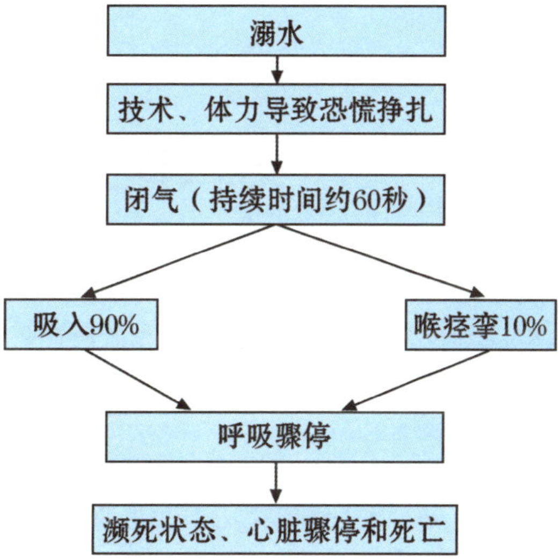

图 5-1　溺水过程

二、溺水后的临床表现

根据溺水时间的长短、吸入液体的多少来判断临床表现分为轻度、中度和重度（表 5-1）。

人体大脑是高度分化和耗氧最多的组织，对缺氧最为敏感。脑组织的重量虽然只占自身体重的 2%，但血流量却占心输出量的 15%（约 800ml），而耗氧量则占全身耗氧量的 20%。

表 5－1　溺水后的临床表现

程度	分钟	临　床　表　现
轻度	<1	神志清醒，仅有血压升高、心率增快。
中度	1～2	神志模糊，呼吸浅慢、不规则，血压下降，心率减慢，反射减弱。
重度	3～4	面部肿胀、青紫，烦躁不安伴抽搐，两肺有弥漫性湿性罗音，心音弱或心律不齐。

三、溺水者心搏、呼吸突然停止时的临床表现

心搏、呼吸是否停止，应综合判断。

1. 意识丧失，溺水者昏倒于各种水域场所。
2. 面色苍白或转为紫绀。
3. 瞳孔散大。
4. 颈动脉搏动消失，心音消失。
5. 部分溺水者可有短暂而缓慢叹气样、抽气样呼吸或有短暂抽搐，伴头眼偏斜，随即全身肌肉松弛。

第二节　溺水者的心肺复苏

心肺复苏是针对心跳、呼吸停止所采取的抢救措施，即用心脏按压或其他方法形成暂时的人工循环并恢复心脏自主搏动和血液循环，用人工呼吸代替自主呼吸并恢复自主呼吸，达到恢复苏醒和挽救生命的目的。心肺复苏技术的三大要素是口对口人工呼吸、胸外按压、体外除颤。

一、现场心肺复苏的过程

1. 基础生命支持阶段

溺水后 4 分钟内的初始处理阶段为基本生命支持阶段，包括畅通气道、人工呼吸、建立循环 3 个步骤，以维持有效的呼吸和循环。为尽快转送到医疗（院）单位创造条件。初始处理阶段在心肺复苏中占重要地位，是心肺复苏成功的第一步。

2. 高级生命支持阶段

高级生命支持阶段为心脏骤停后 5~10 分钟内的第二个处理阶段，此阶段为复苏或高级生命支持。一般在医疗（院）单位中进行。包括建立静脉输液管道，药物治疗，电除颤、气管插管、机械呼吸等一系列维持和监测心肺功能的措施。

3. 后续生命支持阶段

后续生命支持阶段也称后期生命维持阶段，是继第二个阶段之后的，以脑复苏为重点的心肺脑复苏工作。在继续维持心肺功能的基础上尽快脑复苏。

二、心肺复苏的有效指标

心肺复苏操作是否正确，主要靠平时严格操练，掌握正确的方法。心肺复苏的有效标志是，除可触摸到大动脉开始搏动外，同时也应出现脑复苏的征象。而在现场急救中判断复苏是否有效，可以根据以下 4 个方面综合考虑。

1. 瞳　孔

复苏有效时，可见瞳孔由大变小。如瞳孔由小变大、固定、角膜浑浊，则说明复苏无效。

2. 面　色

复苏有效时，可见面色由紫绀转为红润，手足温度略有回升；如溺水者面色变为灰白，则说明复苏无效。

3. 颈动脉搏动

按压有效时，每一次按压可以摸到一次搏动，如若停止按压，搏动亦消失，应继续进行心脏按压。如若停止按压后，脉搏仍然跳动，则说明溺水者心跳已恢复。有条件时，按压时可测到血压在 60/40mmHg 左右。

4. 神　态

复苏有效时，可见溺水者有眼球活动，睫毛反射与对光反射出现，甚至手脚开始抽动，肌张力增加。

三、终止心肺复苏的条件

心肺复苏的目标是维护生命、恢复健康、缓解痛苦、减少病残和使“临床死亡”的溺水者逆转。在现场抢救中应坚持连续进行心肺复苏，不能简单地做出停止复苏的决定。

现场救生员心肺复苏的终止条件：

1. 自主呼吸及心跳已有良好恢复。
2. 有其他人接替抢救或有医师到场承担复苏工作。
3. 有专业医师到场，确定溺水者已死亡。

四、心肺复苏操作步骤及方法

（一）急救体位

1. 动作要点

将溺水者放置仰卧位。即头颈部与躯干保持一直线，双手置于躯干两侧。

2. 教学重点、难点

重点——头颈部与躯干保持一直线。

难点——翻转模拟人时，动作轻缓。

3. 教学方法

采用分组教学法，二人一组，练习模拟人侧卧位翻转成仰卧位。

4. 易犯错误及纠正方法

（1）易犯错误

①头部高于心脏的位置。

②将溺水者平仰在柔软的物体上。

（2）指导纠正方法

①在摆放急救体位时，在头颈部不要添垫任何物品。

②讲明摆放急救体位时，应放在平整而坚实的平面上，如急救板、木板、地板等。

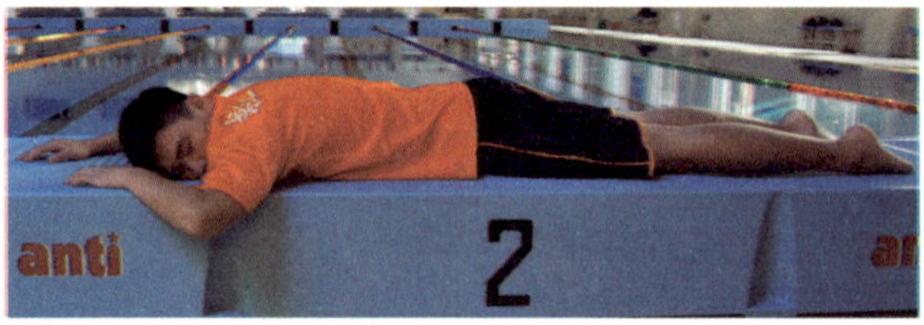

图 5-2　急救体位

（二）判断意识

1. 动作要点

救生员在施救上岸后，确认四周环境安全的前提下，轻拍溺水者的面颊或双肩部，高声喊叫“喂，你怎么啦！”以试其反应。

2. 教学重点、难点

重点：确认现场安全，溺水者有无意识。

难点：用力程度。

3. 教学方法

采用分组教学法教学，二人一组，学生在模拟人上做轻拍的模仿练习。

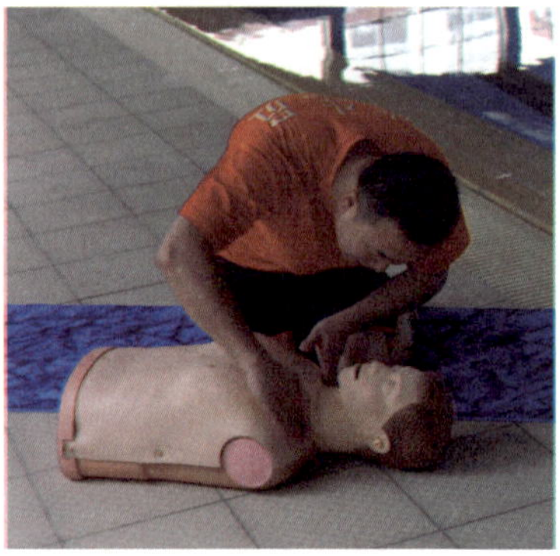

图 5-3　判断意识

4. 易犯错误及纠正方法

（1）易犯错误

①重拍溺水者的面颊。

②摇动溺水者肩部或用力过猛。

（2）指导纠正方法

①讲明动作要领，正确示范练习。

②轻拍自己的面颊，感觉用力程度。

（三）高声呼救

1. 动作要点

如在人烟稀少的公开水域时，立即在原地高声呼救：“来人啊！救命啊！救命啊！”招呼周围的人前来协助抢救。如在游泳场（所）内救生员发现溺水者时，吹响约定的哨声，启动应急预案。

2. 教学重点、难点

重点——语言要准确、简练。

难点——声音洪亮。

3. 教学方法

采用分组教学法，二人一组，讲明动作要领，做正确示范。

4. 易犯错误

(1) 易犯错误

①喊叫声音太轻。

②口齿不清楚，语言不简练。

(2) 指导纠正方法

讲明动作要领，模仿正确练习。

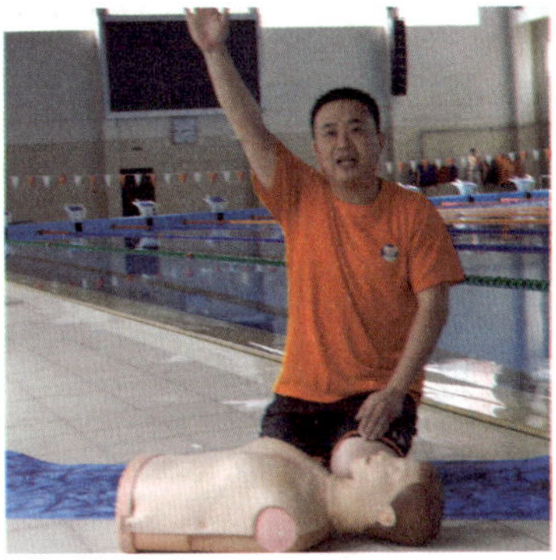

图 5-4　高声呼救

(四) 清除口腔异物

1. 动作要点

观察口腔内是否有异物，如有异物立即采用手指清除法清除，清除时可将溺水者头部转向一侧，利用毛巾、指套或纱布保护好食指中指，再抠出口腔内的固体物。没有异物则打开呼吸道。

2. 教学重点、难点

重点——清除异物时注意力度和手法，不要损伤溺水者口腔。

难点——清除动作手指的运动方向。

3. 教学方法

采用分组教学法，二人一组，讲明动作要领，做正确示范。

4. 易犯错误

(1) 易犯错误

先打开呼吸道，后清除异物。

(2) 指导纠正方法

讲明动作要领，模仿正确练习。

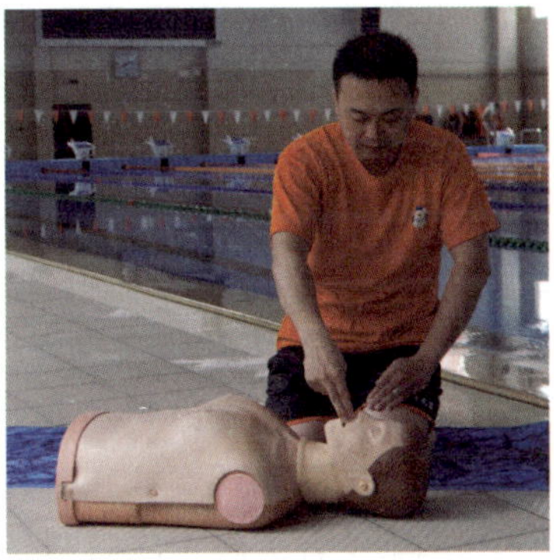

图 5-5　清除口腔异物

(五) 打开呼吸道（仰头抬颌法）

在打开呼吸道前，应先查明口腔中有无血液，呕吐物或其他分泌物，若有这些液体、异物，应先尽量清除掉。若怀疑溺水者有颈部创伤，则禁忌使用这种手法。

1. 动作要点

救生员一手置于溺水者前额，手掌根（小鱼际）用力向后压，使溺水者头部向后仰。将另一只手的食指及中指放在下颌部的颏骨体上，向上抬起下颏而使颌向前。

2. 教学重点、难点

重点——使其呼吸道畅通；

难点——抬起下颏时，用力过重或过轻。

3. 教学方法

采用分组教学法，二人一组，在模拟人上做仰头抬颏法练习。

4. 易犯错误

(1) 易犯错误

①一手虎口放置前额。

②一手食指和中指放在下颌部的软组织上。

(2) 指导纠正方法

①讲明动作要领，做正确示范动作。

②教师以口令反复做头部后仰练习。

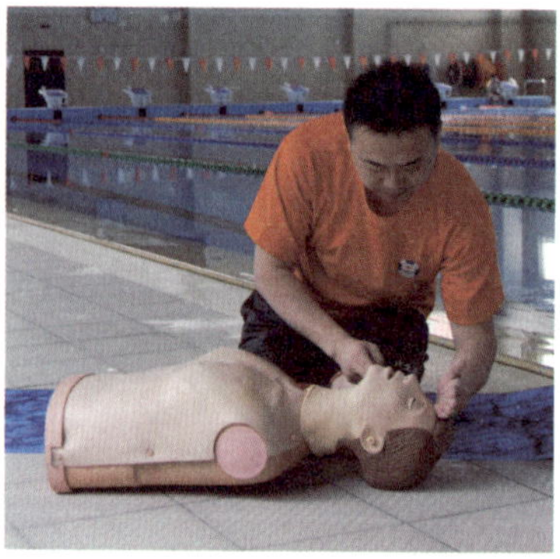

图 5-6　打开呼吸道仰头抬颏法

(六) 判断呼吸

1. 动作要点

维持开放呼吸道位置，用耳贴近溺水者口鼻，头部侧向溺水者胸部。眼睛观察溺水者胸部有无起伏，耳听溺水者呼吸道有无气流通过的声音，面部感觉溺水者呼吸道有无气体排出，。

2. 教学重点、难点

重点——保持呼吸道开放位置。

难点——判断有无呼吸。

3. 教学方法

采用分组教学法，二人一组，在模拟人上做判断呼吸练习。

4. 易犯错误

(1) 易犯错误

①救生员耳朵没有贴近溺水者口鼻。

②眼睛没有观察溺水者胸部。

③耳没有听溺水者呼吸道的气流通过声音。

④面部没有感觉溺水者呼吸道有无气体排出。

(2) 指导纠正方法

①讲明动作要领，做正确示范。

②完整动作配合练习。

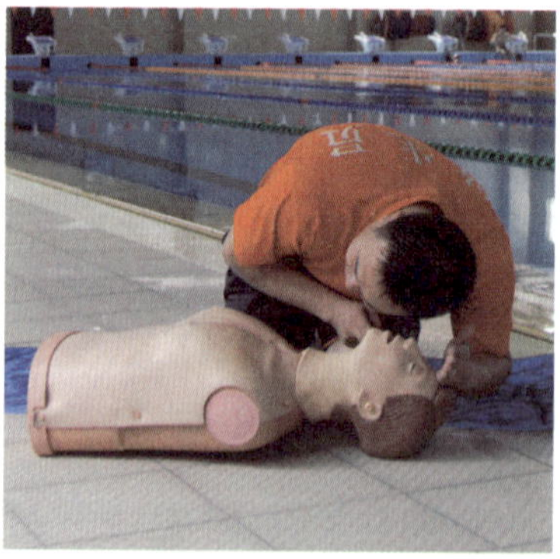

图 5-7　判断呼吸

(七) 口对口人工呼吸

1. 动作要点

保持溺水者的呼吸道开放位置，以拇指与食指捏住溺水者鼻翼。救生员吸一口气用自己的口唇包住并紧贴溺水者口唇，将吸入气缓慢均匀有力的吸入溺水者口内直达肺部，连续吹气 2 次，吹气量 700ml~1000ml。

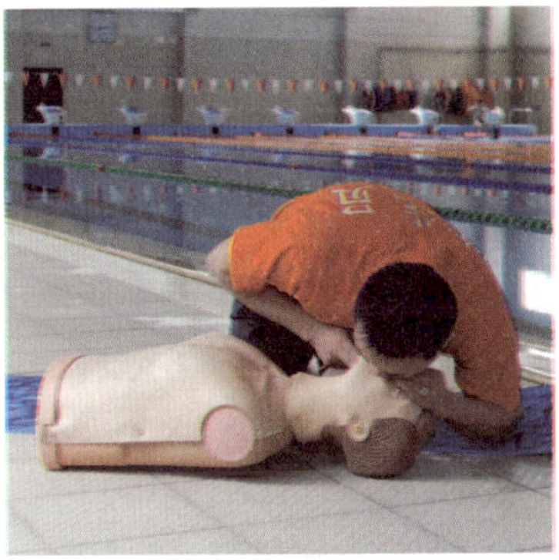
图 5-8　口对口人工吹气

2. 教学重点、难点

重点——保持气道开放位置。

难点——吹气量的控制。

3. 教学方法

采用分组教学法，二人一组，在模拟人上做吹气练习。

4. 易犯错误

(1) 易犯错误

①呼吸道没有打开，吹不进气。

②救生员吹气时没有捏住溺水者鼻翼；吸气时没有放开溺水者鼻翼。

③救生员吸气时没有用自己的口唇包住溺水者口唇而导致漏气。

(2) 指导纠正方法

①如果吹气吹不进，重复练习仰头抬颏法。

②吹气或吸气时，教师提示救生员捏住或放开溺水者鼻翼。

③吹气时，以模拟人提示确定吹气量。

(八) 检查脉搏

1. 动作要点

救生员用一只手置于溺水者前额使头部后仰，另一只手的食指和中指在甲状软骨下摸到气管后，手指向外滑动在气管与颈部肌肉之间的凹沟处。

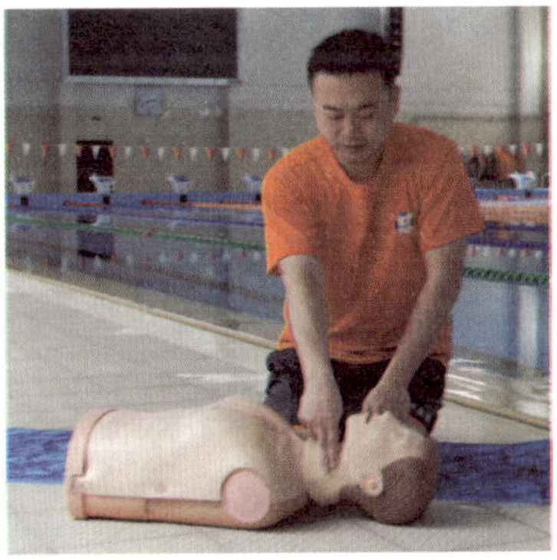
图 5-9　检查脉搏

2. 教学重点、难点

重点——确定颈动脉位置。

难点——判断颈动脉是否有搏动。

3. 教学方法

采用分组教学法，二人一组，在模拟人上做触摸颈动脉练习。

4. 易犯错误

(1) 易犯错误

①触摸颈动脉用力过大。

②触摸颈动脉位置不准。

(2) 指导纠正方法

①讲明动作要领，正确示范练习。

②在自己身上体会触摸颈动脉搏动练习。

(九) 胸外心脏按压

1. 动作要点

以中指沿溺水者一侧胸廓下部肋缘向上摸到剑突，将食指紧靠中指并拢；另一手掌根部沿胸骨下滑紧贴食指，手掌根置于胸骨的下 1/2 段中点。再将定位之手的掌根重叠放于另一手背上，两手手指交叉紧紧相扣，下方手掌根放在胸骨上，手指向上，垂直用力向下按压。

2. 教学重点、难点

重点——利用髋关节为支点，以腰腹、肩部和掌根的力量垂直向下按压。

难点——按压部位；按压深度 4~5cm；按压频率 100 次/分；按压、放松时间比例 1：1。

3. 教学方法

采用分组教学法，二人一组，在模拟人上做定位与按压练习。

4. 易犯错误

（1）易犯错误

①按压不平稳、没有规律，中间间断；

②冲击式按压、猛压。

③按压时掌根部贴在胸骨外，手指也压在胸壁上。

④两手掌交叉而两手手指没有交叉相扣。

⑤按压时肘部弯曲或左右摇动。

⑥按压时没有计数或高声报数。

⑦放松时抬手离开胸骨定位点，造成下次按压部位错误。

（2）指导纠正方法

①讲明动作要领，正确动作示范。

②用力时，肩、肘关节、掌根成一直线按压。

③按压时，以模拟人提示确定按压深度和次数。

④报数时，提示学生应声音洪亮、清晰。

以胸外心脏按压与吹气比 30:2 为一组连续做 5 组后，评估循环现象，没有呼吸和脉搏，继续做人工呼吸与胸外按压。

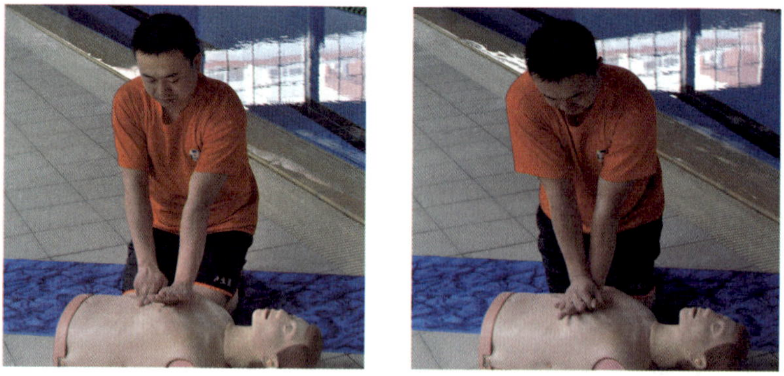

图 5-10　胸外心脏按压

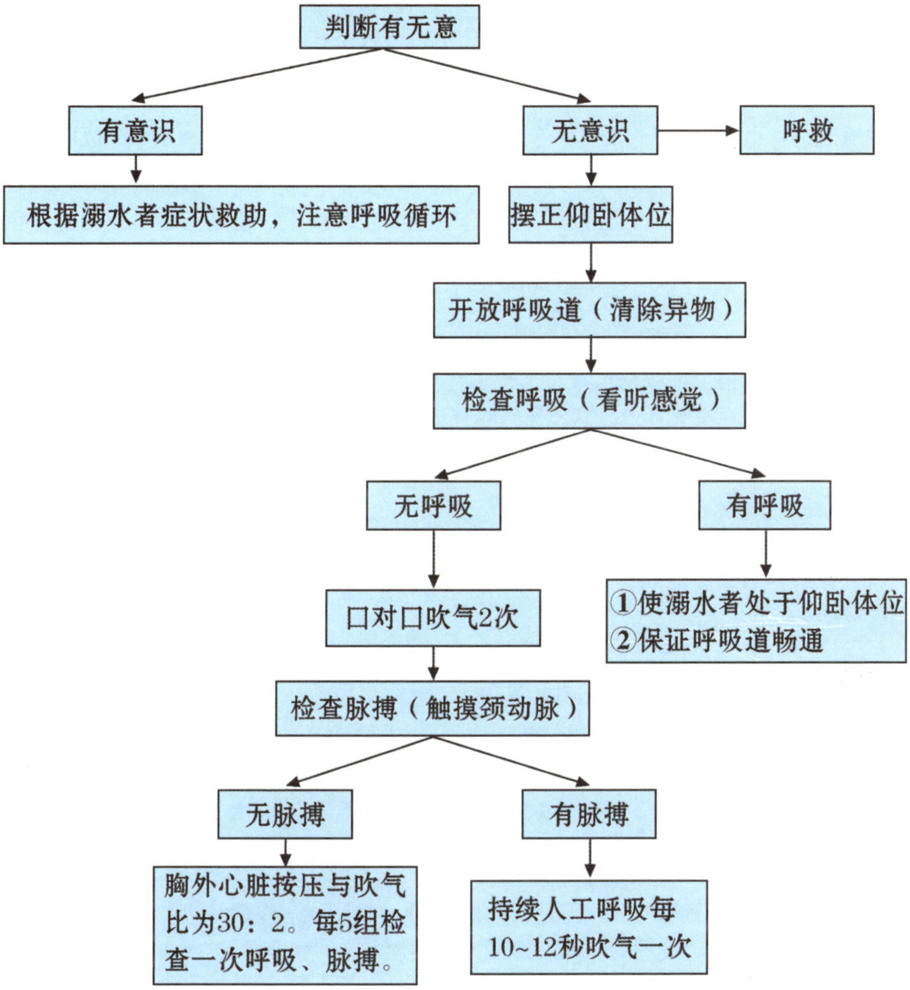

图 5-11 成人心肺复苏的操作流程图

五、心肺复苏小结

对因呼吸停止的溺水者应迅速进行呼吸支持，心脏停搏者应使用心脏按压方法形成暂时的人工循环并恢复心脏自主搏动。为方便记忆，采用英文单词的第一个字母组成 ABC 或 ABCD 复苏程序，其中 A 指开放气道，B 指呼吸支持，C 指心脏按压，D 指电击除颤。（表 5-2）

表 5－2　救生员现场心肺复苏流程图

程　序	动　作	说　明
确认四周环境安全 检查意识	喊叫“先生！（或小姐、小朋友）你怎么了?” 轻拍肩膀或面颊。	意识分四级：意识清醒、对叫有反应、对痛有反应、意识昏迷。
求救 摆正溺水者姿势	请帮我打“120”或自己打。	若没有旁人，先心肺复苏一组后再打求救电话。
清除口腔异物	救生员将溺水者头上侧手食指中指并拢，在溺水者口腔部位经行清理动作。	清除口腔异物是避免溺水者溺水后出现的呕吐物及口腔内的其他物品在打开呼吸道时堵塞呼吸道。
打开呼吸道	仰头抬颏法（非创伤溺者）。 推举下颌法（颈椎受伤溺者）。	一手掌根压前额，另一手食、中两指上抬下颌骨。注意不可压到喉部。
评估呼吸	耳朵靠近溺水者口鼻：看胸部起伏、听吐气声、感觉气吹到脸上。	检查时间不可超过 5～10 秒。 维持呼吸道打开姿势。
人工呼吸	检查异物，若无呼吸，则以拇、食两指捏住鼻翼，口对口（鼻）或口对面罩，先给予 2 口气。 给予人工呼吸，若胸部无法起伏，则重新打开呼吸道再尝试吹气。	每次吹气时间约 1 秒，吹气量（700～1000ml）以明显看到胸部起伏为原则。
检查循环现象	触摸颈动脉并观察有无搏动现象。 自发性呼吸、咳嗽、身体会不会动。	检查时间不可超过 10 秒（除低体温外）。
胸部按压	手掌根置于胸骨下 1/3 段。 两手肘关节绷直。 两膝靠近溺者跪地打开与肩同宽。 以身体重量垂直下压，压力平稳。 放松时手掌不可离开胸骨。	按压胸骨的位置原则上是胸骨下半段，下压速率 100 次/分、深度 4～5cm。
胸部按压与通气比率	单人或双人皆为 30∶2。	
再评估时间	5 个周期后或 2 人以上每 2 分钟轮换。	2 分钟后。 第 5 周期吹气。
甲：再评估无循环现象	继续徒手做心肺复苏。	从胸部按压开始。
乙：再评估有循环现象	检查呼吸： 没有呼吸→人工呼吸 有呼吸→无意识 有呼吸→有意识	5 秒一次，12 次/分。 检查身体，摆复苏姿势。 检查身体。

第三节　颈椎受伤——硬颈托

颈托是用来固定怀疑颈椎受伤的游泳者。由于游泳者事发前曾在浅水区域跳水、不恰当的入水姿势、头部撞到池边、池底或其它硬物、有暴力、坠落等外伤史等，而出现头晕头痛、视力模糊、手指发麻、耳鸣、平衡失调、心慌等症状，最严重者甚至出现大小便失控，甚至四肢瘫痪。事发后应及时佩戴颈托，佩戴颈托时如遇到阻力或受伤者感到疼痛时，应立即停止移动。对于不同体型的受伤者，必须选择适合的尺寸。它只能暂时防止颈椎移动，并不能完全将颈椎固定。

一、动作要点

救生员（1号）先固定自己双手肘关节，在受伤者仰卧位的头顶部用双手拇指轻按前额，食、中指按面颊，无名指和小指放在耳部下方；救生员（2号）用食指放在受伤者肚脐上方取“正中位”（即头部仰至嘴角和耳垂的连线与地面垂直，鼻尖与肚脐呈一直线），用手指度量受伤者的下颌骨角下方到肩顶部距离，并从颈托的下硬边缘处为基准选择尺寸，将颈托穿入后颈部扣紧。

二、教学方法

采用分组教学法，二人一组，在模拟人上做佩戴练习。

三、教学步骤及教学口令

（一）预备姿势及器材

1. 救生员（1号）：双膝跪在受伤者头顶正后方。
2. 救生员（2号）：双膝跪在受伤者头部一侧方。
3. 器材：颈托，急救板各一套。

（二）第一步：询问、检查、复位

1. 教学口令

（1）救生员（1号）：询问受伤者伤情：“你怎么了……”双手轻拍其肩部。救生员（2号）：检查受伤者颈部：“发现受伤者颈部有红肿，即颈部受伤。”

（2）救生员（1号）：做头锁法动作，发口令“完毕”。

（3）救生员（2号）：救生员（1号）发口令“左右复位”与救生员（2号）配合做左右复位。救生员（2号）用食指在受伤者肚脐上方定位。救生员（2号）发口令“完毕”。救生员（1号）：与救生员（2号）配合做左右复位。救生员（1号）以救生员（2号）的中指为标杆，将受伤者头部做向左向右调整呈复位。即伤者的鼻尖和下颌骨与肚脐呈一直线。救生员（1号）发口令“完毕”。

（4）救生员（2号）：救生员（1号）发口令“前后复位”与救生员（2号）配合做前后复位。救生员（2号）用食指在受伤者头部一侧与地面垂直，对救生员（1号）发出口令“起、起、好”，使头受伤者的嘴角和耳垂的连线与地面垂直时为止。救生员（2号）发口令“好、停，完毕”。

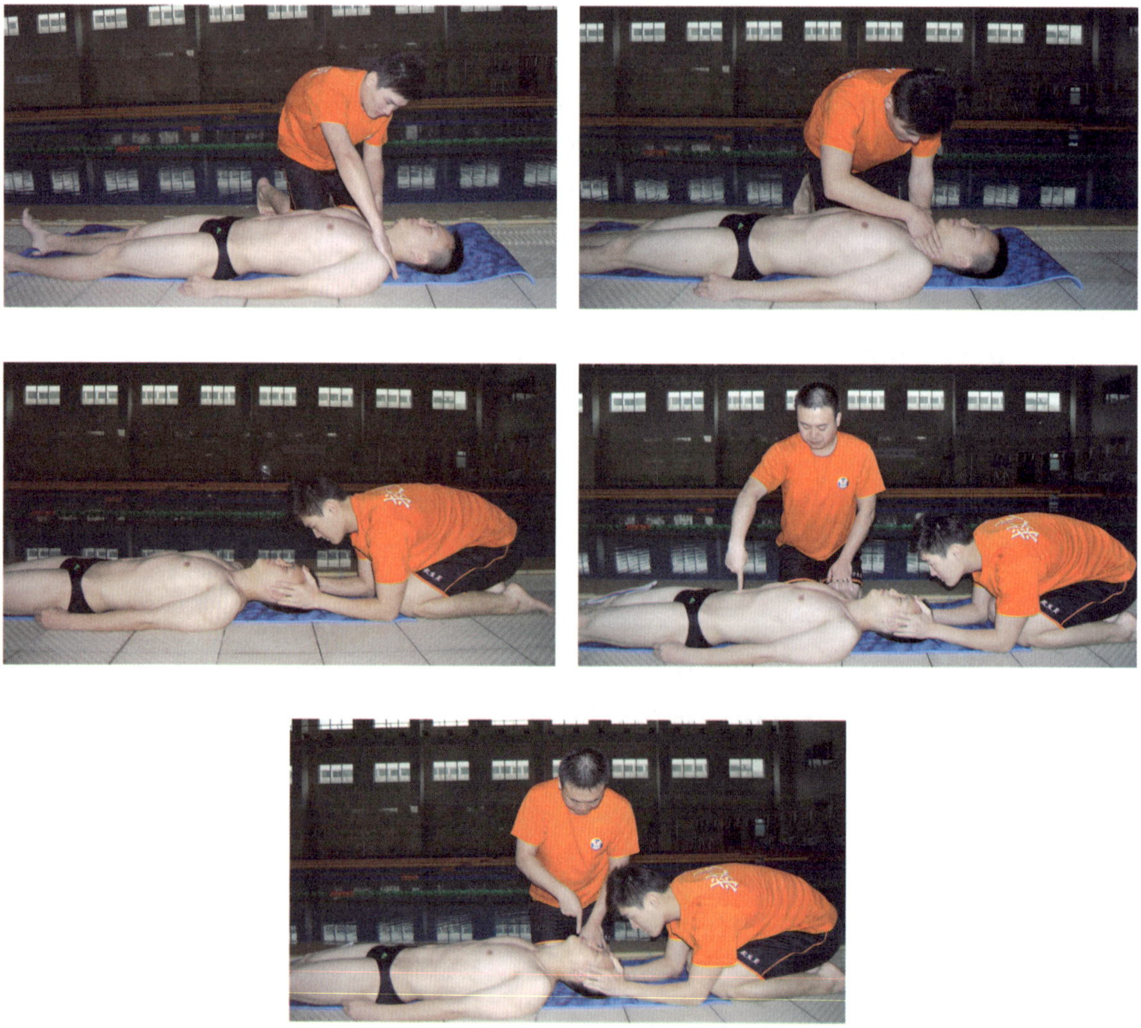

图 5-12　颈托流程步骤一

2. 教学难点

(1) 救生员 (1号)、(2号) 配合默契，口令准确无误，操作手法正确，步骤清楚。

(2) 救生员 (1号) 头锁操作正确。

3. 易犯错误

(1) 救生员 (2号) 口令错误。

(2) 救生员 (1号) 头锁方法错误。

(3) 在取“正中位”时，先前后，后左右。

(4) 救生员 (2号) 左右复位，前后复位标点位错误。

(5) 操作流程次序颠倒

4. 纠正方法

(1) 增加练习次数，熟悉口令及流程。

(2) 救生员 (2号) 救生员手法正确。

(三) 第二步：佩带颈托

1. 教学步骤及口令

(1) 救生员 (2号)

①测量：用手指度量受伤者由下颌骨下方到肩部的距离。

②调整：调整颈托至合适受伤的颈部尺寸。

③佩带：将颈托粘带一端小心穿入受伤者的后颈，并将另一端下颌垫小圆点与受伤者的下颌尖吻合后扣紧。

④调整：检查调整颈托位置是否合适，检查松紧度。

待检查后，发出“佩戴完毕”口令。

(2) 救生员 (1号)

救生员 (1号) 保持头锁动作不变，配合救生员 (2号) 完成颈托佩带。

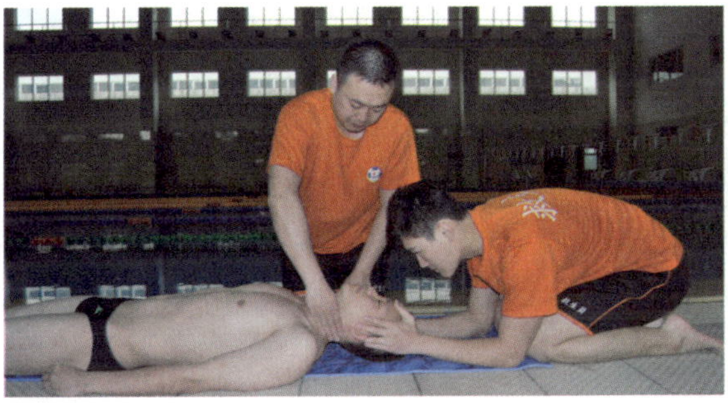

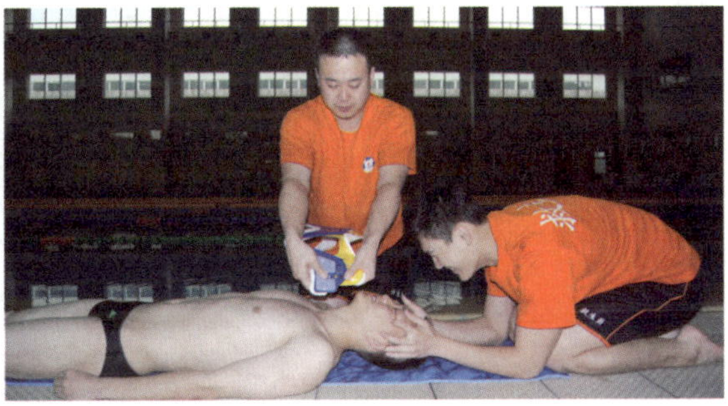

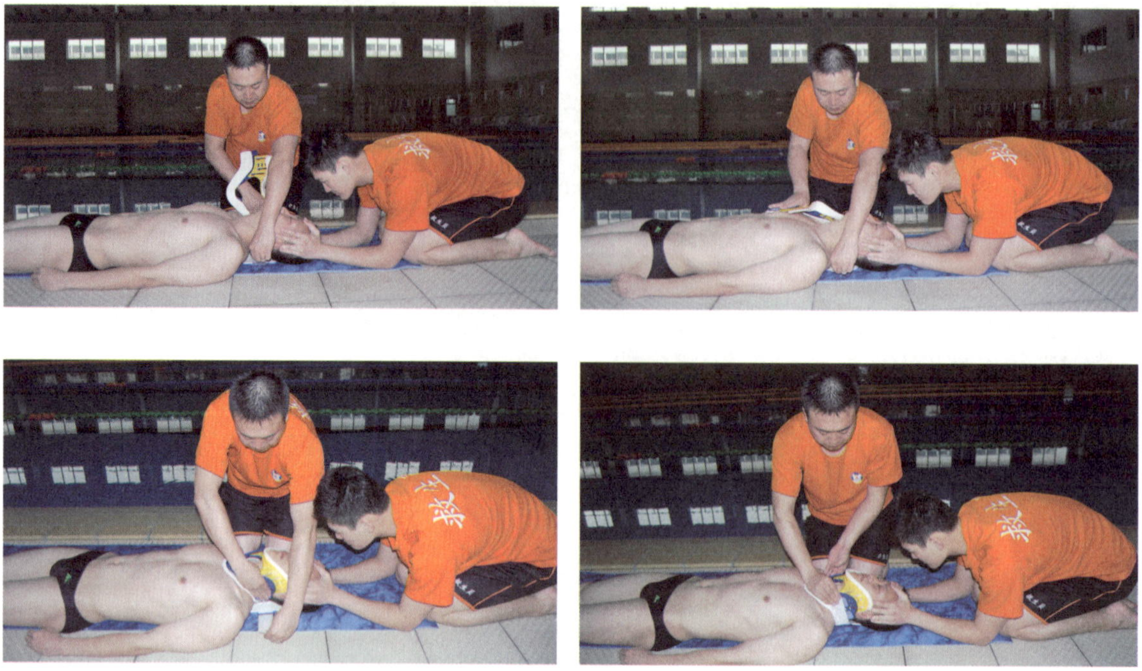

图 5-13　颈托流程步骤二

2. 教学难点

(1) 救生员（2 号）口令准确无误，操作手法正确，步骤清楚。

(2) 佩带颈托的手法正确。

(3) 救生员（1 号）保持头锁姿势不变，配合救生员（2 号）完成颈托佩戴。

3. 易犯错误

(1) 救生员（2 号）口令错误。

(2) 救生员（2 号）测量颈部距离错误或未测量。

(3) 救生员（2 号）未调整颈托尺寸。

(4) 救生员（2 号）佩戴颈托错误或过松、过紧。

(5) 救生员（2 号）佩戴颈托完毕未做检查。

(6) 救生员（1 号）在救生员（2 号）佩戴颈托时移动或改变头锁动作。

4. 纠正方法

(1) 救生员（1 号）口令正确。

(2) 救生员（2 号）反复练习，熟悉佩带颈托手法。

第四节　陆上急救板

急救板是游泳池（场）游客发生脊颈椎损伤的救生器材之一。它主要起到搬运溺水者的运送作用。急救板带有漏水孔的平直躺板，躺板头部绑覆一块中间带突起的柔软枕板，枕板两侧置有间距可调的一对柔软挡块，头部设置了柔软可调的固定器，两侧配有固定带。

一、陆上徒手颈部固定技术

（一）头锁法

1. 动作要点

双膝跪在溺水者头顶后方，并与其身体呈一直线；先固定双臂肘关节，放在大腿上或地上；双手掌放在溺水者头两侧，拇指轻按前额，食、中指按面颊，无名指和小指放在耳下，但不要超过耳垂。

2. 教学重点、难点

重点——双肘部固定救生员。

难点——中指无名指间夹住耳部，且指尖不要超过耳垂。

3. 教学方法

采用分组教学法进行教学，二人一组。

4. 易犯错误

(1) 易犯错误

①救生员没有先固定自己双臂肘关节。

②中指、无名指夹在耳垂中间时手指超过耳垂。

(2) 指导纠正方法

采用重复练习法，熟练手法技术。

图 5-14　头锁法

（二）斜方肌挤压法

1. 动作要点

双膝跪在溺水者头顶后方，并与其身体成一直线；固定双臂肘关节，放在大腿上或地上；双手虎口张开，在溺水者头部两侧插入肩下至斜方肌，掌心向上，压紧斜方肌；用双手前臂紧贴溺水者头部两侧，使其固定。

2. 教学重点、难点

重点——双肘部固定救生员。

难点——双臂夹紧溺水者头部，固定好溺水者头部。

3. 教学方法

采用分组教学法进行教学，二人一组。

4. 易犯错误及纠正方法

（1）易犯错误

①救生员没有先固定自己双手肘关节。

②救生员没有双手前臂夹紧溺水者头部两侧。

（2）指导纠正方法

采用重复练习法，熟练手法技术。

图 5-15　斜方肌挤压法

（三）改良斜方肌挤压法

1. 动作要点

双膝跪在溺水者头顶后方，并与其身体成一直线；固定双臂肘关节，放在大腿上或地上；一手用斜方肌挤压法锁紧其斜方肌，另一手则用头锁固定法固定溺水者的颈部，手掌与前臂须同时用力将其颈部固定。

2. 教学重点、难点

重点——双肘部固定救生员。

难点——头锁法中指、无名指不要过耳垂，斜方肌挤压法锁紧其斜方肌，将溺水者颈部固定。

3. 教学方法

采用分组教学法进行教学，二人一组。

4. 易犯错误及纠正方法

（1）易犯错误

①手掌与前臂没有同时用力将其头颈部固定；

②在转动溺水者时，没有向手臂一侧转动。

（2）指导纠正方法

采用重复练习法，熟练手法技术。

图 5-16 改良斜方肌挤压法

（四）头胸固定法

1. 动作要点

双膝跪在溺水者头肩部位置，一手臂小臂放在溺水者的胸骨上，虎口放在溺水者下颌处；另一手肘关节支撑在地，虎口放在溺水者前额上，稳固地施压，避免头及颈部移动。

2. 教学重点、难点

重点——一手臂肘部固定，一手臂小臂放在溺水者的胸骨上。

难点——双手虎口前额、下颌相对。

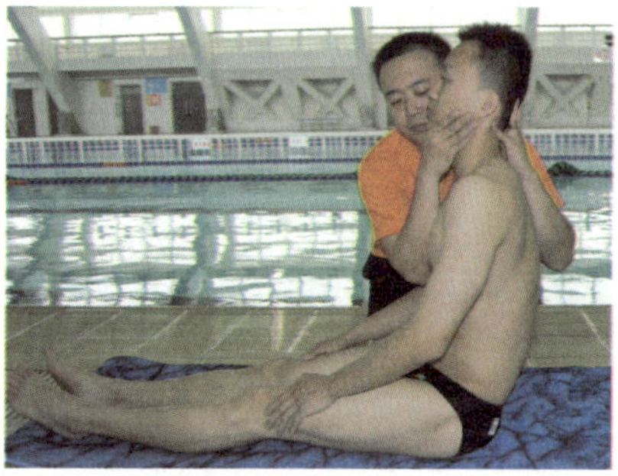

图 5-17 头胸固定法

3. 教学方法

采用分组教学法进行教学，二人一组。

4. 易犯错误及纠正方法

（1）易犯错误

①捂住溺水者的口鼻处，影响呼吸；

②肘关节应找到支撑点。

（2）指导纠正方法

采用重复练习法，熟练手法技术。

以上几种方法在使用急救板固定溺水者时，交替使用。在双人配合交替时，当接替者已稳固，并有明确的口令后，方可松手。

二、陆上急救板教学步骤

(一) 动作要点

救生员（1 号）先固定溺水者用头锁固定头颈部，救生员（2 号）则用胸头锁，救生员（1 号）换改良斜方肌挤压法，然后，救生员（2 号）一手放在溺水者的远侧肩部，另一手放在臀部上，救生员（3 号）一手放在溺水者的腰部，另一手放在大腿部上同时侧翻。救生员（4 号）插入急救板，救生员（1 号）发出口令，与救生员（2 号）、救生员（3 号）共同将溺水者放平于急救板；救生员（2 号）再用胸头锁，救生员（1 号）则用斜方肌锁固定，与救生员（2 号）、救生员（3 号）共同将溺水者复原平卧位。救生员（2 号）依次固定胸、腰部扣带；救生员（3 号）脚部（脚底绕“8”字形）扣带，后接胸头锁，救生员（1 号）头部两侧放置泡沫垫、扣带。四名救生员同时紧握急救板的侧面穿孔抬起。

(二) 教学方法

采用分组教学法进行教学，五人一组，其中一人扮演溺水者，其余四人分别担任 1. 2. 3. 4 号救生员。

1. 救生员（1 号）、救生员（2 号）、救生员（3 号）、救生员（4 号）就位，救生员（1 号）、救生员（2 号）救生员进行头锁、胸头锁操作，协助系带、插板、放板。

2. 救生员（1 号）、救生员（2 号）换位操作，轮换完毕后救生员（3 号）、救生员（4 号）与救生员（1 号）、救生员（2 号）轮换进行操作。

(三) 教学步骤及教学口令

1. 第一步：上急救板

(1) 教学步骤及口令

①救生员（1 号）：从头锁法动作开始。

②救生员（2 号）：做胸头锁动作（把救生员（1 号）解脱出来）救生员（2 号）口令“完毕”。

③救生员（1 号）：做改良斜方肌挤压法（把救生员（2 号）解脱出来）救生员（1 号）口令“完毕”。

④救生员（2 号）：与救生员（3 号）配合、救生员（2 号）和救生员（3 号）两手相交叉放置在受伤者身体外侧处，（准备对受伤者身体做侧翻动作）。救生员（1 号）口令“准备侧翻”，2、救生员（3 号）口令“准备完毕”。

⑤救生员（1 号）：对救生员（2 号）和救生员（3 号）发出口令：“开始侧翻……”

⑥救生员（2 号）：与救生员（3 号）配合，听到救生员（1 号）的口令“开始…侧翻”后，将受伤者的身体向自己胸前方向做侧翻。救生员（2 号）检查溺水者脊柱有无损伤。救生员（2 号）报告“脊柱无损伤”。

⑦救生员（1 号）：对救生员（4 号）发出口令：“插板”。

⑧救生员（4号）将急救板从受伤者被侧翻起一侧身体下插入适当位置为止。（插板）救生员（4号）口令“插板完毕”。

⑨救生员（1号）：对救生员（2号）、救生员（3号）、救生员（4号）发出口令：“放板”。

⑩救生员（2号）：救生员（3号）与救生员（4号）配合，按救生员（1号）的口令将受伤者身体慢慢地放在急救板上呈仰卧姿势。救生员（1号）口令“放、放、好”。

⑪救生员（2号）：做胸头锁动作（把救生员（1号）解脱出来）救生员（2号）口令“完毕”。

⑫救生员（1号）：做斜方肌挤压法动作（把救生员（2号）解脱出来）救生员（1号）口令“完毕”，并对2和救生员（3号）发出“扒”板动作的口令。

⑬救生员（1号）：救生员（2号）与救生员（3号）配合，做平移定位动作。救生员（2号）与救生员（3号）两手相交叉抓在急救板上，按救生员（1号）的口令做“扒”板的动作，将受伤者的身体在急救板上做平移定位到适当位置为止。救生员（2号）口令“完毕”。

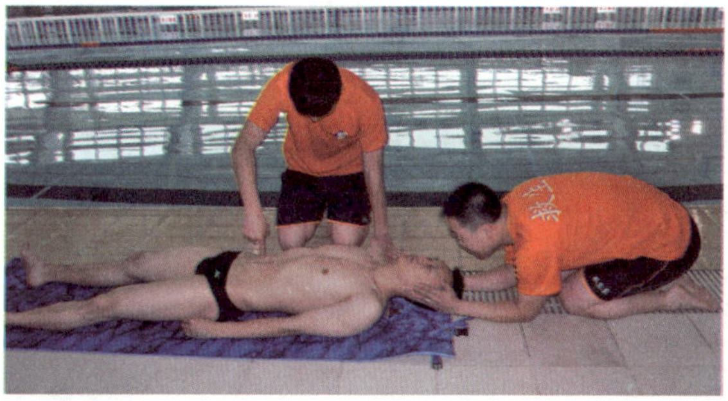
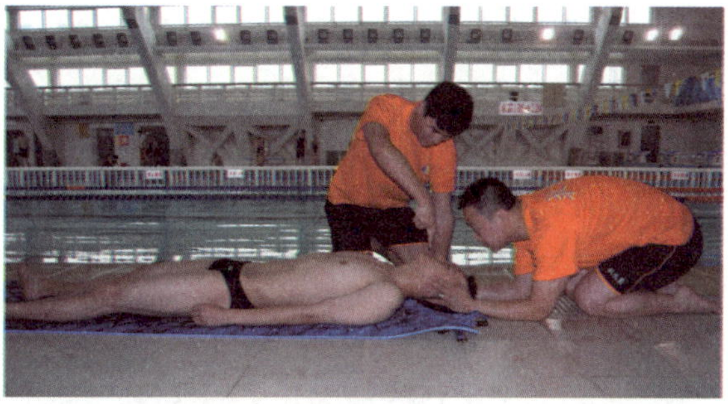

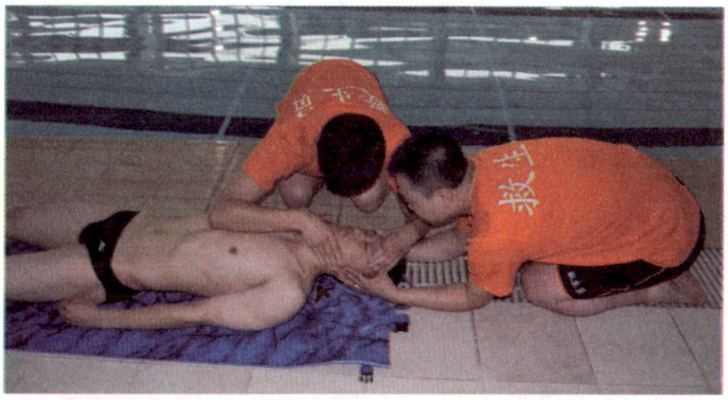
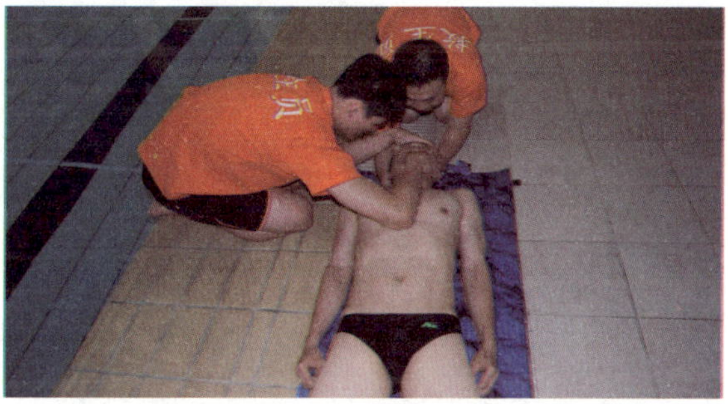

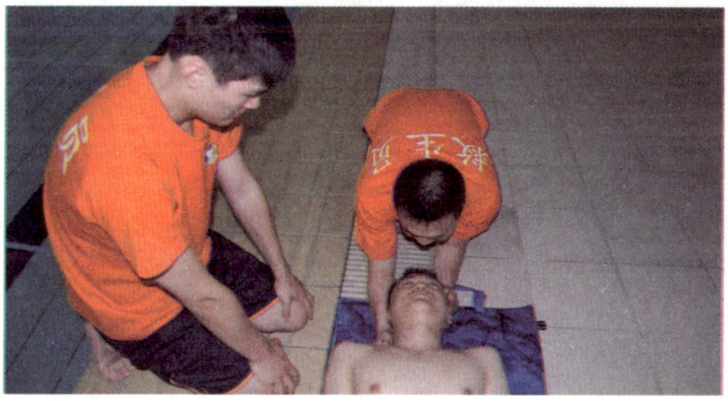
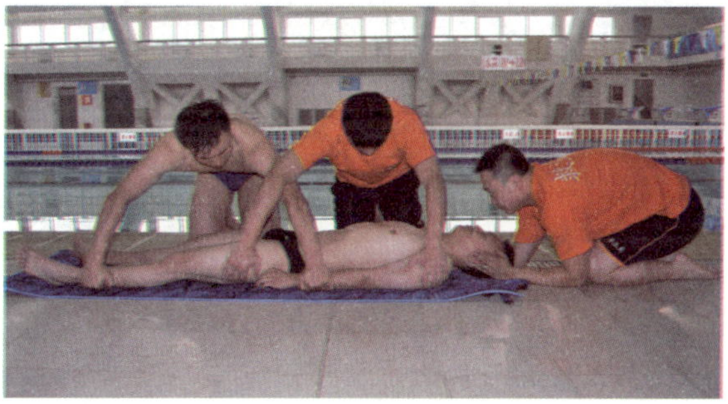

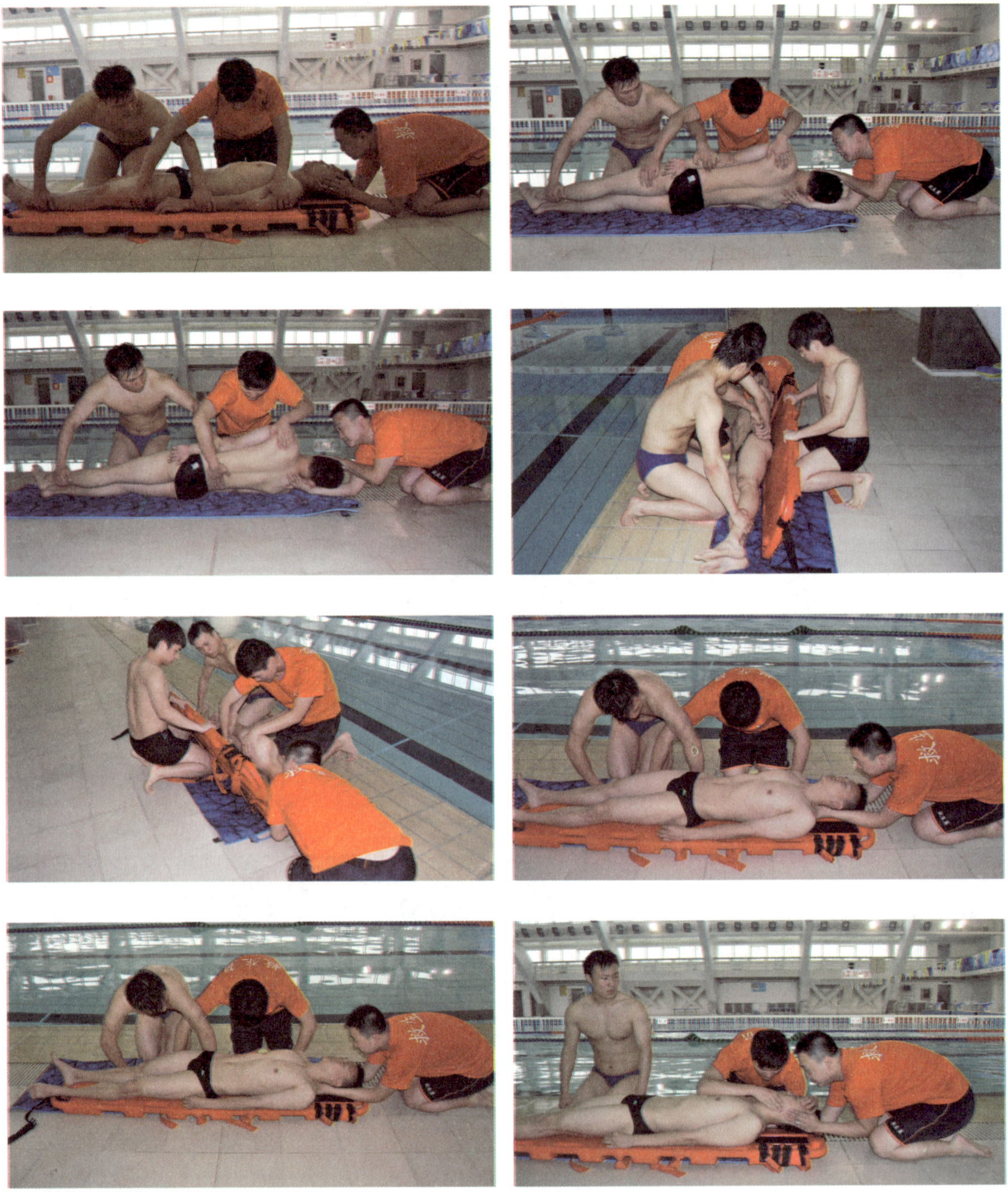

图 5-18　急救板流程步骤一——上急救板

(2) 教学难点

①救生员（1号）口令准确，带领2、3、4完成上板流程。

②救生员2、3、4（号）应统一听救生员（1号）命令，分工明确。

③救生员（1号）头锁技术、改良斜方肌挤压法技术、斜方肌挤压法技术准确。

④救生员（2 号）胸头锁技术准确。

⑤救生员 1、2、3（号）侧翻、扒板交叉手技术准确，注意侧翻和放板应统一一致，且慢起慢放。

⑥救生员（4 号）插板技术准确，提前整理固定带。插板后同救生员 1、2、3（号）共同完成放板动作。

(3) 易犯错误

①救生员（1 号）口令错误，操作流程错误。

②救生员 2、3、4（号）未统一听救生员（1 号）命令，分工混乱，操作流程错误。

③救生员（1 号）头锁技术、改良斜方肌挤压法技术、斜方肌挤压法技术手法错误。

④救生员（2 号）胸头锁技术手法错误。

⑤救生员 1、2、3（号）侧翻、扒板交叉手技术手法错误，侧翻和放板未统一一致，且快起快放。

⑥救生员（4 号）插板角度不准确，未提前整理固定带。插板后放开急救板，未同救生员 1、2、3（号）共同完成放板动作。

(4) 纠正方法

①救生员 1（号）、2（号）重复练习法，熟悉口令及流程。

②救生员 1（号）重复练习头锁技术、改良斜方肌挤压法技术、斜方肌挤压法技术手法。

③救生员（2 号）重复练习胸头锁技术手法。

④救生员（3 号）、救生员（4 号）熟练配合流程及扒板插板动作。

2. 第二步：固定

(1) 教学步骤及口令

①救生员（2 号）：听救生员（1 号）口令“救生员（2 号）固定胸带、救生员（2 号）固定腰带”，先在受伤者的胸部处扣带，后在其腰部与手部处扣带。救生员（2 号）口令“固定胸带、固定腰带”“胸带固定完毕、腰带固定完毕”。

②救生员（3 号）：听救生员（1 号）口令“救生员（3 号）固定脚部“8”字带”，将受伤者双脚上“8”字型扣带。救生员（3 号）口令“固定脚部“8”字带”“8 字带固定完毕”。

③救生员（2 号）：做胸头锁动作（把救生员（1 号）解脱出来）。救生员（2 号）口令“完毕”。

④救生员（1 号）：先在受伤者头部两侧放置好泡沫枕，后在受伤者头部上扣带固定（先扣前颌，后再扣下额）。救生员（1 号）口令“放头枕，完毕”“上头带，完毕”。

⑤救生员（1 号）检查头枕头带固定情况，救生员（1 号）口令“检查完毕”。

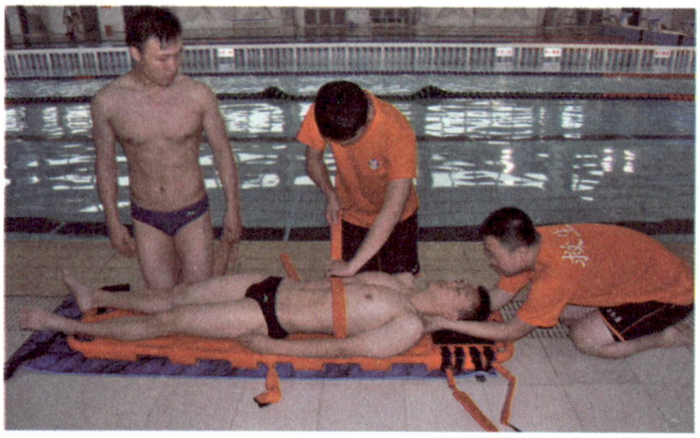

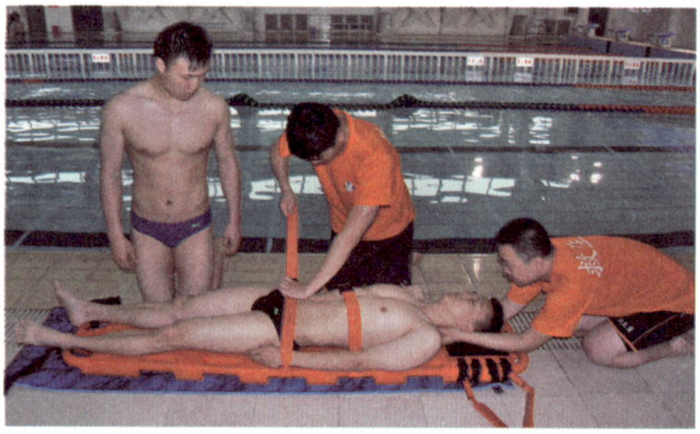

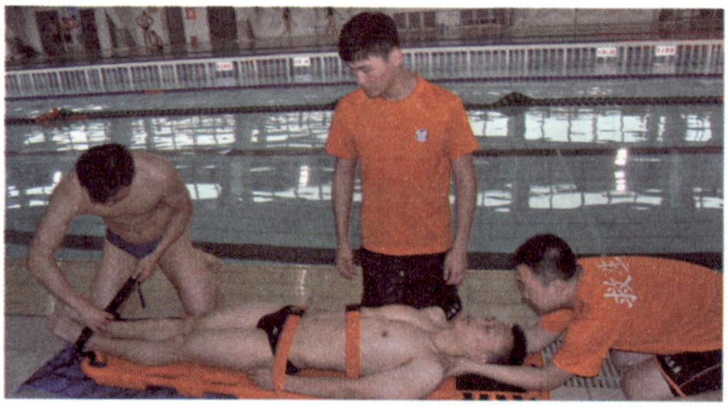

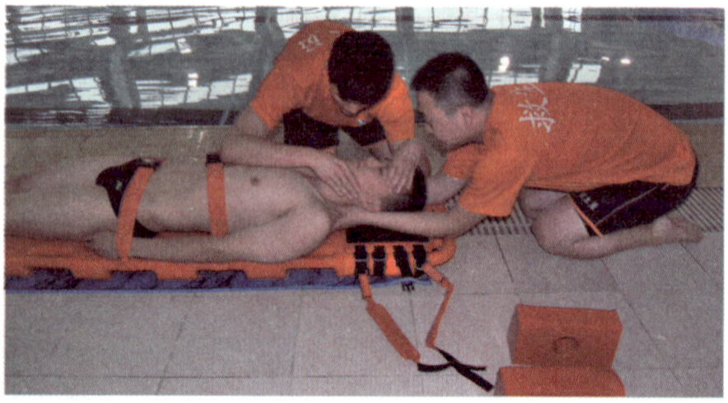

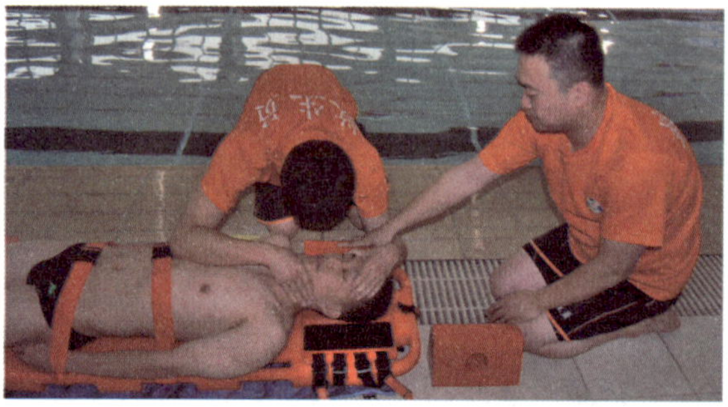

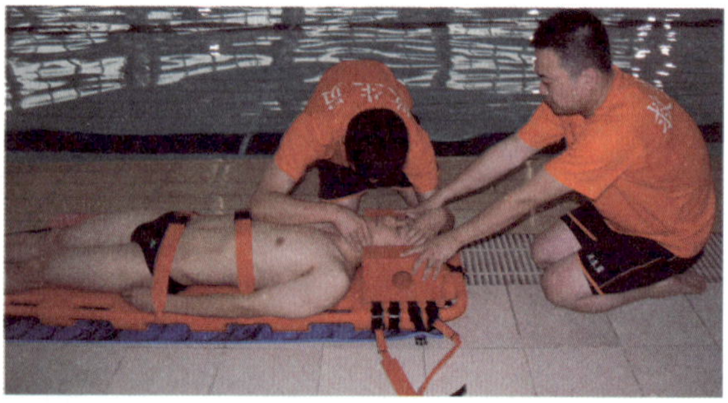

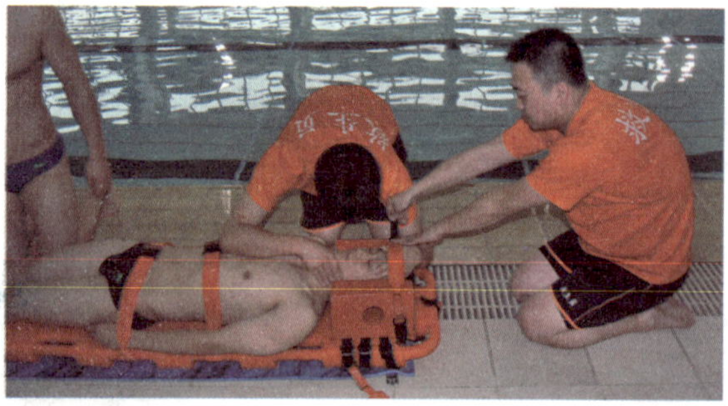

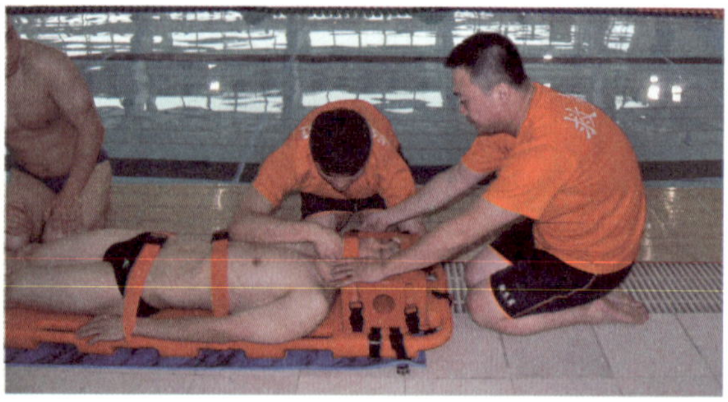

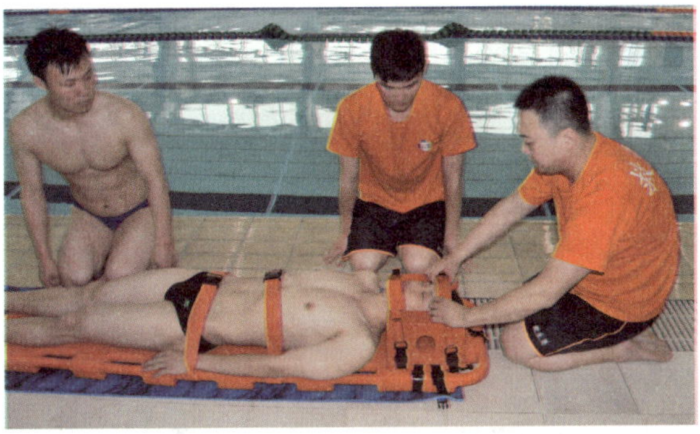

图 5-19 急救板流程步骤二——固定

(2) 教学难点

①救生员（1 号）口令准确，指挥操作顺序正确。

②救生员（2 号）固定胸带、腰带操作技术正确，注意腰带要将手臂一同固定，而胸带不固定手臂。

③救生员（3 号）脚部“8”字带固定准确。

④救生员（2 号）胸头锁手法正确。

⑤救生员（1 号）上头枕、上头带技术正确。

⑥各岗位口令准确，且固定带上完后都应有检查。

(3) 易犯错误

①救生员（1 号）口令错误，指挥操作顺序颠倒或混乱。

②救生员（2 号）固定胸带、腰带操作技术不正确，固定腰带未将手臂一同固定，固定胸带将手臂固定手臂。

③救生员（3 号）脚部未做“8”字带固定。

④救生员（2 号）胸头锁手法不正确。

⑤救生员（1 号）上头枕、上头带技术不正确。

⑥各岗位口令不准确，且固定带上完没有检查。

(4) 纠正方法

①救生员 1（号）、2（号）重复练习法，熟悉口令及流程。

②救生员 1（号）重复练习头锁技术、放头枕、固定头带手法。

③救生员（2 号）重复练习胸头锁技术、固定胸带腰带技术。

④救生员（3 号）重复练习脚部“8”字带技术、救生员（4 号）熟练配合流程。

3. 第三步：运送

(1) 教学步骤及口令

①救生员（1 号）发出口令“救生员 1、2、3、4（号）就位”。救生员（2 号）和救生员（3 号）同在受伤者急救板的一侧，并一手抓住急救板。救生员（1 号）和救生员（4 号）同在受伤者的另一侧并一手抓住急救板。1、2、3、4 口令“救生员（1 号）就位，救生员（2 号）就位，救生员（3 号）就位，救生员（4 号）就位”。

②救生员（1号）：发出口令“预备，起，走”。救生员1、2、3、4（号）一同行进。

③救生员（1号）：发出口令“预备，放”。救生员1、2、3、4（号）一同放板。

图5-20　急救板流程步骤三——运送

(2) 教学难点

①救生员（1号）口令准确。

②救生员1、2、3、4（号）起板、放板时要动作一致。

(3) 易犯错误

①救生员（1号）口令不准确。

②救生员1、2、3、4（号）起板、放板时要动作不一致。

(4) 纠正方法

①救生员1（号）熟悉口令及流程。

②救生员（2号）救生员（3号）救生员（4号）配合起板动作一致。

第五节　水中急救板

一、水中颈椎固定技术

（一）水中处理的步骤

1. 当发生颈椎受伤时，首先应固定溺水者的颈部。
2. 确认清醒程度，检查呼吸。若有呼吸，则将溺水者固定在急救板上，运送上岸。
3. 若没有呼吸，尽快将其运送上岸，根据溺水者的情况进行急救。
4. 运送上岸后，用颈托固定其颈部。
5. 呼叫专业救护人员到场。

（二）水中处理的原则

1. 减少溺水者颈部和脊柱的不必要的移动。
2. 保持溺水者口鼻露出水面。
3. 检查溺水者的知觉和呼吸。
4. 尽可能地将溺水者移至浅水区。
5. 若在深水区施救可利用浮物等帮助溺水者和救生员。
6. 尽快将溺水者运送至岸上，继续进行施救。

（三）水中颈部固定技术

1. 手钳固定法（溺水者俯卧位）

（1）动作要点

救生员肘关节放在溺水者的胸骨上，虎口放在下颌处；另一手肘关节紧贴溺水者背部，手掌托其后枕；然后下潜转身翻转面部朝上，拖带呈身体一直线。

（2）教学重点、难点

重点——翻转溺水者时身体呈一直线。

难点——翻转溺水者时在水面上。

（3）教学方法

采用分组教学法进行教学，学生由浅入深逐步完成技术的掌握。

①陆上转体模仿练习：学生垂直站立进行转体练习，建立技术感觉，陆上模仿练习便于教练员及时纠正学生的错误。

②水中站立转体练习：学生站立水中进行转体练习，感受转体时身体对水的感觉。

③水中配合练习：学生在浅水区直立身体，下潜翻转溺水者。

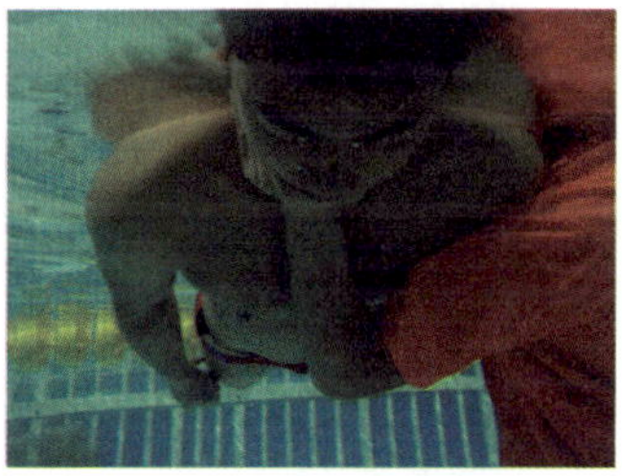

图 5-21　手钳固定法（溺水者俯卧位）

（4）易犯错误

①救生员的双手和肘关节没有同时发力。

②手握溺水者下颌时，完全封住其口鼻。

③在水中翻转溺水者。

（5）指导纠正方法

①讲明动作要领，做正确动作示范。

②强调溺水者的呼吸通畅。

③下潜不要太深，翻转时保持溺水者身体呈一直线。

2. 手钳固定法（溺水者仰卧位）

（1）动作要点

救生员肘关节紧贴溺水者背部，手掌托其后枕；另一手肘关节放在溺水者的胸骨上，虎口放在下颌处，拖带呈身体一直线。

(2) 教学重点、难点

重点——手握溺水者下颌时，应避免封住口鼻。

难点——先下手后上手固定溺水者。

(3) 教学方法

采用分组教学法进行教学，学生在水中做模仿练习。

(4) 易犯错误

①先上手后下手固定溺水者。

②口鼻没有露出水面。

(5) 指导纠正方法

①讲明动作要领，做正确动作示范。

②强调溺水者的呼吸通畅。

图 5-22　手钳固定法（溺水者仰卧位）

3. 手臂固定法（浅水区域）

(1) 动作要点

救生员抓紧溺水者的同侧手上臂，向前伸展固定其头颈部，缓缓地向前推进使其整个身体浮在水面上。然后将溺水者向自己身体一侧翻转脸部朝上，头枕在救生员的前臂上，保持溺水者颈部与身体呈一直线。

(2) 教学重点、难点

重点——上臂固定其头颈部。

难点——同侧手抓握翻转。

(3) 教学方法

采用分组教学法进行教学，二人一组。

①陆上握臂模仿练习：学生站立抓紧溺水者的同侧手上臂做向前伸展模仿，注意夹紧头颈部。

②水中握臂练习：学生站立在浅水区，抓紧溺水者的同侧手上臂做向前伸展模仿练习，体会水中感觉。

③水中翻转练习：学生站立在浅水区，抓紧溺水者的上臂向自己身体一侧做翻转模仿练习，注意口鼻露出水面。

④完整配合练习：学生站立在浅水区，做抓握、翻转练习。

(4) 易犯错误

①救生员向前伸展溺水者上臂时，没有用力夹紧头颈部。

②救生员翻转溺水者时，没有靠近自己的身体。

③救生员翻转溺水者后，口鼻在水中。

(5) 指导纠正方法

①讲明动作要领，做正确动作示范。

②强调翻转时向自己的身体一侧用力。

③翻转后保持溺水者的呼吸通畅。

4. 手臂固定法（深水区域）

(1) 动作要点

救生员抓紧溺水者的同侧手上臂，向前伸展固定其头颈部。然后下潜将溺水者向自己身体一侧翻转脸部朝上，上臂枕在救生员的前臂上，保持溺水者颈部与身体呈一直线。

(2) 教学重点、难点

重点——上臂固定其头颈部。

难点——下潜翻转。

(3) 教学方法

采用分组教学法进行教学，二人一组。

①陆上握臂模仿练习：学生站立抓紧溺水者的同侧手上臂做向前伸展模仿，注意夹紧头颈部。

②水中握臂练习：学生站立在浅水区，抓紧溺水者的同侧手上臂做向前伸展模仿练习，体会水中感觉。

③水中下潜翻转练习：学生在深水区，抓紧溺水者的上臂向自己身体一侧做下潜翻转模仿练习，注意口鼻露出水面。

④完整配合练习：学生在深水区踩水，做抓握、下潜、翻转练习。

(4) 易犯错误

①救生员向前伸展溺水者上臂时，没有用力夹紧头颈部。

②救生员下潜翻转溺水者时，没有靠近自己的身体。

③救生员下潜翻转溺水者后，口鼻在水中。

(5) 指导纠正方法

①讲明动作要领，做正确动作示范。

②强调下潜不要过深，翻转时向自己的身体一侧用力。

③翻转后保持溺水者的呼吸通畅。

图 5-23　手臂固定法

二、水中急救板技术

（一）水中颈椎固定技术

在水中急救颈椎损伤的溺水者时，一般使用手钳固定法、手臂固定法等手法加以固定，然后放置急救板上运送上岸，实施抢救。

1. 手钳固定法

参见：第五章第五节手钳固定法。

2. 手臂固定法

参见：见第五章第五节手臂固定法。

（二）水中急救板教学步骤

1. 动作要点

救生员（1号）固定溺水者头颈部；救生员（2号）则把急救板垂直压入水中，放在溺水者身下；救生员（1号）捏住下颌的手保持不动，另一手移至急救板下面固定。救生员（2号）把靠近溺水者上臂放置体侧，做手钳固定法。救生员（1号）把靠近溺水者上臂放置体侧，移至板头背靠池边，用肩胸承托板头，两臂固定板边，双手扶持溺水者面颊固定其头部。救生员（2号）按胸、腰、脚顺序依次固定扣带。救生员（1号）用头部固定器固定溺水者头颈部。救生员（1号）（2号）移至急救板两侧中间，将板头抬上池岸。救生员（2号）移至板尾，救生员（1号）上岸抓紧板头，合力将溺水者搬运上岸。

2. 教学方法

采用分组教学法进行教学，三人一组，其中一人扮演溺水者，其余两人分别担任1、2号救生员。

（1）陆上插板模仿练习：学生双手抓紧板孔练习翻腕插板动作。

（2）水中插板模仿练习：学生双手抓紧板孔练习翻腕插板动作，体会水中感觉。

（3）水中手钳固定法练习：学生两人相互配合，连续反复交换做手钳固定的方法。

3. 教学步骤及教学口令

第一步：1. 询问　2. 呼救

（1）教学步骤及口令

①预备姿势及器材

A. 救生员（1号）：泳池岸边站立准备。

B. 救生员（2号）：泳池岸边站立准备，将急救板置于体前。

C. 救生员（3号）：溺水者扮演者：水中俯卧位，双臂上举准备。

D. 器材：急救板一套。

②操作步骤口令

A. 救生员（1号）：发现溺水者脊柱损伤，呼救："你怎么了""溺水者脊柱损伤需要进行水中急救板固定"。

口令：“救生员（2 号）准备”。

B. 救生员（2 号）：将急救板准备好，救生员（2 号）口令“救生员（2 号）准备完毕”。

图 5-24　水中急救板流程步骤一

（2）教学难点

①救生员（1 号）口令正确。

②救生员（2 号）准备器材到位，口令正确。

（3）易犯错误

①救生员（1 号）口令不正确。

②救生员（2 号）未将准备器材到位，口令不正确。

（4）纠正方法

①救生员 1（号）熟悉口令及流程。

②救生员（2 号）提前准备器材。

第二步：入水、接近

（1）教学步骤及口令

①救生员（1 号）：跨步式或蛙腿式入水；抬头爬泳接近溺水者。

②救生员（1 号）：运用手臂固定法将溺水者翻转并固定水平体位。完成后发出向救生员（2 号）发出口令“救生员（2 号）救生员准备入水”。

③救生员（2 号）：双手握好急救板慢慢下水，接近溺水者。至溺水者另一体侧，准备插板。救生员（2 号）口令“救生员（2 号）就位”。

（2）教学难点

①救生员（1 号）口令正确，救生员（2 号）口令正确。

②救生员（1 号）水中手臂固定法正确。

③救生员（1 号）将溺水者在水中由俯卧位翻转成仰卧位时注意不要脱手，保持手臂固定动作。

④救生员（1 号）入水姿势要采用正确的技术（跨步式或蛙腿式），且抬头爬泳接近溺水者。

⑤救生员（2 号）入水放板要缓慢轻放。在水中抓紧急救板推行游进，避免急救板脱手。

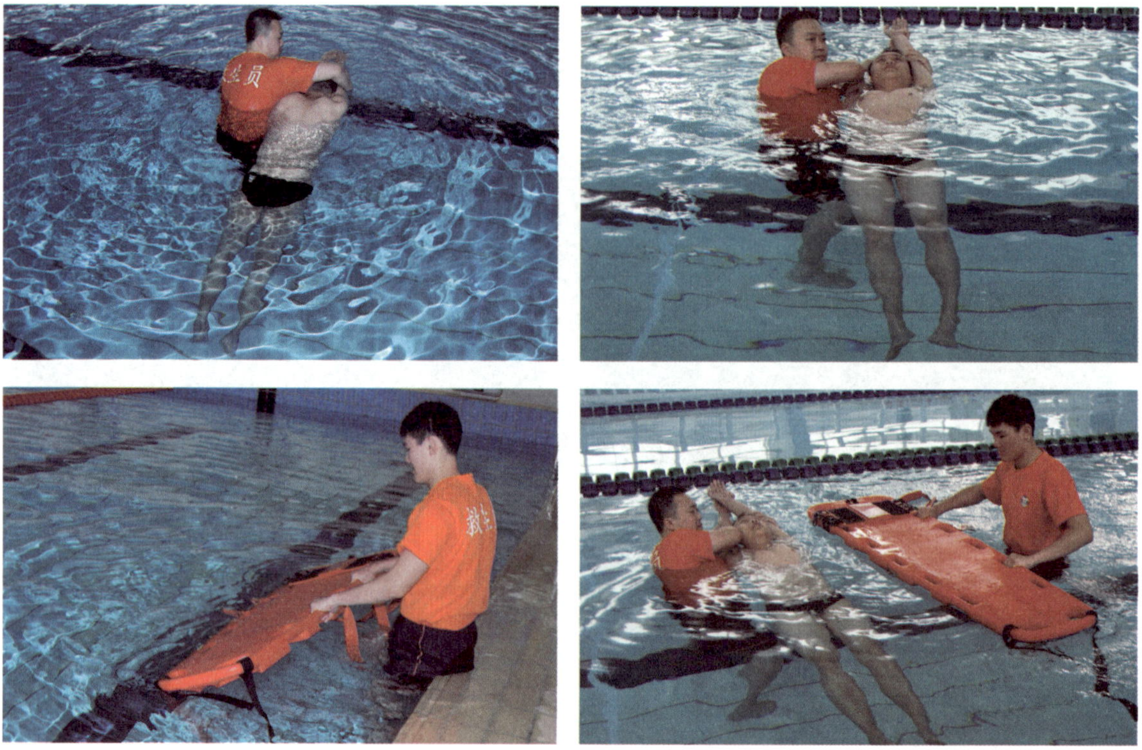

图 5-25　水中急救板流程步骤二

(3) 易犯错误

①救生员（1 号）口令不正确，救生员（2 号）口令不正确。

②救生员（1 号）水中手臂固定法不正确。

③救生员（1 号）将溺水者在水中由俯卧位翻转成仰卧位时注意脱手，改变手臂法固定动作。

④救生员（1 号）入水姿势未采用正确的技术（跨步式或蛙腿式），且没有做抬头爬泳接近溺水者。

⑤救生员（2 号）入水放板急或将急救板扔入水中。在水中未抓紧急救板推行游进，急救板脱手。

(4) 纠正方法

①救生员 1（号）、2（号）重复练习法，熟悉口令及流程。

②救生员 1（号）重复练习水中手臂固定法。

③救生员（2 号）重复练习入水放板技术。

第三步：上急救板

(1) 教学步骤及口令

①救生员（1 号）：发出口令“救生员（2 号）救生员插板”。

②救生员（2 号）：将急救板从溺水者体侧垂直插入水中，放在溺水者身下。救生员（2 号）口令“插板完毕”。

③救生员（1号）：发出口令“2号救生员手钳固定”。救生员（2号）手钳固定解脱救生员（1号）。救生员（2号）口令“手钳固定完毕”。

④救生员（1号）：将溺水者近侧手臂放置其身体体侧。

⑤救生员（1号）：发出口令“1号救生员手钳固定”。救生员（1号）手钳固定解脱救生员（2号）。

⑥救生员（2号）：将溺水者近侧手臂放置其身体体侧。

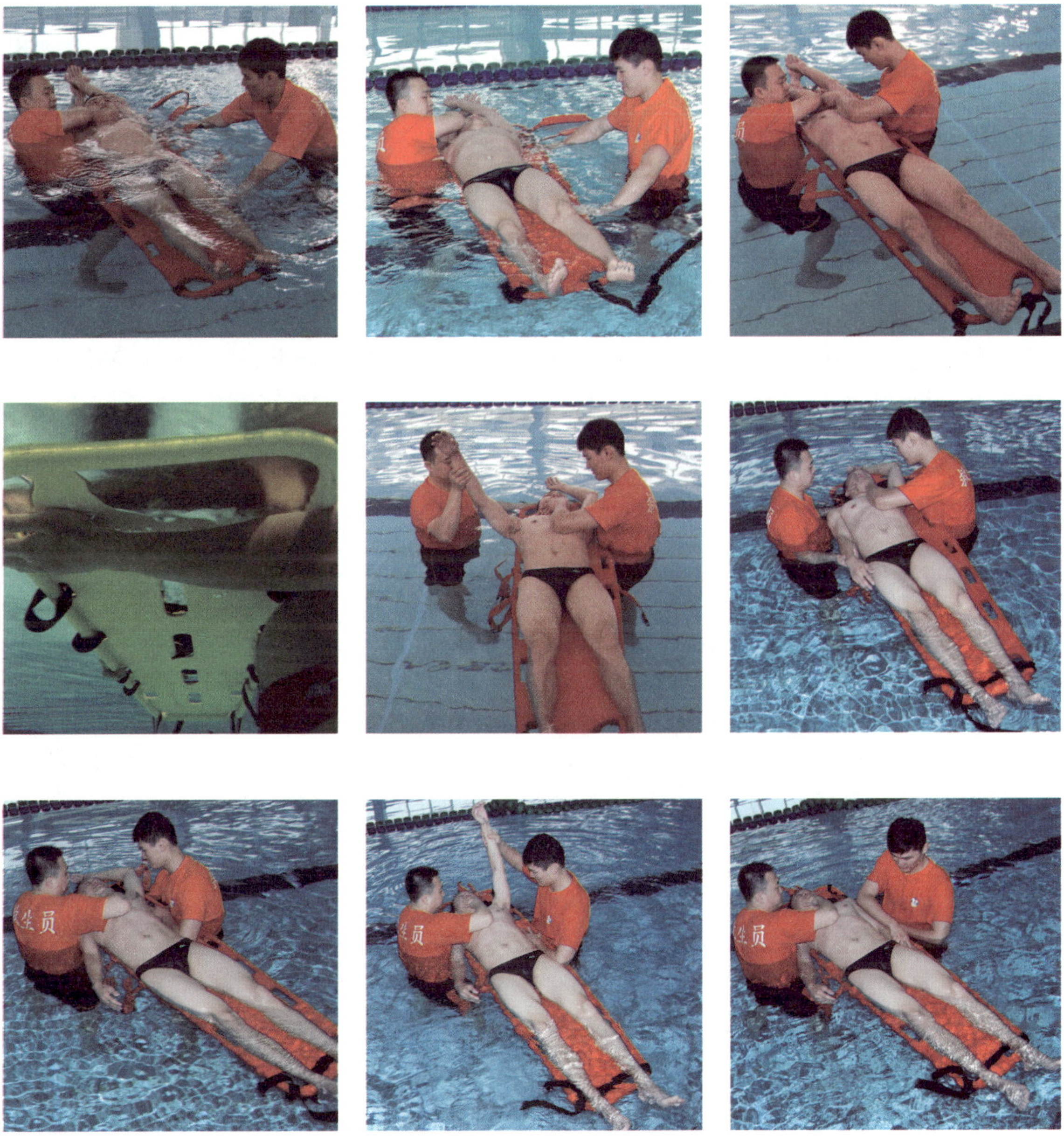

图 5-26　水中急救板流程步骤三

(2) 教学难点

①救生员（2号）口令准确，操作流程正确。

②救生员（2号）插板动作应轻慢，且将板横放垂直插入，插入时要注意头枕位置要与溺水者头部保持一致。

③救生员（2号）手钳固定动作正确。

(3) 易犯错误

①救生员（2号）口令不准确，操作流程错误或颠倒。

②救生员（2号）插板动作快，且插板技术不正确，插入时要注意头枕位置没有与溺水者头部保持一致。

③救生员（2号）手钳固定动作不正确。

(4) 纠正方法

①救生员1（号）、2（号）重复练习法，熟悉口令及流程。

②救生员1（号）、救生员（2号）重复练习水中手钳固定法。

③救生员（2号）重复练习插板技术。

第四步：1. 移动身位　2. 固定溺水者

(1) 教学步骤及口令

①救生员（1号）在急救板一侧，救生员（2号）手钳固定在急救板另一侧准备移动。

②救生员（1号）：发出口令“救生员（2号）救生员准备移动救生板”。救生员（2号）共同移动板位，将溺水者头部与池岸调整为垂直（90度）。

③救生员（1号）：调整身位，与急救板垂直（90度），背靠池壁，利用锁骨将急救板顶住，并用头锁法固定溺水者头部，解脱出救生员（2号）。救生员（1号）口令“固定完毕”。

④救生员（1号）：向救生员（2号）逐一发出口令“救生员（2号）救生员上胸带；救生员（2号）救生员上腰带（注意包含手臂）；救生员（2号）救生员上脚部“8”字带”。救生员（2号）口令“胸带固定完毕、腰带固定完毕、脚部“8”字带固定完毕”。

⑤救生员（2号）：固定完毕后在自溺水者脚部移至急救板头部，一侧手钳固定溺水者头部，并托举固定急救板。救生员（2号）口令“准备完毕”。

⑥救生员（1号）：上左右头枕；固定头带（先上后下）。固定完毕后双手托举控制急救板。救生员（1号）口令“固定完毕”。

⑦救生员（2号）：移动至溺水者头部一侧。

⑧救生员（1号）：移动至溺水者头部另一侧。救生员（1号）口令“准备起板上岸”。

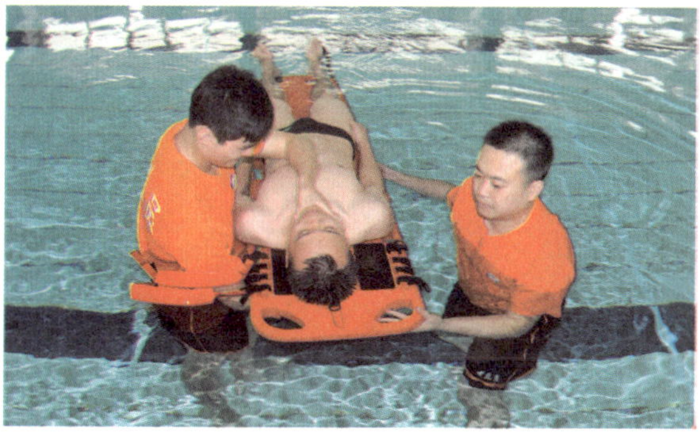

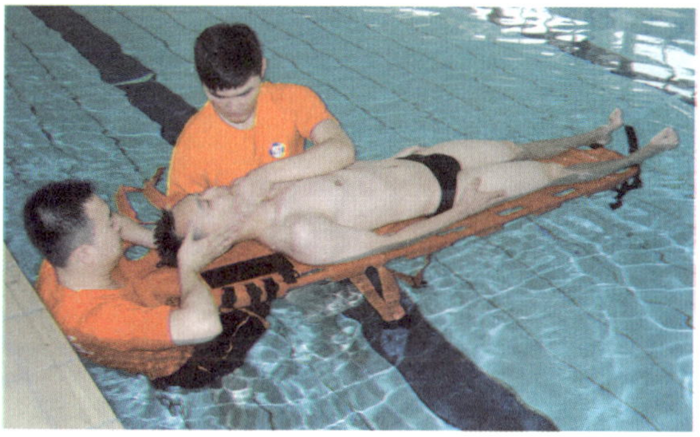

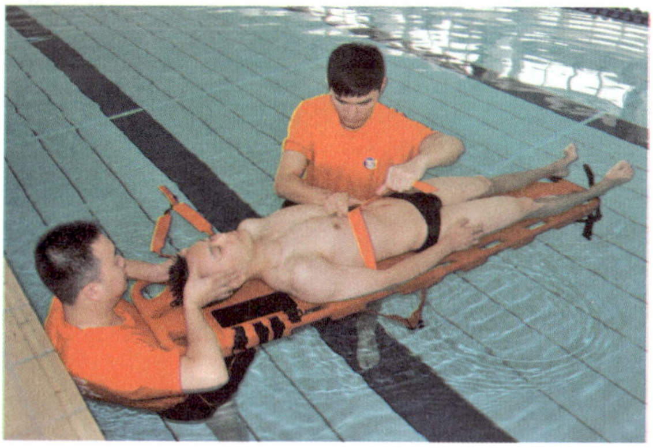

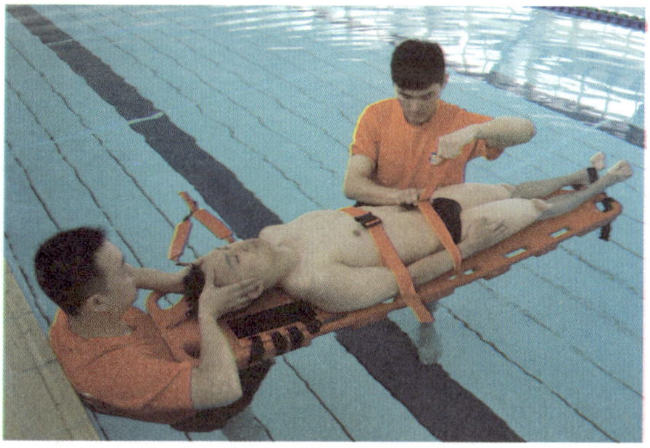

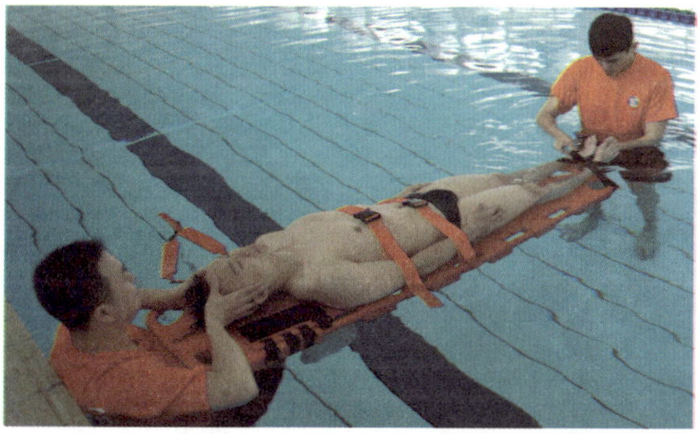

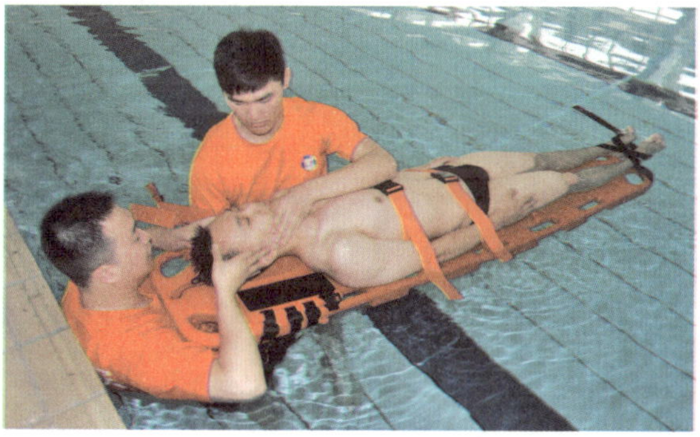

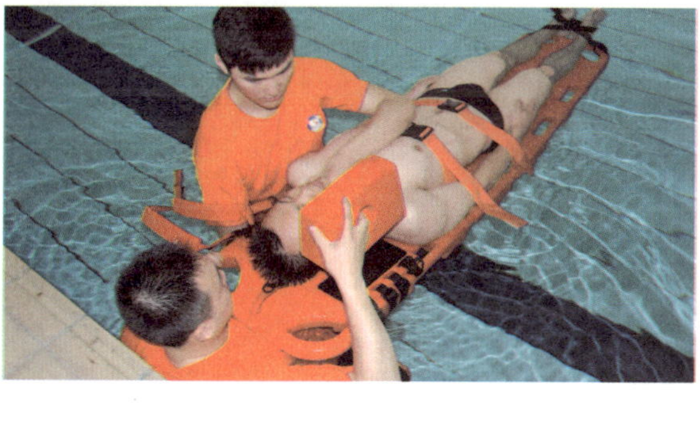

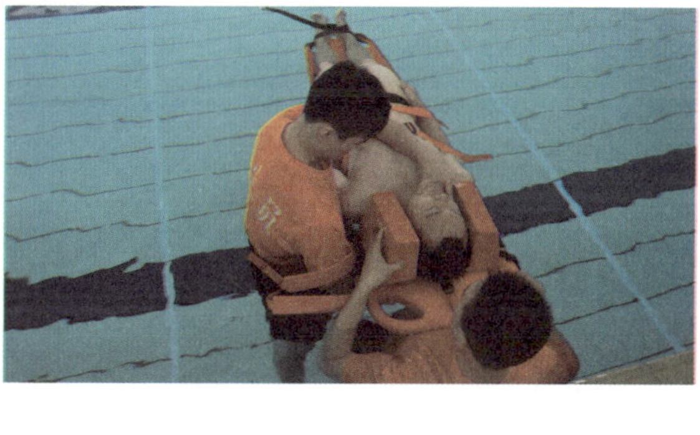

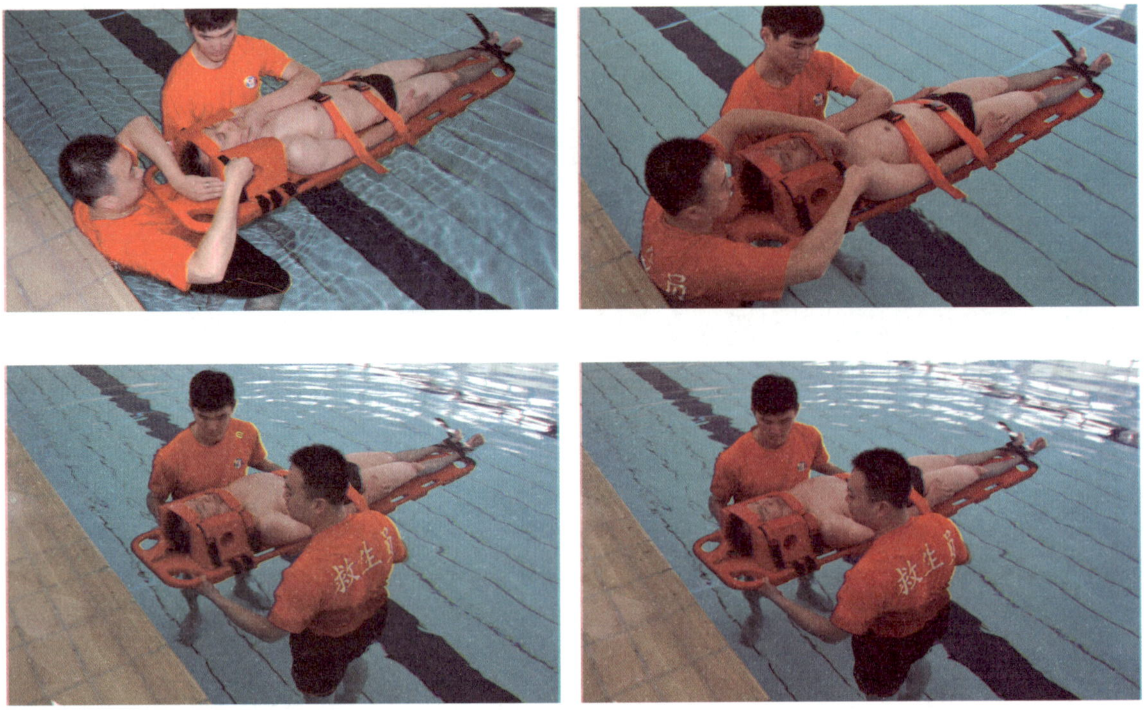

图 5-27　水中急救板流程步骤四

(2) 教学难点

①救生员（2号）口令准确，操作流程正确。

②救生员（2号）手钳固定动作正确。

③移动急救板时，救生员（2号）动作一致，且缓慢。

④救生员（1号）头锁法技术正确。固定急救板时锁骨一定支撑住板体。

⑤救生员（2号）逐一上固定带，注意上完后要检查固定情况。

⑥救生员（2号）移动至溺水者脚部后双手要托举住板体。协助救生员（1号）保持急救板稳定。

⑦救生员（1号）上头枕技术、头带技术正确。固定完后要进行检查。

⑧救生员（2号）移动身体位置时要缓慢，且保持急救板的平衡与稳定。

(3) 易犯错误

①救生员（2号）口令不准确，操作流程错误或颠倒。

②救生员（2号）手钳固定动作不正确。

③移动急救板时，救生员（2号）动作不一致，且过快，无法保持急救板的平衡和稳定。

④救生员（1号）头锁法技术不正确。固定急救板时锁骨没有支撑住板体。

⑤救生员（2号）上固定带顺序错误，没有检查固定情况。

⑥救生员（2号）移动至溺水者脚部后未用双手托举住板体。

⑦救生员（1号）上头枕技术、头带技术不正确。且顺序错误。固定完毕没有进行检查。

⑧救生员（2号）移动身体位置过快，无法保持急救板的平衡与稳定。

(4) 纠正方法

①救生员 1 (号)、2 (号) 重复练习法，熟悉口令及流程；

②救生员 1 (号)、救生员 (2 号) 重复练习水中手钳固定法；

③救生员 (1 号) 重复练习头锁法技术；

④救生员 (1 号) 重复练习上头枕技术、头带技术；

⑤救生员 (2 号) 重复练习上固定带顺序及手法。

第五步：上岸

(1) 教学步骤及口令

①救生员 (1 号)：发出口令“救生员 (2 号) 救生员准备将溺水者头部放置岸边”。救生员 (2 号) 协作将溺水者头部放上岸边。注意步调一致，轻举轻放。救生员 (1 号) 口令“放置完毕”。

②救生员 (1 号)：准备上岸，救生员 (2 号) 移至板尾固定急救板。救生员 (1 号) 上岸后正对溺水者头部，双手紧握急救板两侧。发出口令“救生员 (2 号) 救生员移至急救板尾端”。救生员 (2 号)：移至急救板尾端双手固定急救板两侧。救生员 (2 号) 口令“准备完毕”。

③救生员 (1 号)：发出口令“救生员 (2 号) 救生员准备推板”“123 推”；救生员 (2 号) 协作将急救板推移至岸上。注意救生员 (1 号) 俯身上拉板头，救生员 (2 号) 推顶板尾，缓慢操作，步调一致。

④救生员 (1 号)：宣布水中急救板操作完毕。

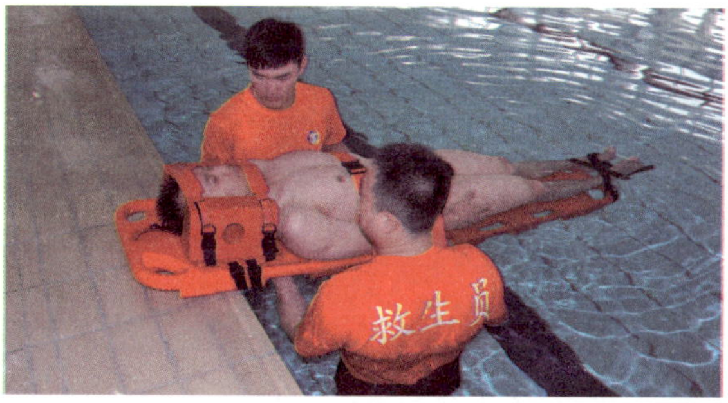

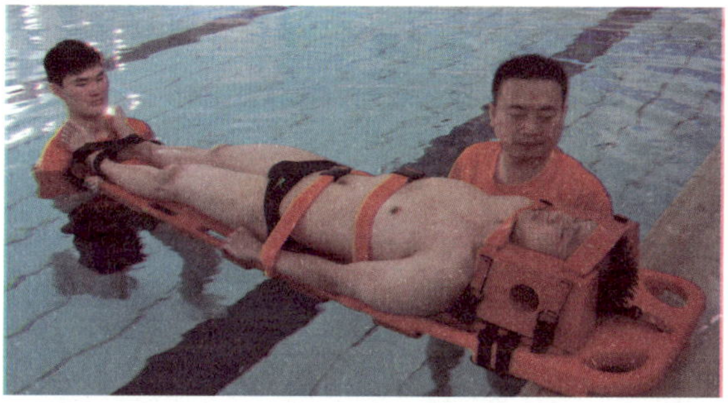

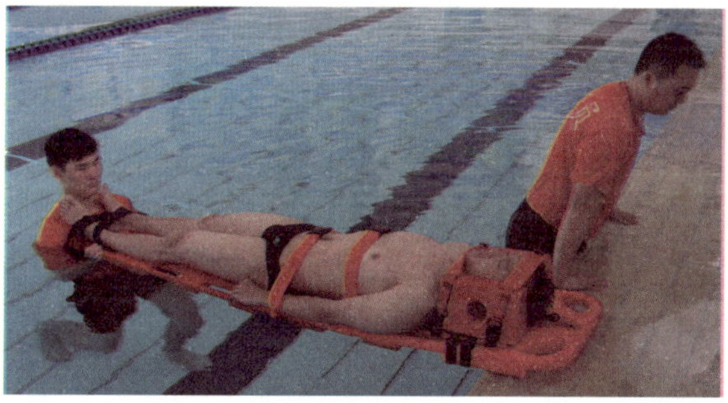

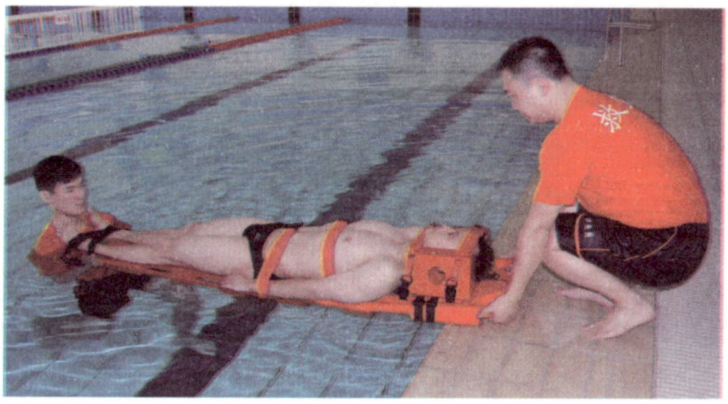

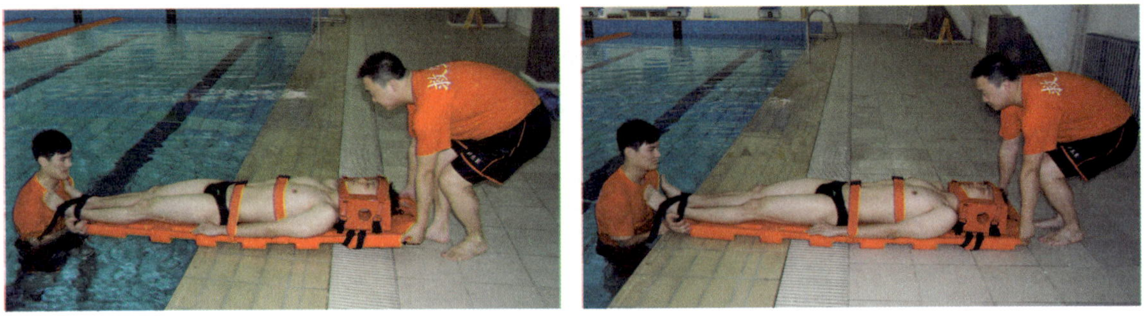

图 5-28　水中急救板流程步骤五

(2) 教学难点

①救生员（2号）口令准确，操作流程正确。

②救生员（2号）协作将溺水者头部放上岸边。注意步调一致，轻举轻放。

③救生员（1号）上岸后抓紧急救板，救生员（2号）迅速移动至板尾，注意在此过程中两人配合要一致，并保持急救板的稳定。

④推拉急救板上岸时注意缓慢操作，步调一致。

(3) 易犯错误

①救生员（2号）口令不准确，操作流程错误或颠倒。

②救生员（2号）协作将溺水者头部放上岸边过程中。动作不一致，没有轻举轻放。

③救生员（1号）上岸后没有抓紧急救板，导致急救板下滑。救生员（2号）移动至板尾，固定不及时导致急救板下滑。此过程中两人配合不一致，没有保持急救板的稳定。

④推拉急救板上岸时动作过急，步调不一致。

(4) 纠正方法

①救生员1（号）、2（号）重复练习法，熟悉口令及流程。

②救生员1（号）、救生员（2号）重复练习上岸技术。

教案展示:心肺复苏专题教案

心肺复苏是针对心跳、呼吸停止所采取的抢救措施,即用心脏按压或其他方法形成暂时的人工循环并恢复心脏自主搏动和血液循环,用人工呼吸代替自主呼吸并恢复自主呼吸,达到恢复苏醒和挽救生命的目的。

心肺复苏的操作步骤及方法

步骤及名称	教学要点	内容(作用、方法、要求)	
第一步 检查意识、高声呼救	1. 轻拍双肩,贴近面颊询问 2. 高声呼救	作用:	检查溺水者有无意识,以便及时有效地采取下一步救助措施。
		方法:	双手轻拍溺水者两肩膀并呼喊有无反应。高声呼救:“你怎么啦!”,“此人无意识,快去打120电话”,“我是这里的救生员,请协助我”。
		要求:	拍动溺水者肩部时不可用力过猛,检查时要认真、细心、动作要快、要求在10秒钟内完成。
第二步 清除口中异物	1. 中指、食指并拢 2. 判断颈椎是否损伤	作用:	清除去溺水者口腔内的异物,以保障呼吸道开放和畅通的安全。(清除呼吸道内的异物包括口腔内的分泌物,血液或者呕吐物)
		方法:	手指清除法:食指与中指并拢,抠出溺水者口腔内的阻塞物,抠尽为止。(清除方法可采用吸引器或手指法)
		要求:	对颈椎非创伤的溺水者,让其头部后仰并转向一侧。
第三步 打开呼吸道	1. 压前额、抬下颌骨 2. 保持呼吸道打开动作	作用:	解除溺水者上呼吸道梗阻,畅通呼吸道,以便及时有效地采取下一步救助措施。
		方法:	仰头抬颌法:一手掌压住溺水者头部的前额,手掌用力向后压,使其头部后仰,同时另一手的食指及中指放在下颌部的颏骨体上,向前上抬起下颌。使耳垂与咀角成垂直线状。(打开呼吸道的方法有两种:对颈部非创伤者可采用仰头抬颌法,对颈部创伤或有怀疑创伤者采用推举下颌法)
		要求:	1. 手指不能压迫喉部。2. 头部后仰要保持到位。
第四步 判断呼吸	1. 俯身贴近面颊询问 2. 眼睛斜视胸部 3. 高声说出判断结果	作用:	通过看、听、感觉的方法,观察并判断溺水者有无呼吸活动,以便及时有效地采取下一步救助措施。
		方法:	以一侧耳朵贴近溺水者的口鼻处,头部侧向其胸部。眼睛观察其胸部有无起伏,耳朵听其呼吸道有无气流通过的声音,面部感觉其呼吸道有无气体排出。(说出判定结果“此人无呼吸”)
		要求:	1. 保持呼吸道正确的开放位置。2. 检查要准确而快,要求在5~10秒钟内完成。
第五步 口对口吹气	1. 口部完全包裹住溺水者口部 2. 吹气捏鼻,吸气松开	作用:	口对口吹气即给溺水者两口救命气,使其呼吸得以支持,防止呼吸或循环停止,避免心肺脑功能损伤。
		方法:	拇指和食指捏住溺水者鼻翼封闭其鼻腔,另一手的食指与中指托住其下颌。吸一口气并用口唇包住和紧贴溺水者的口唇、将气缓慢、均匀地吹入其口内。
		要求:	1. 每次吹气量不要过大或过小,范围在700~1000毫升为宜。即以明显地看到胸部隆起即可。2. 每按压胸部30次后,分别吹气两次。即以30:2的比例进行。

步骤及名称	教学要点	内容(作用、方法、要求)	
第六步 检查脉搏	1. 中指、食指并拢 2. 高声说出检查结果	作用:	准确判定溺水者心搏是否停止,以便及时有效地采取下一步救助措施。
		方法:	一手置于溺水者前额使其头部后仰,另一手的食指与中指在其甲状软骨下摸到气管后,手指向外滑动,在气管与颈部肌肉之间的凹沟内触摸其颈动脉。说出检查结果"此人无脉搏"(注意:避免触摸感觉错误:可能将自己手指的搏动感觉误认为是溺水者的脉搏。)
		要求:	1. 触摸颈部动脉时用力不能过大,以免颈动脉受压,影响头部供血。 2. 检查要准确而快、要求在10秒钟内完成。
第七步 定位按压	1. 定位准确 2. 按压时高声说出按压次数	作用:	用心脏按压形成暂时的人工循环、直至恢复心脏自主搏动。
		方法:	1. 定位:一手的中指沿溺水者的胸廓下部肋缘向上滑动至胸骨下切迹处,食指与中指并拢横放在胸骨下切迹处,另一手掌根沿胸骨下滑紧贴在食指上方,再将定位的手移走,以掌根重叠放在另一手的手背上,两手手指交叉。2. 按压:掌根部紧贴在溺水者的胸壁上,两手肘关节绷直,双肩在溺水者胸骨上方正中,以髋关节为支点,以肩、臀部力量垂直向下用力按压。
		要求:	1. 按压的应平稳有节奏地进行,不能间断。2. 按压时不能冲击或猛压、下压与向上放松的时间应相等。3. 向下垂直用力不要左右摆动。4. 向上放松时手掌不可离开胸骨定位点。5. 注意成人按压深度和按压频率。

教案展示:颈托专题教案

步骤及名称		教学要点	内容(作用、方法、要求)	
第一步 询问、检查、复位	询问	1. 轻拍双肩,贴近面颊询问 2. 高声呼救	作用:	检查溺水者有无意识,以便及时有效地采取下一步救助措施。
			方法:	双手轻拍溺水者两肩膀并呼喊有无反应。高声呼救:"你怎么啦""我是这里的救生员,请协助我"。
			要求:	拍动溺水者肩部时不可用力过猛,检查时要认真、细心、动作要快、要求在10秒钟内完成。
	检查	1. 观察颈部伤情判断颈椎是否损伤	作用:	检查伤者是否出现头晕头痛视力模糊、手指发麻、耳鸣平衡失调心慌等症状,最严重者甚至出现大小便失控,甚至四肢瘫痪。
			方法:	贴近伤者颈部观查颈部伤势情况
			要求:	不要随意移动颈部,以免造成二次伤害。
	复位	1. 左右复位、前后复位 2. 头锁法	作用:	使伤者颈部回复正中位,便于佩戴颈托固定。
			方法:	复位:救生员相互配合,1号救生员头锁法固定,2号救生员做正中位标杆和垂直位标杆,进行复位操作。
			要求:	1号救生员头锁法正确,2号救生员标杆位置正确。

步骤及名称		教学要点	内容(作用、方法、要求)	
第二步佩带颈托	测量	1. 测量颈部宽度	作用:	测量伤者颈部宽度,便于佩戴颈托。
			方法:	用手指度量受伤者由下颌骨下方到肩部的距离
			要求:	测量位置准确
	调整	1. 调整颈托宽度至伤者颈部距离	作用:	调整好颈托宽度,便于佩戴固定
			方法:	调整颈托左右固定扣,并扣紧固定至合适宽度
			要求:	调整正确,并固定扣紧
	佩戴	1. 从伤者颈部下方插入 2. 颈托下颌部圆点正对伤者下颌	作用:	固定伤者颈部。
			方法:	将颈托粘带一端小心穿入受伤者的后颈,并将另一端下颌垫小圆点与受伤者的下颌尖吻合后扣紧。
			要求:	1. 从伤者颈部下方插入颈托时注意轻柔缓慢,避免碰触伤者。 2. 佩戴时将圆点正对伤者下颌,粘连后进行调整。

教案展示:陆上急救板专题教案

陆上急救板操作 A5(5+5=10),B5(5+5=10)D、C 角配合		
第一步:上急救板 A3　B3.5	第二步:固定 A2　B1.5	第三步:运送
1. A 角:从头锁法动作开始。 2. B 角:做胸头锁动作(把 A 角解脱出来)。 3. A 角:做改良肩头锁(把 B 角解脱出来)。 4. B 角:与 C 角配合、B 角和 C 角两手相交叉放置在受伤者身体外侧处,(准备对受伤者身体做侧翻动作)。 5. A 角:对 B 角和 C 角发出口令:“开始侧翻……”。 6. B 角:与 C 角配合,听到 A 角“开始…侧翻”口令后,将受伤者的身体向自己胸前方向做侧翻。B 角检查溺水者脊柱有无损伤。B 角报告“脊柱无损伤”。 7. A 角:对 D 角发出口令:“插板”。 8. D 角将急救板从受伤者被侧翻起一侧身体下插入适当位置为止。(插板) A 角:对 B 角、C 角、D 角发出口令:“放板”。 9. B 角:C 角与 D 角配合,按 A 角的口令将受伤者身体慢慢地放在急救板上呈仰卧姿势。 10. B 角:做胸头锁动作(把 A 角解脱出来)。 11. A 角:做肩头锁动作(把 B 角解脱出来)并对 B 和 C 角发出“扒”板动作的口令。 12. B 角:与 C 角配合,做平移定位动作。则 B 与 C 角两手相交叉抓在急救板上,按 A 角的口令做“扒”板的动作,将受伤者的身体在急救板上做平移定位到适当位置为止。	13. B 角:听 A 角口令“B 角固定胸带、B 角固定腰带”,先在受伤者的胸部处扣带,后在其腰部与手部处扣带。B 角口令“固定胸带、固定腰带”“、胸带固定完毕、腰带固定完毕”。 14. C 角:听 A 角口令“C 角固定脚部 8 字带”将受伤者双脚上“8”字型扣带。C 角口令“固定脚部 8 字带”“8 字带固定完毕”。 B 角:做胸头锁动作(把 A 角解脱出来)B 角口令“完毕”。 15. A 角:按 B 角的口令,先在受伤者头部两侧放置好泡沫板块,后在受伤者头部上扣带固定(先扣下颌,后再扣前额)A 角口令“放头枕,完毕”“上头带,完毕”。 16. A 角检查头枕头带固定情况,A 角口令“检查完毕”。	17. A 角发出口令“A、B、C、D 角就位”。B 角和 C 角同在受伤者急救板的一侧,并一手抓住急救板。A 角和 D 角同在受伤者的另一侧并一手抓住急救板。A、B、C、D 口令“A 角就位　B 角就位　C 角就位　D 角就位”。 18. A 角:发出口令“预备,起,走”。A、B、C、D 角一同行进。 19. A 角:发出口令“预备,放”。A、B、C、D 角一同放板。 20. 完成全部操作后 A、B 角与 C、D 角互换操作。 注意: 1. 佩带颈托和上急救板:第一轮完成后,再做第二轮时,A 角和 B 角对调角色。 2. 此表仅供学习参考。
作用:移动伤者至急救板,以便采取下一步措施。	作用:固定伤者在急救板上,以便采取下一步措施。	作用:将伤者转运至医院或救护车以便采取下一步措施。
要点:口令清晰,手法正确。1、2、3、4 号救生员配合协调。	要点:口令清晰,腰、胸、脚、头扣带固定正确。	要点:口令清晰,1、2、3、4 号救生员配合协调。

教案展示:水中急救板专题教案

水中上急救板操作 A12,B8;C 角配合(溺水者)				
第一步:1. 询问　2. 呼救	第二步:入水、接近	第三步:上急救板	第四步:1. 移动身位　2. 固定溺水者	第五步:上岸
一、预备姿势及器材 1. A 角:泳池岸边站立准备。 2. B 角:泳池岸边站立准备,将急救板置于体前。 3. C 角:水中俯卧位,双臂上举准备。 4. 器材:急救板一套。 二、操作步骤 1. A 角:发现溺水者脊柱损伤,呼救:“你怎么了”“溺水者脊柱损伤需要进行水中急救板固定”“口令 1、2 号救生员准备”。 2. B 角:将急救板准备好。“B 角口令 2 号救生员准备就位”。	2. A 角:跨步式或蛙腿式入水;抬头爬泳接近溺水者。 3. A 角:运用手臂固定法将溺水者翻转并固定水平体位。完成后发出向 B 角发出口令“2 号救生员准备入水”。 4. B 角:双手握好急救板慢慢下水,接近溺水者。至溺水者另一体侧,准备插板。	5. A 角:发出口令“2 号救生员插板”B 角口令“插板完毕”。 6. B 角:将急救板从溺水者体侧垂直插入水中,放在溺水者身下。 7. A 角:发出口令“2 号救生员手钳固定”。B 角手钳固定解脱 A 角。B 角口令“手钳固定完毕”。 8. A 角:将溺水者近侧手臂逐放置其身体体侧。 9. A 角:发出口令“1 号救生员手钳固定”。A 角手钳固定解脱 B 角。A 角手钳固定解脱 B 角。 10. B 角:将溺水者近侧手臂逐放置其身体体侧。	11. A 角在急救板一侧,B 角手钳固定在急救板另一侧准备移动。 12. A 角:发出口令“1、2 号救生员准备移动救生板”。A、B 角共同移动板位,将溺水者头部与池岸调整为垂直(90 度)。 13. A 角:调整身位,与急救板垂直(90 度),背靠池壁,利用锁骨将急救板顶住,并用头锁法固定溺水者头部,解脱出 B 角。A 角口令“固定完毕”。 14. A 角:向 B 角逐一发出口令“2 号救生员上胸带;2 号救生员上腰带(注意包含手臂);2 号救生员上脚部‘8’字带”。B 角口令“胸带固定完毕、腰带固定完毕、脚部 8 字带固定完毕”。 15. B 角:固定完毕后在自溺水者脚部移至急救板头部一侧双手托举固定急救板。B 角口令“准备完毕”。(4–1–5) 16. A 角:上左右头枕;固定头带(先上后下)。固定完毕后双手托举控制急救板。A 角口令“固定完毕”。 17. B 角:移动至溺水者头部一侧。 18. A 角:移动至溺水者头部另一侧。准备起板上岸。A 角口令“准备起板上岸”。	19. A 角:发出口令“1、2 号救生员准备将溺水者头部放置岸边”。A、B 角协作将溺水者头部放上岸边。注意步调一致,轻举轻放。A 角口令“放置完毕”。 20. A 角:准备上岸,B 角移至板尾固定急救板。A 角上岸后正对溺水者头部,双手紧握急救板两侧。发出口令“B 角救生员移至急救板尾端”。B 角:移至急救板尾端双手固定急救板两侧。B 角口令“准备完毕”。 21. A 角:发出口令“1、2 号救生员准备推板”“123 推”;AB 角协作将急救板推移至岸上。注意 A 角俯身上拉板头,B 角推顶板尾,缓慢操作,步调一致。 22. A 角:宣布水中急救板操作完毕。
作用:判断伤情,提示 2 号协助救生员救助。	作用:接近伤者位置,恢复救助体位。	作用:移动伤者至急救板,以便采取下一步措施。	作用:移动急救板至池边方便固定伤者在急救板上,以便采取下一步措施。	作用:将伤者从水中推运至池岸上,便于运送。
要点:口令清晰,器材准备到位。	要点:口令清晰,手法正确,接近方法正确。	要点:口令清晰,手法正确。1、2 号救生员配合协调。	要点:口令清晰,腰、胸、脚、头扣带固定正确。	要点:口令清晰,1、2 号救生员配合协调。

小知识

婴儿、儿童与成人心肺复苏对比表

分类/项目	婴儿(0~1岁)	儿童(1~8岁)	成人
判断意识	轻拍足跟部、捏掐合谷穴,哭叫	轻拍是否哭叫	轻拍并呼喊有无反应
畅通气道	头不可过度后仰	仰头抬颏法	仰头抬颏法;推举下颌法
吹气方法	口对鼻	口对口或口对鼻	口对口或口对鼻
吹气量	使胸廓部起伏	使胸廓部起伏	700~1000ml
吹气频率次/分	20次/min	20次/min	10~12次/min
检查脉搏	肱动脉	颈动脉	颈动脉
胸外按压部位	两乳头连线与胸骨正中线交界点处下一横指处	胸骨中1/3段	胸骨中1/3段与下1/3交界处
按压方式	食、中指两指头	一手掌根	双手掌根重叠
按压深度	1.5~2.5cm	2.5~3.5cm	4~5 cm
按压频率次/分	100~120次/min	100次/min	100次/min
吹气时间	不短于1s	不短于1s	不短于1s
按压与放松	1:1	1:1	1:1
按压与通气比	30:2	30:2	30:2

思考题

1. 简述游泳救生工作中，现场急救的原则？
2. 简述溺水后的临床表现？
3. 试述如何判断溺水者心搏和呼吸停止？
4. 简述现场心肺复苏的过程？
5. 简述心肺复苏的操作程序及易犯错误？
6. 试述心肺复苏有效指标有哪些？
7. 试述按压时的注意事项？
8. 简述复位时，左右复位和前后复位的技术要点？
9. 试述佩戴颈托时的操作程序？
10. 讲述陆上急救板的操作程序及易犯错误？
11. 讲述水中急救板的操作程序及易犯错误？
12. 讲述手钳固定法的技术要点？
13. 讲述手臂固定法的技术要点？
14. 讲述头锁法的技术要点？
15. 讲述斜方肌挤压法的技术要点？
16. 技术改良斜方肌挤压法的技术要点？
17. 讲述头胸固定法的技术要点？

第六章
游泳救生活动中的观察与判断

内容概要

观察与判断是游泳救生工作中最重要的环节。本章主要介绍了观察与判断的定义、方法以及具体要求，并根据易发生溺水事故人群的状态与表现，对游泳救生活动中的观察与判断进行了总结与归纳。

学习目标

通过学习不同类型溺水者在发生溺水时常见的表现，熟练掌握游泳救生中观察的方法及判断的方法，并掌握在游泳馆布置安排救生岗位及划分观察区域的方法。

第一节　游泳救生活动中的观察

游泳救生活动中的观察是指救生员在自己的岗位上，不间断地扫视、环视自己所负责的责任区域，及时发现溺水事故的隐患和溺水者，防止溺水事故发生的一种专门的救生技术。观察是救生工作中最重要的一个环节，是我们救生工作中“以防为主”的具体体现。

一、观察的方法

1. 扫视法：救生员在值岗时，对自己责任区的左右、远近进行直线、不间断的观察。

2. 环视法：救生员在值岗时，对自己负责区以某一点为起点，进行圆周、不间断的观察。

3. 跟踪法：救生员在值岗时，对自己负责区内游泳技术不佳者应进行重点的跟踪观察。

二、观察的要求

1. 救生员值岗期间，应明确自己的责任区，思想要保持高度集中，能够及时发现溺水事故的隐患。

2. 做到重点突出（主责区）和兼顾其他（次责区）交叉观察，相互补漏，不留盲区和死角，确保游泳者的安全。

3. 在观察时要掌握“池面与地岸，水中与池底，点与面”互相结合的方法。观察时，既要观察水下或池底有无溺水者，还要看清水中有无游泳技术不佳的溺水苗头。扫视池岸时，应注意岸边有无身体不适者和无人看管的幼儿，以防他人碰撞造成滑入水中的溺水事故。当发现游泳技术不佳的游泳者时，应重点跟踪观察，同时仍需兼顾自己的观察区域。

4. 根据不同的时段进行观察。如进场时段，应偏重于观察游泳池入口处和下水池边的区域，中场时段时，偏重于观察有无技术不佳的游泳者进入深水区，有无被家长安置在池边的幼儿；退场时应偏重于观察那些还未及时起水的游泳者；中小学专场时，应增加中、浅水区域的观察岗位。

5. 根据不同的游泳人员进行观察。救生员在观察时应有所侧重，如观察老年人、少年儿童等特殊人群，在观察青少年游泳群体时，应注意他们是否在水中嬉闹打逗；观察经常参加游泳锻炼的游泳者，应注意他今天的精神状态，身体是否不适；观察跳水的游泳者时，应重点注意水中是否有人被砸伤，跳水者是否受伤；

6. 游泳救生员在交接班时，接班游泳救生员眼睛应不间断地扫视自己的责任区域，并听取交班游泳救生员的情况介绍，做好交接记录。当交接双方确认没有事故隐患之后，交班人员方可离岗。

三、对于易发生事故人群的观察

不同类型的溺水者在遇溺时的应付能力不同，在其自救、求救动作上也有所区别，这就要求救生员能够准确地观察。溺水者一般都会挣扎呼救；有些动作毫无规律、又快又慌乱、表现反常；有些面部表情呆滞，有的则露出痛楚惊恐的神情；最危险的一类是无挣扎或呼救无声的溺水者，完全没有求救或呼叫。对溺水者如未能及时救助，便会导致悲剧的发生。

表 6－1 不同溺水者的常见表现

	清醒者			昏迷者
	疲劳溺水者	不会游泳溺水者	受伤溺水者	昏迷溺水者
呼吸	间歇呼吸	争取呼吸	间歇呼吸	没有呼吸
手脚动作	可能挥手	两臂横伸 上下拍水 两脚垂直 踢水或打水无效	受伤肢体 失去活动能力	没有动作
身体姿态	接近水平姿势	身体垂直	身体倾斜	俯卧（水面、水中、池底）
面部表情	焦虑	恐慌	痛苦	呆滞
移动能力	缓慢	或浮或沉	原位停滞	没有移动能力

表 6－2 不同时间阶段溺水者的生理反应

阶段	时间	状况	呼吸	心跳	血压	肌肉状况	意识	恢复机会
一	1 分钟以内		闭气	加快	160	紧张	昏迷	自主恢复
二	1 分钟		咳嗽、肺部进水呕吐	加快	180	肌肉紧张、挣扎	知觉昏迷	可救活
三	1～2 分钟		停止	心肌颤抖	80	反应消失	失去知觉	可救活
四	5～8 分钟		无	停止	无	无	临床死亡	存活率低
五	15 分钟后		无	无	无	无	生理死亡开始	不可恢复，无法救助

第二节　游泳救生活动中的判断

游泳救生活动中的判断是指游泳救生员在值岗时，对观察的情况作出正确反应。判断的正确与否，是直接关系到游泳救生员采用哪一种救生技术去避免溺水事故发生的关键。

一、判断的方法

1. 溺水者是否有意识

当水中发现溺水者时，应首先判断溺水者有无意识，可采取看、听的方法：如溺水者在水中挣扎并发出求救的喊声，则溺水者尚有意识；如溺水者在水中不能自主地支配肢体动作，并缓慢下沉或已沉入池底，则溺水者已丧失了意识。

2. 溺水者是否受伤

（1）有意识溺水者：通过本人自述，了解受伤的情况。

（2）丧失意识溺水者：通过检查其肢体，了解受伤的情况。要重点查看溺水者的颈椎、腰椎是否受伤，是否发生外伤出血或肢体骨折。

3. 溺水者的其他表现

在溺水者的其他表现方面，包括有意识的溺水者和无意识的溺水者两个部分。在有意识溺水者中又包括对于不会游泳溺水者的判断、技能较差溺水者的判断以及受伤溺水者的判断。

二、判断的要求

1. 能够根据不同情况，作出迅速、果断、准确的判断。
2. 能够根据判断的结果，采取及时、规范的救生措施。

第三节　游泳救生观察区域的划分

游泳场所对观察区域的划分是确保游泳者安全的重要手段，同时也是使救生员在值岗期间加强责任性和便于确认事故责任的必要措施。

一、观察区域划分的原则

1. 便于救生员观察，以及互相交叉观察和补漏

在布置救生岗位时要合理安排，将泳池救生员责任区划分明确。救生岗位应无遮挡，且配备必须的救生器材。

表6－3　对溺水者的判断

类　别		清醒溺水者			无意识的溺水者
		不会游泳溺水者	技能较差溺水者	受伤溺水者	
救生前	水中状态	①可能不会用手臂和腿寻找支撑。 ②身体在水中保持垂直，不能确定陆地和寻求帮助的方向。 ③只关注于维持呼吸。 ④淹没在水中的时间可能越来越长。	①能用手臂和腿寻求支撑。 ②身体倾斜于水面，通常会朝向岸边。 ③头部间歇地被淹没。 ④有时能够吐出进入嘴里的水。	①可能处于不舒适的状态。 ②身体的某一部位可能受伤。 ③因受伤导致活动受限而引起注意。	①软绵绵地飘在水中。 ②可能只有头部可见。 ③可能飘在水底和水面之间的任何位置，脸部可能朝上也可能朝下。 ④没有吸引注意的行为。 ⑤眼睛可能是闭着的。
	尝试呼救	极少挥臂或呼救。	能挥臂和呼救。	痛苦呼救。	无
	面部表情	惊慌失措、瞪大眼睛。	面部和眼睛呈现不同程度的焦虑。	面部呈现不同程度的痛苦和焦虑。	在接近时通常看不见。
救生中	指令反应	可能对指令没有任何反应。	可以依据救生员的指示行动。	对指令的反应差，可能更多地关注受伤部位。	对指令没有反应。
	身体配合	①可能试图抓住救生员。 ②身体在水中保持垂直。 ③当头部或肩膀获得支撑而露出水面时，恐慌可能会消失。	①当给予支撑时，能较好地配合。 ②可以用背部漂浮并利用推进力运动。	①为了缓解疼痛而继续保持不舒适的身体姿势。 ②可以用背部漂浮并利用推进力运动。	没有身体配合而且难以拖带。
救生员		①如被救者不配合，只有经验非常丰富的救生员才能尝试采取直接赴救。 ②使用辅助救生器材。	①直接赴救和间接赴救都是适合的救助方式。 ②使用辅助救生器材。	①采取紧急救护措施。 ②被救者在水中别扭的姿势可能影响拖带。 ③并避免恶化伤势，尤其应注意被怀疑为脊柱受伤者。	①浮力可能会因被救者位置不同而发生变化。 ②立即直接施救并给予必要的支撑。 ③必须采用直接拖带，利用好浮力。 ④如果出现呼吸停滞，应尽快将溺水者拖带出水面。 ⑤如果没有脉搏，则应尽快采取心肺复苏措施。

2. 消除观察盲区和死角

对于不规则泳池或戏水乐园等有盲区和死角的游泳活动区域应遵循此原则，避免溺水事故的发生。

二、标准游泳场所观察区域的划分

1. 直线切割法

直线切割法，是根据各救生岗位位置观察分工的要求，用直线将全池的水域面积平均切割成几个长方形水域，分别为各救生岗位的主责区。对岸救生岗位和旁近救生岗位主责区近端 1/2 的水域为次责区。（图 6–1）

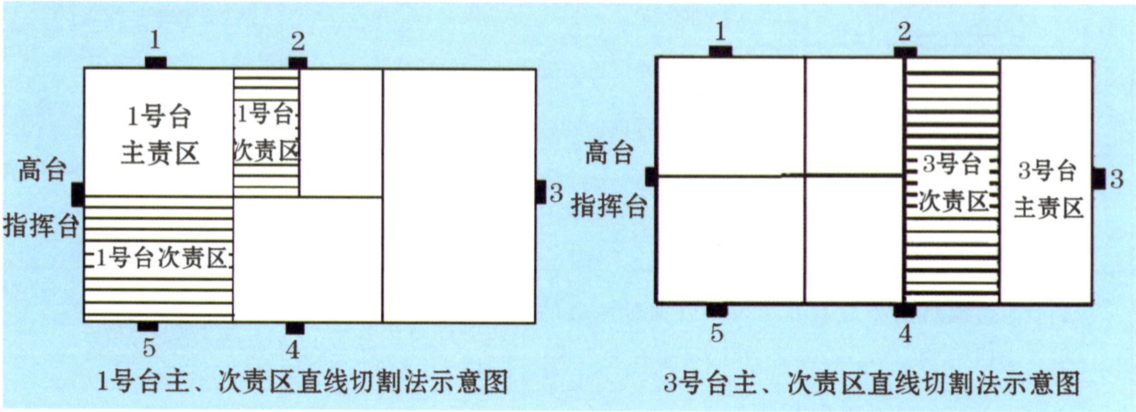

图 6–1 直线切割法

2. 弧形切割法

弧形切割法，是以每个救生岗位为圆心，以 10 米（小池）或 15 米（大池）为半径切割水域，其水域即为各救生岗位的主责区。如果将主责区的半径再延长 5 米（小池）或 10 米（大池）切割的水域，则此水域为各救生岗位的次责区。（图 6–2）

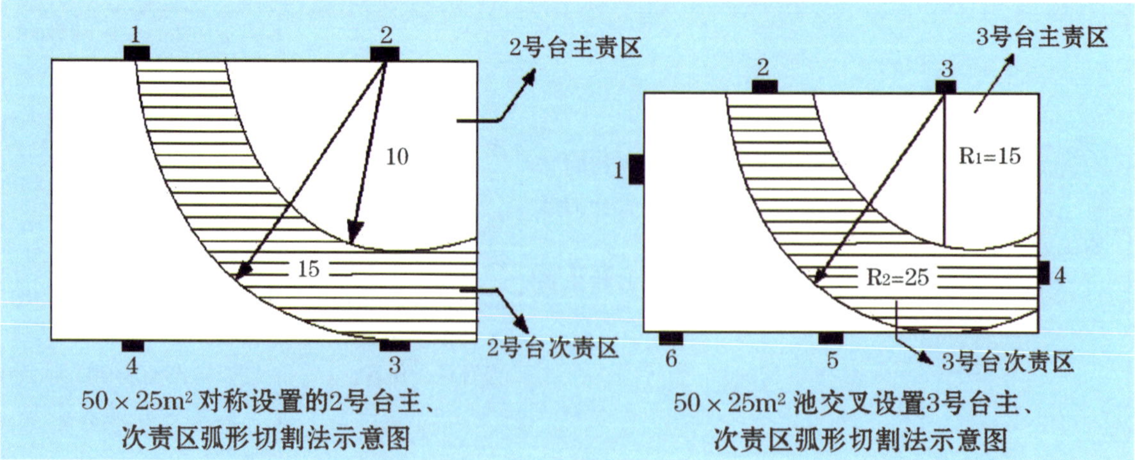

图 6–2 弧形切割法

三、非标准游泳场所观察区的划分

1. 按水面积划分法

按水面积划分观察区，是指以每一救生岗位所负责的主责区和次责区面积的总和来划分观察区域。可采用交叉布岗的方式划分观察区域，将每一救生岗位观察区域主责区的最大面积控制在250㎡之内；

2. 不留盲区和死角的划分法

不留盲区和死角的划分观察区，是针对各种类型嬉水娱乐的游泳场所观察区域的划分方法。本着消除事故隐患的原则，可以采用直线切割、弧型切割和重点布岗以及增加流动岗位等方法来划分观察区域。

第四节 救生员的配备

合理地配备救生员，是每一个游泳场所在开放期间，安全、经济正常运转的有力保证。游泳场所的游泳人员人均有效水面积不得少于2. 5平方米。

配备救生员一般分为按水面积配备和按所需岗位配备两种方法。

一、按水面积配备

按水面积配备，一般用于标准的游泳场所（50米×25米、25米×21米）。根据救生员观察区域划分的原则，水面面积在250㎡以下（含250㎡）的人工游泳池，至少配备固定水上救生员3人；水面面积在250㎡以上的，按每增加250㎡增加1人的比例配备固定水上救生员。

二、按所需岗位配备

按所需岗位配备，多用于非标准的游泳场所（大型娱乐嬉水游泳场、儿童嬉水池等）。根据救生员观察区域划分不留盲区与死角的原则，按照直线切割、弧型切割和重点布岗的方法配备救生员。群众性游泳活动的高峰时，应该增加配备流动岗位的救生员。

第五节 观察台的设置

观察台是救生员的责任岗位，是救生员在观察时能够及时发现事故隐患的瞭望台。依据中国人民共和国国家标准（GB19079. 1-2003）体育场所开放条件与技术要求《游泳场所开放条件与技术标准》，游泳救生观察台的高度为1. 5米以上，天然游泳场所的救生观察台高度不低于 2. 0 米，观察台间距小于等于 100 米。

救生员座位要舒适，使救生员不易疲劳，上下方便，一旦发生情况救生员能够及时赶赴现场。要有明显的“观察台”标志，使游泳者一目了然。观察台还应配有必要的救生器材如：救生圈、救生杆等。室外游泳场所的观察台还应配置有遮阳伞。

游泳场所要本着观察区域不留盲区与死角的原则，按照划分区域的不同方法设置观察台。人工游泳池水面面积在 250㎡以下的，应至少设置 2 个救生观察台；人工游泳池水面面积在 250㎡以上的，按面积每增加 250㎡及以内，增设 1 个救生观察台的比例配置救生观察台。

第六节　特定信号

游泳场所在开放期间，应制定出本单位统一的特定信号，并且要使全体员工熟悉、掌握统一的信号，以便于在日常工作中正确运用。

特定信号一般制定有：

1. 开、关场信号（包括间断的开放场次）。
2. 违纪信号。
3. 现场急救信号。
4. 联络信号。

O 小知识

★对溺水者实施救助前要进行哪些判断：救助前要保证救生员自身安全。其次，在最短的时间内，观察遇险位置周围的情况，确定救援方法和路线，同时观察溺水者能否呼救，如果可以，说明没有呛水，属于轻型状态，施救较容易，如果只是挣扎，没有声音，说明已经呛水，水已经进入气管内，短时间内会由于缺氧而导致昏迷，应尽快施救。

★在游泳池中观察危险人群是救生员的一项技能。如：携带幼儿、儿童的家庭，首次来游泳的顾客（一般老顾客救生员可以辨认），无人看管的青少年儿童，年龄较大的老年人，接近跳水台的顾客等等。都是重点观察的对象。但只是观察并不是很好的避免事故发生的办法，应当结合着语言劝导及提醒才可以更好的预防事故的发生。

思考题

1. 什么是游泳救生中的观察？观察有几种方法？
2. 什么是扫视法？什么是环视法？两者有什么区别？
3. 什么是跟踪法？
4. 在游泳救生中，观察的具体要求是什么？
5. 疲劳的溺水者在呼吸和身体姿态方面有何表现？
6. 什么是游泳救生中的判断？
7. 如何判断溺水者有无意识？
8. 针对不同类型人群，如何判断溺水者是否受伤？
9. 在游泳救生中，判断的具体要求是什么？
10. 什么是观察区域划分的原则？
11. 什么是直线切割法？什么是弧形切割法？
12. 每一救生岗位观察区域主责区的最大面积是多少？
13. 救生观察台的高度应为多少？及设置要求？

第七章 游泳安全常识与泳池救生管理

内容概要

泳池的安全常识与泳池救生管理是避免溺水事故发生的关键环节。游泳人员了解游泳常识，可以有效地预防事故的发生。泳池管理到位可以避免事故的发生，在发生事故时可以提高救助的成功率。本章具体对游泳安全常识与泳池救生管理进行阐述。

学习目标

学习了解游泳中的安全常识。学习并熟练掌握身体常见部位痉挛的自救方法。学习游泳池场馆紧急预案的制订。

第一节　游泳者安全常识

一　游泳前的注意事项

（一）不适宜游泳的情况

1. 空腹和饱饭后不能马上游泳，这时游泳会影响消化系统的功能，造成胃疼。同时也容易在水中发生抽筋现象。通常在饭后 30 分钟~1 小时后再游泳。

2. 酒后不能游泳。酒精对人的中枢神经系统具有麻醉作用，使人反应迟钝。酒后下水游泳容易发生事故。大量喝酒后还会使人体体表血管扩张，散热加快，体温下降，此时下水会严重影响身体健康。

3. 身体疲劳和疾病初愈时，不能参加游泳。因为这时身体抵抗力减弱，协调性差，在冷水的刺激下容易加重病情，需要等体力恢复后再进行游泳锻炼。

4. 游泳前应当参加体检，对自己的身体状况有了解，患有传染病的时候，如肺结核、皮肤病、红眼病、传染期肝炎等，不适宜下水游泳，以免传染给其他人或者使自己的病情加重。患有心脑血管疾病、癫痫病不适宜游泳。中老年游泳者尤其要注意观察自己的身体状况，感觉略有不适时，先适当休息或者暂不下水。

5. 建议尽量去配备有救生人员的公共开放游泳场所游泳。在天然的游泳场所游泳时，要避免在阴天、雷雨天气时下水。对于天然游泳场所，要在下水前搞清楚水深和水质，是否有水草，水下是否安全。

（二）准备活动

下水游泳前应适当跑步、活动关节、牵拉韧带，使身体肌肉得到充分的调动，加快心率水平，加速血液循环，使身体的温度升高，弹性增加，提高机体新陈代谢的速度，使内脏器官与运动器官的活动相适应，避免肌肉拉伤和抽筋的状况发生。但是要注意准备活动的强度不要过大，剧烈的准备活动会使人体微细血管扩张，如果此时下水会由于冷水刺激造成肌肉、神经和血液循环系统的种种不良反应。夏季游泳，切忌大汗淋漓时突然跳入水中。

二　游泳时的注意事项

（一）普通人群游泳时的注意事项

1. 量力而行

普通人群在游泳中要注意自己的身体状况，当自我感觉有不适，如头晕、头痛、胃痛、恶心、呕吐，特别是寒冷、肌肉抽筋等，要立即上岸，擦干全身，围上浴巾或穿上衣服保暖，在岸边休息。待自我感觉不适消失后再下水。

2. 抽筋不慌

游泳时经常会发生肌肉抽筋的现象，主要发生部位常见于小腿、脚趾。发生抽筋的情况时，千万不要慌，一定要镇静。马上停止一切动作，腿尽量放松，仰卧水面，同时加大手臂划水的动作游向岸边，或者在水中用力反向牵拉抽筋的肌肉，使其伸展放松拉开。必要时可以大声呼救，最好的自救方法是放松身体仰卧在水面上等待救援，在设法靠近岸边的同时大声呼救。

3. 保证卫生

游泳场是公共场所，在参加游泳活动时应自觉遵守公共卫生。下水前先冲洗全身，不在水中吐痰、呕吐、擤鼻涕、小便等。在游泳之后，应当及时冲洗身体、更换衣服。必要时可以点几滴眼药水，预防沙眼和结膜炎等眼病。耳朵进水，可以采用头侧向进水一侧，轻轻跳动使水慢慢流出或用棉签轻轻吸蚀，切忌用硬物掏耳朵。

4. 游后牵拉

在游泳锻炼结束后，应当进行充分的放松和整理活动，在岸边进行充分的关节伸展和韧带牵拉练习，这样可以促进疲劳肌肉的恢复，有利于形成美丽的肌肉线条，同时也可以使肌肉的弹性增加。

（二）女性游泳者的注意事项

女性游泳者除了应当注意上述的事项外，还应当注意在月经中、妊娠期前 3 个月和最后 2 个月避免下水。此时下水游泳不利于女性的身体健康。患有妇科病、各种妇科传染病未痊愈时，也不宜游泳。在公共游泳场所游泳时，女性还要注意自己的人身安全，人多时避免穿着过于暴露的泳衣。遇到骚扰时不怕不慌，大声呼救。

（三）老年游泳者的注意事项

1. 避免高强度

老年人的心肺功能逐年减弱，血管壁的弹性下降，高强度的游泳，容易造成身体供氧不足，极易导致缺氧晕倒。尤其是患有心脏病和高血压病者，快速游泳将促使心率和血压骤然升高而发生意外。

2. 避免餐后立即运动

对于老年人来说，最适宜的运动时间是在餐后一个半小时之后。主要是因为老年人的消化功能较慢，餐后过早的游泳会减少消化器官所需的血液供应量及消化液的分泌，影响消化功能，造成腹部疼痛。

3. 避免长时间憋气

老年人的呼吸肌力量减弱，肺活量下降，肺泡的弹性降低，长时间的憋气或者潜泳，容易破坏呼吸肌甚至导致肺泡破裂而发生支气管咯血。

4. 循序渐进，量力而行

老年人在游泳过程中要随时关注自己的身体感觉，逐渐的增加运动量。每次的运动量以第二天的恢复情况为准，如果第二天感觉不是很疲劳，可以适当的增加一点运动量。锻炼身体需要持之以恒，循序渐进，坚持锻炼，才能看到效果。

第二节　救生员安全常识

作为游泳救生员，掌握游泳时的安全常识，能有效的预防游泳者发生安全事故，减少财产和生命损失。设置安全标示和肌肉痉挛的有效快速解除是救生员必须掌握的常识内容。

一、安全标示

游泳救生员必须要对游泳场所中常见的安全标示及其应当安放的位置有所了解。安全标示主要有警示牌、告知牌、须知牌，是游泳场所中必不可少的标志牌。它主要作用是提示和警示游泳者，以避免发生事故。

1. 警示牌

禁止跳水、浅水区、深水区、水深标志、禁止嬉闹、禁止打逗、路滑小心。

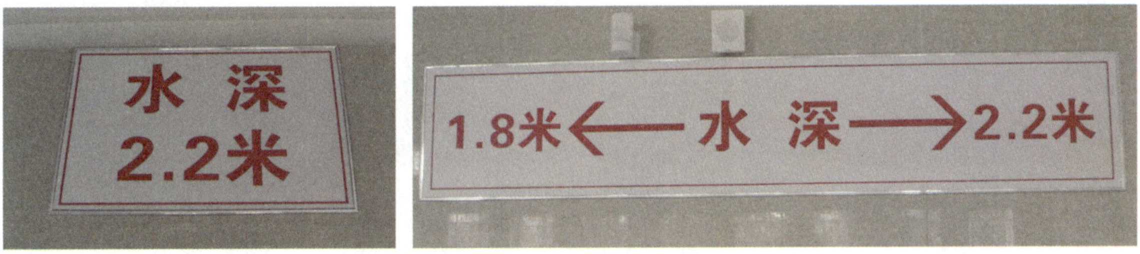

图 7-1　警示牌

2. 须知牌

游泳者须知、安全须知、紧急抢救程序。

图 7-2　须知牌

3. 告知牌

游泳场所示意图、绿色通道、残疾人通道、救生器材标志牌、救生员岗位布置图、办公室标志牌、医务室标志牌、水温、室内温度、室外温度、PH值、当地时间。

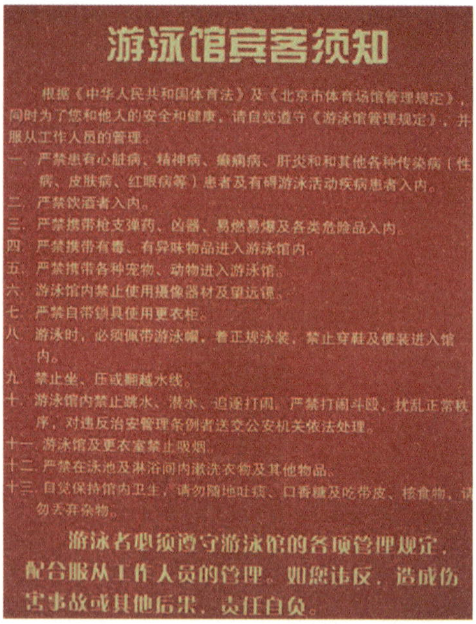

图 7-3　告知牌

二、游泳常见肌肉痉挛处理

1. 手指肌肉痉挛

当手指肌肉发生痉挛时，可以用力握拳之后再用力伸直，反复多次直到痉挛解除。

2. 脚趾肌肉痉挛

当脚趾发生痉挛时，可以采用按摩的方法解除，也可以使脚趾最大程度地做屈和伸，反复多次直到痉挛解除。

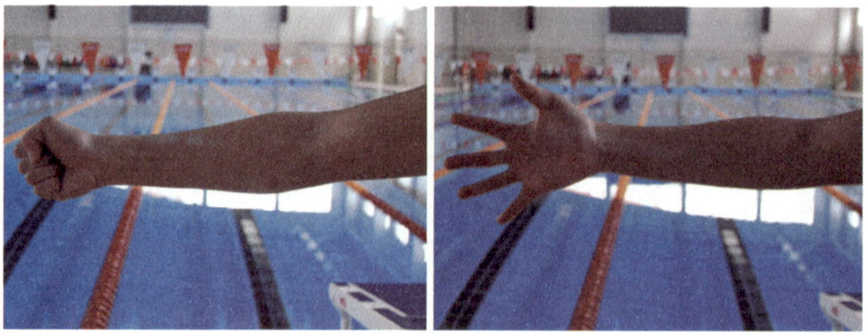

图 7-4　手指肌肉痉挛

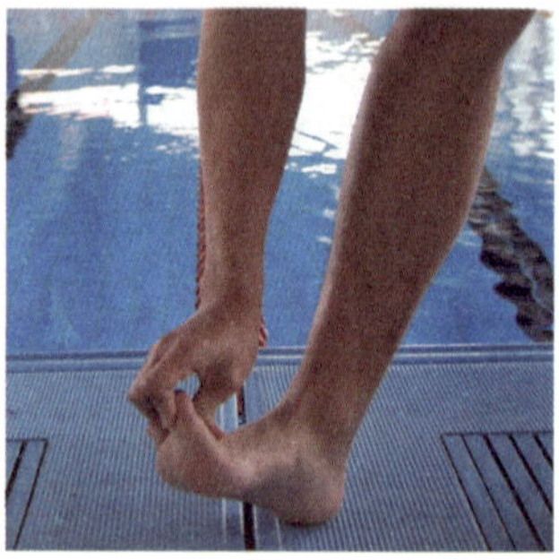

图 7-5　脚趾肌肉痉挛

3. 小腿后部肌肉痉挛

当小腿后部肌肉发生痉挛时，不论在水上还是岸边，都要先伸直抽筋腿，用一手按住该腿的膝关节，另一手抓住该腿的脚趾使劲做反方向的拉伸动作，直到痉挛解除。

图 7-6　小腿后部肌肉痉挛

4. 大腿前部肌肉痉挛

当大腿前部肌肉发生痉挛时，仰浮于水面或者最好尽快上岸，俯卧池边并屈小腿，用同侧手抓住抽筋腿的脚腕尽量折叠小腿，使大腿肌肉得到伸展，直到痉挛解除。

图 7-7　大腿前部肌肉痉挛

第三节　泳池救生管理

游泳池的救生管理主要包括几个方面：救生员的管理，救生器材的管理，急救设备的管理，通讯设施的管理，救生员装备的管理以及应急预案。这几个方面在游泳池救生工作中相辅相成，缺一不可。

一、救生员的管理

救生员是游泳者安全健身的重要保障措施。救生员自身的责任心和熟练的救生技能，能够使游泳场所安全有序的正常运行。

1. 严格按照国家的规定，每 250㎡配备一名持职业资格证书的游泳救生员，依据泳池面积的大小配齐、配足游泳救生员并合理地布置救生岗位。夏季高峰时，增加流动救生岗位。

2. 建立游泳救生员《岗位责任制度》，明确分工，分清职责。

3. 定期组织救生员的救生技能训练，制定救生技能的考核标准。

4. 定期演练突发事件的应急预案，熟悉每一岗位的工作职责。

二、救生器材的管理

救生器材是每个游泳池必备的器材设施之一，它的主要作用是方便观察游泳者的情况并对溺水者有效施救。游泳池中常用的救生器材有救生观察台、救生圈、浮漂、救生杆。

1. 救生观察台

救生观察台是对泳池中流动观察岗的必要补充，当泳池开放时，必须有救生员坐在救生观察台上，及时发现问题、解决险情。在设置救生观察台时，要注意以下几点：

救生观察台高度应当在1.5米以上，按照相应的水域面积配备，座位舒适、安全，在室外工作时，可以设有遮阳伞等有利于救生员更有效工作的装置。

救生观察台的放置要方便救生员对观察范围的巡视，并且救生观察台的观察范围之间不能留死角，观察台的前沿必须要与池边垂直。

救生观察台的两侧必须要配备有救生圈、救生杆、浮漂各一个，并且他们的位置要方便救生员在突发情况时的拿取。

2. 救生圈

救生圈不得使用塑料充气和硬塑材质的救生圈。

3. 救生杆

救生杆长度应在5米左右且能伸缩，前端应有环形圈，不得使用各种钢质材料。

4. 救生哨

救生组长应与普通救生员的救生哨有所区别。

5. 急救板

硬质材料且具有一定浮力，配有固定头部和身体的装置。

6. 颈　托

硬质材料且具有一定浮力，配有固定颈部和头部的装置。

三、急救设备的管理

对外开放的游泳池应当设置急救室及救护台，如果有条件，还可以备有医务室及专业医生。急救室应当备有用于溺水者和伤者急救的专业器材和相关药品。如：颈托、急救板、氧气瓶或氧气包、人工呼吸面罩、急救药箱等急救器材。这些东西都应当有专人负责看管并定期对急救器材进行维护、更新，对过期和失效药品进行更换和补充。氧气瓶或氧气包要有足够的氧气，能随时启用。急救药箱应当配有绷带、酒精棉球、创可贴、伤肢固定夹板和有效期内的救心药品。

1. 在急救设备的管理上，应当注意以下几个方面

(1) 救生员和管理者要明确救生器材和急救药品的种类和作用，并且能够熟练使用。

(2) 明确急救设备的第一责任人、第二责任人，对急救设备的管理、维护、更新明确到个人，制定完善的个人责任制度。

(3) 明确急救设备的配备数量，制定器材清单并随时清点，建立急救设备的保养手册。

2. 对救生设施的专门检查主要涉及到以下几个方面

(1) 定期检查救生观察台是否锈蚀、老化。

(2) 定期检查急救板固定搭扣是否完好，发现老化现象及时更换。

(3) 定期检查氧气瓶或氧气袋的调节阀门是否完好、氧气是否充足，发现不足及时补充。

(4) 救生员值岗时必须身着统一救生服装，随身携带救生绳、救生哨。

四、通讯设施的管理

在游泳池中，救生员之间、救生员与外界之间的畅通联络对救生工作的快速、有效开展具有重要的作用。通讯设施主要有救生哨、对讲机、警铃和手势。

1. 救生哨

主要用于警告和紧急情况时的联络。警告游泳池中打闹、嬉戏、压水线、跳水等不安全行为。

2. 对讲机

对讲机可以每个救生员都配备，也可以只在救生台配备。使用对讲机时，尽量语言简单扼要、清晰明了。

3. 警　铃

警铃是游泳馆常备的一种通讯设施，它可以用于开放时间结束时的提醒、紧急情况时的撤离警告。

4. 手　势

手势也是游泳馆中经常用的一种联络方式。通常用于救生员之间的相互交流，主要是救生员之间或场馆自由进行设定。

五、救生员装备的管理

救生员是保证游泳场馆安全开放的首要因素，对救生员装备的管理尤为重要，主要有：

1. 救生员必须穿着统一的印有醒目“救生员”字样的服装。
2. 救生员必须人手一个救生哨。
3. 救生员必须备有急救腰包。
4. 必要时，救生员可以选配太阳帽、太阳镜等有利于工作开展的保护性物品。

六、应急预案

游泳场所在进行开放活动时，必须根据有可能发生的各类安全事故提前制定应急预案，并对救生员和相关人员进行说明、培训及演练，以应对不时之需。在游泳场所的开放过程中，按照发生紧急情况发生的可能性，通常要制定以下几种预案：溺水事故应急预案、开放性受伤事故应急预案、脊柱受伤事故应急预案、突然断电应急预案。除此之外，根据不同省市、地区地理环境、露天游泳池的实际情况，还应当制定恶劣天气应急预案、地震应急预案或其他自然灾害应急预案。

紧急预案主要包括以下几个方面的内容：

1. 紧急情况下快速发布信号

每个游泳场所根据自己的实际情况和习惯，设定特殊紧急信号并安排专人负责发布。全体救生员和工作人员要熟知各种紧急信号并经常进行演练。例如：当发生紧急情况时，游泳场所内拉响警铃，全体救生员吹响救生哨，同时安排专人通过广播通知游泳者尽快起水，听从专人指挥撤离。

2. 明确事故现场指挥官

在制定应急预案时，首先要明确现场处理的第一指挥官和第二指挥官。由在场的指挥官对现场事故的处理进行全权指挥，以确保紧急预案顺利有效地实施。

3. 对现场参与抢救人员实施有效的分工

在现场进行急救和事故处理时，通常会有不同工种的人员共同参与，如现场的救生员、医务人员、管理人员。对他们进行合理有效的分工，分配责任到人，以保证应急预案的有序、有效实施。

4. 设置应急疏散通道和安全安置地点

游泳场所应当在以安全、快捷为首要的前提下，设置不少于2个应急疏散通道（应急疏散通道的宽度不得小于1.5米，通道的安全门应为向外开启。）和1个足以容纳所有游泳者的陆上安全安置地点，以避免附加的挤踏等事故发生。

5. 明确事故的发言人

当事故发生后，明确事故的对外发言人。所有参与紧急抢救和处理事故的相关人员都应当以妥善处理事故为首要任务，在事故原因没有定论前，不擅自发表任何相关言论。在事故调查结束后，由指定的发言人对外宣布事故的发生原因、处理情况及结果。

七、分散风险

游泳场所应采取为游泳者投保的方式，分散自身的风险。

O 溺水事故的应急处理预案展示

发生地点：游泳池1号区域

步骤1：确定现场指挥官：王某（安全经理、第一指挥官）、胡某（救生员组长、第二指挥官）。第一指挥官不在现场时，由第二指挥官指挥。

步骤2：第二指挥官胡某负责拉响警铃，发布紧急信号。全体值班救生员吹响救生哨，广播通知全体游泳者现在发生的紧急事故。

步骤3：6号流动岗救生员拨打“120”求救并负责接应、引导医务工作人员进场。同时向主管部门汇报情况。

步骤4：清理游泳场所通道的人员、车辆，畅通急救运送路线。

步骤5：接应救生员进入场内及时上岗。

步骤6：5号流动岗救生员指挥游泳者起水并疏散现场人群，3、4、6号岗救生员负责协助5号岗救生员。

步骤7：1号岗救生员现场赴救。2号岗救生员负责运送急救板到现场并协助拖带。3、4号岗救生员负责岸上接应。

步骤8：1、2号岗救生员负责现场心肺复苏。值班医生准备急救器材和药品，并适时进行借助器械建立呼吸和心脏起搏。当发生溺水者的脊柱损伤时，4名救生员要同时配合施救。

步骤9：安全经理王某负责对现场人员进行询问和调查，寻找目击证人，对事故的原因、发生情况和处理情况进行总结并留存文字材料报有关部门。同时王某还要作为事故发言人通报事故处理结果。

步骤10：配备专人陪同溺水者赴医院，并随时记录施救措施及诊断证明。

O 游泳馆紧急情况应急预案制度展示

泳池日常管理制度中必须制定《应急情况预案制度》并张贴与醒目的位置，同时每个救生员都应当熟练应急预案的相关内容。

游泳馆紧急情况应急预案制度

1. 发生溺水，伤亡事故处理预案

(1) 游泳者因溺水、外伤或突发性自然灾害引发的严重伤亡事故时，除投入现场抢救人员外，其他人员必须坚守岗位。待岗休息人员，按原岗位全部上岗，做好安全撤离工作。

(2) 值班领导应迅速判明事故严重程度，按以下预定方案作出正确处理，切忌因慌乱而指挥失误，导致更严重的后果。

2. 发生紧急情况时各部门分工：

(1) 现场医生和救生组负责现场抢救。

(2) 场务组、检票组负责维护场内外的秩序，并疏散围观游泳人员。

(3) 办公室人员负责对外联系和安排工作。

3. 事故等级划分，紧急处理预案

(1) 一级事故

①症状：游泳受伤者出现意识丧失，瞳孔放大，呼吸、心搏消失或出现死亡症状。

②预案：

A. 除现场技术人员外，所有人员一律坚守岗位，如情况危急，立即终止开放。

B. 应就地进行开放呼吸道，人工呼吸、胸外按压等心肺复苏的现场急救。

C. 迅速拨打120电话，联系救护车转送医院抢救（转运途中应分秒必争地继续施救）。

D. 立即向上级主管部门领导书面报告，并迅速与其家属取得联系。

(2) 二级事故

①症状：溺水受伤者出现昏迷状态，呼吸、心搏微弱，严重外伤，骨折，大出血，有生命危险。

②预案：

A. 除现场急救人员外，其他人员一律坚守岗位。

B. 应立即施行心肺复苏，止血包扎，骨折固定等现场抢救。

C. 迅速拨打120，联系救护车转送医院抢救。

D. 尽快与其家属取得联系。

E. 向上级部门领导报告。

(3) 三级事故

①症状：发生一般溺水，较重外伤，但无生命危险

②预案：

A. 现场作急救处理。

B. 通知家属到现场接应。

C. 必要时送医院进一步治疗。

4. 溺水现场抢救心肺复苏预案

(1) 发现溺水者，应立即抢救上岸，控水，清除口腔异物（如有假牙应摘除），舌头后坠者应拉出。

(2) 将溺水者放置急救体位，检查清醒度，检查瞳孔是否放大。

(3) 畅通呼吸道，如呼吸停止，应立即施行人工呼吸。

(4) 检查颈动脉，如无搏动，应立即施行胸外心脏按压。

(5) 迅速拨打120，联系救护车转送医院抢救，转送途中应继续施行心肺复苏术。

XXX 游泳馆

O 在游泳池游泳的安全防范

★池边不可奔跑或追逐，以免滑倒受伤。

★池边不可任意推人下水，以免撞到他人或撞到池边受伤。

★池边严禁跳水，常因水浅，造成颈椎受伤而终生瘫痪。

★热身运动：入水前应先做伸展热身操。

★游泳中呼吸时尽量用嘴吸气，用鼻呼气，且以最大肺活量吸气及吐气，做到有节奏，不易多说话，以防呛水。

★养成睁眼游泳的习惯，戴泳镜，以免被撞或踢伤。

★从事水上活动，除游泳外，均应穿着救生衣。

★戏水时，不可将他人压入水中不放，以免因呛水而窒息。

★水中活动时，已感有寒意时，或将有抽筋现象时，应登岸休息。

★若发现有人溺水时，即刻发出“有人溺水”呼救或打110请求支持，如果自己没有学过水上救生，不可冒然下水施救。

O 溺水事故的预防

★不要独自一人外出游泳，更不要到不熟悉的水域去游泳。 选择好的游泳场所，对场所的环境，如该水域、浴场是否卫生，野外活动时应注意水下是否平坦，有无暗礁、暗流、杂草，水域的深浅等情况要了解清楚。

★不会游泳的人必须要有组织并在家人或熟悉水性的人的带领下去游泳，以便互相照顾。如果集体组织外出游泳，下水前后都要清点人数、并指定救生员做安全保护。

★要清楚自己的身体健康状况。平时四肢就容易抽筋者不宜参加游泳或不要到深水区游泳。要做好下水前的准备，先活动活动身体，如水温太低应先在浅水处用水淋洗身体，待适应水温后再下水游泳；镶有假牙的人，应将假牙取下，以防呛水时假牙落入食管或气管。

★对自己的水性要有自知之明，下水后不能逞能，不要贸然跳水和潜泳，更不能互相打闹，以免喝水和溺水。不要在急流和漩涡处游泳，更不要酒后游泳。

★在游泳中如果突然觉得身体不舒服，如眩晕、恶心、心慌、气短等，要立即上岸休息或呼救。

★在游泳中，若小腿或脚部抽筋，千万不要惊慌，可用力蹬腿或做跳跃动作，或用力按摩、拉扯抽筋部位，同时呼叫同伴救助。

思考题

1. 老年游泳者在从事游泳运动时的注意事项？
2. 游泳场馆中，安全标识应如何设置？
3. 脚趾肌肉痉挛的自救方法？
4. 大腿前侧肌肉痉挛的自救方法？
5. 小腿后侧肌肉痉挛的自救方法？
6. 游泳场馆中，救生器材包括什么？
7. 紧急预案包括哪几方面的内容？
8. 编制一份游泳场馆紧急预案？

第八章 游泳救生员培训与考核介绍

内容概要

本章节对游泳救生员国家职业标准资格培训与职业资格考核进行介绍，对学生了解考取各级游泳救生员国家职业资格证书提供参考。

学习目标

了解游泳救生员职业资格证书的培训内容与考核要求。

第一节　游泳救生员的培训

一、游泳救生员培训基本要求

（一）培训期限

根据游泳救生员国家职业标准规定，游泳救生员的培训工作属于全日制职业学校教育，根据其培养目标和教学计划确定。晋级培训期限：初级不少于40标准学时；中级不少于36标准学时，高级不少于32标准学时。

1. 理论学时

项　目		初级(%)	中级(%)	高级(%)
基本要求	职业道德	5	5	5
	基础知识	20	15	10
相关知识	安全预防	35	—	—
	现场赴救(静水)	30	35	—
	现场赴救(海浪)	—	35	—
	现场急救	10	35	—
	现场急救(静水)	—	—	25
	现场急救(海浪)	—	—	25
	设备、器材管理	—	—	25
	培训与管理	—	10	35
合　计		100	100	100

资料来源《游泳救生员国家职业标准》

2. 操作技能学时

项　目		初级(%)	中级(%)	高级(%)
技能要求	安全预防	30	—	—
	现场赴救(静水)	40	50	—
	现场赴救(海浪)	—	50	—
	现场急救	30	40	—
	现场急救(静水)	—	—	45
	现场急救(海浪)	—	—	45
	设备、器材管理	—	—	35
	培训与管理	—	10	20
合　计		100	100	100

资料来源《游泳救生员国家职业标准》

(二) 培训教师

根据游泳救生员国家职业标准规定：培训初级游泳救生员的教师应具有本职业中级及以上职业资格证书或相关专业中级及以上专业技术职务任职资格；培训中、高级游泳救生员的教师应具有本职业高级职业资格证书或相关专业高级专业技术职务任职资格 2 年。

自建立了游泳救生员国家职业标准后，国家体育总局人力资源中心先后在上海、北京、成都、广州等地举办了游泳救生员培训教师培训班，现从事游泳救生员培训工作的培训教师都是经过国家体育总局人力资源中心和国家体育总局游泳运动管理中心共同培训，并经过考核的，获得游泳救生员职业资格教师证书者担任。

(三) 培训场地设施、设备及人员配置

1. 依据游泳救生员国家职业标准规定，游泳救生员的理论知识课程培训应在标准教室进行。

2. 依据游泳救生员国家职业标准规定，游泳救生员水上技能课程培训应在水深 2 米以上（含 2 米）的标准游泳池（场馆）进行。

3. 依据游泳救生员国家职业标准规定，游泳救生员技能操作培训应培训足够数量的教学器材和救生器材。例如：心肺复苏模拟人、救生假人、急救板、颈托、单向呼吸器、秒表等器材。

4. 依据游泳救生员国家职业标准规定，游泳救生员实操课程培训应按照 1:15 的比例配备教师、教学用具和救生器材。

二、游泳救生员工作要求、培训任务及培训内容

（一）初级游泳救生员培训任务及培训内容

1. 游泳救生员的工作要求

游泳救生员国家职业标准，对初级游泳救生员的职业提出了其工作要求。

职业功能	工作内容	技能要求	相关知识
安全预防	安全设施检查	1. 能够检查扶梯、排水口等设施的安全性。 2. 能够检查救生圈、救生杆等救生器材的配备和摆放情况。 3. 能够检查急救箱、氧气袋、心肺复苏急救盒等急救器材的有效性。 4. 能够检查急救箱、氧气袋等急救器材的摆放情况。 5. 能够检查警示牌等安全警示标识的摆放情况。	1. 救生器材的性能及放置要求。 2. 急救器材的性能及放置要求。 3. 安全警示标识。
	观察	1. 能够选择观察位置。 2. 能够观察泳池内游泳者的活动情况，确定重点观察对象，对游泳技术不佳、体弱、突发疾病等异常情况的游泳者进行判断。 3. 能够对泳池内进行不安全活动的游泳者进行提醒和警示。	1. 观察方法、观察要求和注意事项。 2. 泳池内游泳者活动常见的安全隐患。 3. 溺水事故产生的原因及预防。
现场赴救	池岸赴救	1. 能够根据溺水者情况，在岸边选择救生方式。 2. 能够选用救生杆、救生圈等救生器材对溺水者施救。	1. 池岸赴救的救生方式。 2. 救生器材的原理及注意事项。 3. 溺水者的心理特征。 4. 池岸赴救的要求和注意事项。
	水中赴救	1. 能够根据场地和溺水者情况，选择入水方法接近溺水者。 2. 能够在被抓抱时解脱。 3. 能够根据溺水者情况选择水中拖带方法。 4. 能够根据泳池设施和溺水者的清醒程度选择上岸方法。 5. 能够根据溺水者情况采取肩背方法进行施救。	1. 入水方法和注意事项。 2. 接近方法和注意事项。 3. 解脱方法和注意事项。 4. 水下寻找方法和注意事项。 5. 拖带方法和注意事项。 6. 上岸方法和注意事项。 7. 肩背方法和注意事项。
现场急救	溺水急救	1. 能够判断溺水者有无意识。 2. 能够根据溺水者情况摆放急救体位。 3. 能够畅通无损伤溺水者呼吸道。 4. 能够在岸上对溺水者进行人工呼吸。 5. 能够在岸上对溺水者进行心肺复苏。	1. 人体生理、解剖基本原理。 3. 溺水事故现场急救步骤。 4. 判断意识的注意事项。 5. 摆放急救体位的注意事项。 6. 人工呼吸原理和注意事项。 7. 心肺复苏原理和注意事项。
	运动损伤急救	1. 能够处理肌肉痉挛、软组织损伤的运动损伤。 2. 能够对游泳者的伤口进行消毒、包扎等处理。	1. 游泳运动中肌肉痉挛、软组织损伤的症状。 2. 游泳运动中肌肉痉挛、软组织损伤的急救要求和注意事项。 3. 伤口处理的方法。

2. 培训任务

依据游泳救生员国家职业标准，明确了初级游泳救生员的培训任务是：通过系统学习游泳救生的基础知识，掌握游泳救生员的基础知识和救生知识；通过游泳救生员实操技能训练，熟练掌握安全预防、赴救技术、心肺复苏、现场急救等专业技能。

3. 初级游泳救生员培训内容及学时分配

（1）培训内容

章　节	教学内容	理论部分	实践部分
第一部分:游泳救生基本知识部分	游泳救生基本知识		
	我国游泳救生发展现状	*	★
	游泳救生的定义与分类	★	★
	游泳救生工作的意义及基本原则	★	★
第二部分:游泳救生基本技术部分	救生游泳基本技术		
	踩水技术	★	★
	反蛙泳	★	★
	侧泳	★	★
	潜泳	★	★
	抬头爬泳	★	★
第三部分:观察与判断部分	观察与判断		
	观察的意义与方法	★	★
	判断的意义与方法	★	★
	观察区域的划分	★	★
第四部分:现场赴救技术部分	赴救技术		
	间接赴救(使用器材施救)	★	★
	直接赴救	★	★
	入水	★	★
	接近	★	★
	解脱(陆上)	★	★
	拖带	★	★
	上岸	★	★
	人工运送	★	*
第五部分:现场急救部分	现场急救		
	心肺复苏	★	★
	颈托的使用	★	*
	急救板的使用	★	*
第六部分:安全常识与泳池管理部分	安全常识与泳池管理		
	常见各部位痉挛的解救方法	★	★
	安全标识的设置	★	*
	紧急预案的编制	★	*

注意:“★”为教学内容;“*”为自学内容。

(2) 初级游泳救生员培训学时分配

根据游泳救生员国家职业标准和游泳救生员培训大纲，初级游泳救生员培训总时数为40学时，其中理论与技能培训比例为3:7，理论培训时数为12学时，技能培训时数为28学时。

初级游泳救生员理论与技能培训学时分配表

	理论	技能	理论:技能	总学时
初级游泳救生员培训	12	28	3:7	40

理论：游泳救生概述、基本技术、观察与判断、赴救技术、现场急救、游泳池的救生管理等理论知识。

技能：基本技术、赴救技术（器材的使用、入水、接近、拖带上岸、陆上解脱）、现场急救（心肺复苏）、自救技术等基本技能。

（二）中级游泳救生员培训任务及培训内容

1. 游泳救生员的工作要求

游泳救生员国家职业标准，对中级游泳救生员的职业提出了其工作要求。

职业功能	工作内容	技能要求	相关知识
现场赴救（静水）	水中赴救	1. 能够寻找水下溺水者。 2. 能够使用急救板水中运送溺水者。 3. 能够使用护颈套对颈椎损伤的溺水者进行固定。 4. 能够运送脊椎损伤的溺水者上岸。	1. 水下寻找方法和注意事项。 2. 急救板使用注意事项。 3. 颈椎损伤者颈部固定的注意事项。 4. 脊椎损伤水中处理一般方法。
	着装赴救	1. 能够穿着普通服装进行着装游泳。 2. 能够采用单手托枕单手做小划臂反蛙泳的拖带方法,在水中运送溺水者。 3. 能够水中脱衣。	1. 泳装与着装游泳时人体负荷及游泳能力的差异。 2. 着装赴救游泳技术要求和注意事项。 3. 水中脱衣的方法。
现场赴救（海浪）	识别、联络	1. 能够识别通用水域安全标志。 2. 能够识别、使用旗语、手语、声号和无线电通讯器材与岸上救生人员联系。 3. 能够运用观察扫视技巧（看水）识别潜在危险情况。	1. 海水的比重与压力。 2. 波浪的要素。 3. 潮汐的影响。 4. 水域活动警示旗帜和通用水域安全标志。 5. 有害海洋生物的种类、伤害症状及急救方法。
	水中赴救	1. 能够根据溺水事故现场情况和溺水者的清醒程度选择救生器材和救生方式。 2. 能够根据溺水者的情况采用沙滩跑步入水、人体冲浪、滑浪技术到达溺水事故现场。 3. 能够根据溺水者的情况连续采用跑、游、跑的方式到达溺水事故现场。 4. 能够对意识清醒的溺水者采用抛物拯救方法进行施救。 5. 能够使用绳结、脚蹼、救生浮标及救生板等海浪救生器材对溺水者进行水上赴救及运送回岸。 6. 能够驾驶摩托艇、水上电单车、充气式救援艇等海浪救生设备对溺水者进行水中赴救及运送回岸。	1. 海浪游泳技术要求和注意事项。 2. 绳结、脚蹼等海浪救生器材和设备使用注意事项。 3. 摩托艇、水上电单车、充气式救援艇等海浪救生设备的驾驶操作规程。
现场急救	脊椎损伤救护	1. 能够使用急救板对脊椎损伤的溺水者进行上板、固定。 2. 能够在医务人员到来之前对脊椎损伤的溺水者进行畅通呼吸道和处理呕吐物等陆上急救。	1. 脊椎损伤的原因及症状。 2. 氧气面罩等急救器材使用注意事项。
	运动损伤急救	1. 能够处理运动性腹痛、急性胸肋痛、运动性休克等运动损伤。 2. 能够对骨折和脱臼等运动损伤进行固定处理。	1. 游泳运动中常见运动损伤的症状。 2. 游泳运动中常见运动损伤的急救方法和注意事项。
培训与管理	培训与指导	1. 能够对初级人员进行业务指导。 2. 能够讲解、示范技术动作	初级人员业务指导要点、方法及注意事项。
	管理	1. 能够划分观察区域,设置观察岗位。 2. 能够对游泳场所安全制度执行情况进行记录。	1. 观察区域划分的原则与方法。 2. 游泳救生员岗位设置与分工要求。

2. 培训任务

依据游泳救生员国家职业标准，明确了中级游泳救生员的培训任务是：通过系统学习游泳救生的基础知识，熟练掌握游泳救生员的基础知识、专业救生知识和救生专业实操技能。并在熟练掌握救生技能的基础上，运用所学知识，向初级游泳救生员讲解、示范救生基本技术、赴救技术、心肺复苏、现场急救等专业技术动作，具备一定的救生教学能力。

3. 中级游泳救生员培训内容及学时分配

(1) 培训内容

章　节	教学内容	理论部分	实践部分
第一部分：游泳救生基本知识部分	我国游泳救生发展现状	*	★
	游泳救生的定义与分类	★	★
	游泳救生工作的意义及基本原则	★	★
第二部分：游泳救生基本技术部分	踩水技术	★	★
	反蛙泳	★	★
	侧泳	★	★
	潜泳	★	★
	抬头爬泳	★	★
第三部分：观察与判断部分	观察的意义与方法	★	★
	判断的意义与方法	★	★
	观察区域的划分	★	★
第四部分：现场赴救技术部分	间接赴救(使用器材施救)	★	★
	直接赴救	★	★
	入水	★	★
	接近	★	★
	解脱(水中)	★	★
	拖带	★	★
	上岸	★	★
	人工运送	★	*
第五部分：现场急救部分	心肺复苏	★	★
	颈托的使用	★	★
	急救板的使用	★	★
第六部分：安全常识与泳池管理部分	常见各部位痉挛的解救方法	*	*
	安全标识的设置	★	★
	紧急预案的编制	★	★
	标准游泳池责任区域的划分	★	*

(2) 中级游泳救生员培训学时分配

根据游泳救生员国家职业标准和游泳救生员培训大纲，中级游泳救生员培训总时数为36学时，其中理论与技能培训比例为1:1，理论培训时数为18学时，技能培训时数为18学时。

中级游泳救生员理论与技能培训学时分配表

	理论	技能	理论:技能	总学时
中级游泳救生员培训	18	18	1:1	36

理论：游泳救生概述、基本技术、观察与判断、赴救技术、现场急救、游泳池的救生管理等理论知识。

技能：基本技术、赴救技术（器材的使用、入水、接近、拖带上岸、水中解脱）、颈托、陆上急救板的使用、现场急救（心肺复苏）、自救技术等基本技能。

（三）高级游泳救生员培训任务及培训内容

1. 游泳救生员的工作要求

游泳救生员国家职业标准，对高级游泳救生员的职业提出了其工作要求。

职业功能	工作内容	技能要求	相关知识
现场急救（静水）	溺水急救	1. 能够进行人工除颤。 2. 能够进行人工控水。	1. 除颤的原理和注意事项。 2. 人工控水的方法和注意事项。
	现场指挥	能够根据溺水事故现场情况组织施救。	1. 各类溺水事故的判断和处理方法。 2. 溺水后人体病理生理变化特征。
现场急救（海浪）	溺水急救	1. 能够进行人工除颤。 2. 能够进行人工控水。 3. 能够在运送途中对溺水者进行人工呼吸。 4. 能够在运送途中对溺水者进行心肺复苏。	1. 除颤的原理和注意事项。 2. 人工控水的方法和注意事项。 3. 途中进行人工呼吸和心肺复苏的注意事项。
	现场指挥	1. 能够根据气候、海浪、潮汐等变化，编制天然游泳场所现场布岗方案。 2. 能够根据溺水事故现场情况组织施救。	1. 海流的类型。 2. 海洋气象。 3. 天然游泳场所现场布岗方案的编制要求。 4. 溺水事故产生的原因。 5. 各类溺水事故的判断和处理方法。 6. 溺水后人体病理生理变化特征。
设备器材管理	设备、器材配备	1. 能够根据游泳场所实际情况制订设备、器材布置方案。 2. 能够制订设备、器材操作流程。	1. 游泳场所设备、器材布置方案的制订方法。 2. 设备、器材安全操作流程的制订方法。
	设备、器材维护	1. 能够评估设备、器材的功能性和安全性。 2. 能够对设备、器材进行保养、调试。	1. 设备、器材鉴定的方法。 2. 设备、器材调试要求。
培训与管理	培训与指导	1. 能够对中级人员进行业务指导。 2. 能够编写培训计划与教案。 3. 能够讲授游泳救生专业知识。	1. 中级人员业务指导要点、方法及注意事项。 2. 培训计划与教案的编写方法。 3. 教学基本原则与方法。
	（二）管理	1. 能够制订安全事故处理预案。 2. 能够撰写安全总结。 3. 能够编制急救预案。 4. 能够编制游泳场所现场安全施救方案。	1. 安全事故处理预案的编写原则。 2. 安全总结的编写要求和注意事项。 3. 急救预案的编制要求。 4. 现场安全施救方案的编写要求和注意事项。

2. 培训任务

依据游泳救生员国家职业标准，明确了高级游泳救生员的培训任务是：全面学习和掌握救生专业理论知识和教学原理；能够编写培训计划、教案；能够向中级救生员讲授游泳救生专业理论知识和技能；能够编写救援预案并组织实施；能够熟练地使用先进救生设备进行施救。

3. 高级游泳救生员培训内容及学时分配

(1) 培训内容

理论：游泳救生概述、基本技术、观察与判断、溺水者的心肺复苏、心肺复苏的检查程序及方法、游泳者脊柱损伤常规处理等现场急救、以及游泳救生员的培训与教学等理论知识。

技能：水中急救板的使用、包括了心脏除颤器的使用等现场急救等基本技能。

(2) 高级游泳救生员培训学时分配

根据游泳救生员国家职业标准和游泳救生员培训大纲，高级游泳救生员培训总时数为32学时，其中理论与技能培训比例为3:1，理论培训时数为24学时，技能培训时数为8学时。

高级游泳救生员理论与技能培训学时分配表

	理论	技能	理论:技能	总学时
高级游泳救生员培训	24	8	3:1	32

第二节　游泳救生员实操考核内容及标准

一、初级游泳救生员操作技能考核内容及标准

(一) 考核内容结构表

等级 形式	达标项目	实操部分	理论部分
初级 游泳救生员 考核内容	1. 25米速度游(男20秒,女22秒) 2. 潜泳20米	1. 现场赴救 2. 陆上解脱 3. 心肺复苏 4. 安全预防	1. 理论试卷

（二）初级游泳救生员考核标准

1. 初级游泳救生员实操考核内容结构表

<table>
<tr><td colspan="2" rowspan="2">鉴定范围 / 鉴定要求 / 要求</td><td colspan="3">安全预防</td><td colspan="6">现场赴救</td><td colspan="2">现场急救</td><td rowspan="2">合计</td></tr>
<tr><td>安全检查</td><td>观察</td><td>判断</td><td>入水</td><td>接近</td><td>解脱</td><td>拖带</td><td>上岸</td><td>合计</td><td>心肺复苏</td><td>运动损伤急救</td></tr>
<tr><td rowspan="4">初级</td><td>选考方式</td><td colspan="3">必考</td><td colspan="6">必考</td><td>必考</td><td>必考</td><td></td></tr>
<tr><td>鉴定比重（%）</td><td colspan="3">20</td><td>5</td><td>10</td><td>20</td><td>10</td><td>5</td><td>50</td><td>25</td><td>5</td><td>100</td></tr>
<tr><td>考试时（MIN）</td><td colspan="3">10</td><td colspan="6">15</td><td>5</td><td>5</td><td>35</td></tr>
<tr><td>考核形式</td><td colspan="3">笔试</td><td colspan="6">实操</td><td>实操</td><td>笔试</td><td>—</td></tr>
</table>

2. 考试说明

上表中列出了本职业等级的鉴定范围、选考方式、鉴定比重、考核时间、考核形式等内容。依据考核内容结构表，本职业初级考核要求如下：

（1）理论考试形式为闭卷笔试，总分为 100 分；救生技术考核形式为实际操作，总分为 100 分。在考核内容中，理论或操作技能如有一科未达到 60 分，即视为不合格。

（2）理论部分时间为 60 分钟，操作技能部分考试时间为 35 分钟。

（3）理论考试内容包括：职业道德，包括道德概念和职业守则；观察与判断；救生游泳基本技术；赴救技术；现场急救技术和安全预防等。

（4）操作技能考核内容包括

① 现场赴救：入水、接近、拖带、上岸等技术，其鉴定比重为总分的 30%，考核时间为 10 分钟。考核形式为：学员假扮溺水者，游至距岸边 15 米处正面、侧面或背面原地等候。考评员给考生发出信号，考生入水、接近溺水者，并将其拖带至岸边，上岸。

注：在现场赴救这一项目考核中，不允许考生带游泳镜进行考核。

② 陆上解脱：头发被抓、手被抓、颈部被抱、腰部被抱等技术动作。其鉴定比重为总分的 20%，考核时间为 5 分钟。

③ 心肺复苏是指开放呼吸道、呼吸支持、心脏按压等，其鉴定比重为总分的 25%，考核时间为 5 分钟。考核形式是对模拟人进行心肺复苏的操作。

注：心肺复苏是初级游泳救生员实操考核中的否定项目，如果心肺复苏操作程序错误或其该项目总分不足 15 分，即算该项目考核不合格。心肺复苏项目考核不合格者，初级游泳救生员实操考核即为不合格。

（5）25 米速度游和 20 米潜泳为操作技能达标项目，未达标者不能参加操作技能其他项目的考核。

3. 初级游泳救生员考核评分标准

（1）初级游泳救生员游泳技能达标评分标准

考核项目	内　容	考核标准	要　求	说　明
速度游	25 米	男 20 秒、女 22 秒	速度游	达标合格后才能进入下一阶段进行考核。各项均可补考一次。
潜　泳	20 米	蹬边出发，潜游至 20 米处出水面	躯体不能露出水面；方向准确	

（2）现场赴救技术评分标准——分值：30 分，考核形式：实操

项目	分类分值	内容	考核要点	扣分标准	得分
现场赴救	入水 5 分	蛙腿式	①入水时，两腿向下做蛙泳蹬夹腿，同时两手臂向下抱压水。 ②头部始终保持在水面上。 ③眼睛始终不离赴救目标。	双臂或两腿没有分开扣 2 分。 水没过头部扣 5 分。 眼睛离开溺水者扣 2 分。	
		跨步式	①入水时，两手向前下方抱压水，同时两脚作剪水动作。 ②头部始终保持在水面上。 ③眼睛始终不离赴救目标。	双臂或两腿没有分开扣 2 分。 水没过考生头部扣 5 分。 眼睛离开溺水者扣 2 分。	
	接近 10 分	正面接近	①入水后，游至离溺水者 3 米左右急停。 ②下潜至溺水者髋部以下转体 180 度。 ③单手或双手腋下控制住溺水者。	3 米左右未急停下潜扣 3 分。 没有在髋部以下将溺水者转体 180 度扣 5 分。 未能有效控制住溺水者扣 2 分。	
		背面接近	①救生员游至距溺水者 1 ~ 2 米左右处急停。 ②单手、双手托腋或夹胸控制住溺水者。	距离太近或太远扣 4 分。 没有急停扣 4 分。 未能有效控制溺水者扣 2 分。	
		侧面接近	①游至溺水者 3 米左右处，转为侧向游进，抓住溺水者近侧手腕。 ②单手、双手托腋或夹胸控制住溺水者。	3 米左右未侧向游进扣 3 分。 未抓住溺水者近侧手腕扣 5 分。 未能有效控制溺水者扣 2 分。	
	拖带 10 分	夹　胸	①反蛙泳腿或侧泳腿技术拖带。 ②溺水者口鼻必须露出水面。 ③使溺水者保持身体水平位置。 ④夹胸手不能压迫溺者的颈动脉。	拖带技术运用不合理扣 4 分。 拖带中溺水者口鼻没入水中（第 1 次扣 5 分，两次为 0 分）。 拖带脱手扣 10 分。 拖带方向错误扣 2 分。 溺水者下肢下沉扣 4 分。 拖带时压迫溺者的颈动脉扣 5 分。	
		双手托腋	①救生员托住溺水者的双腋，采用反蛙泳或仰泳拖带。 ②溺水者口鼻必须露出水面。 ③使溺水者保持身体水平位置。		
	上岸 5 分	深水无阶梯单人上岸	①用单手抓住溺水者的一只手，压在池岸边上，将溺水者的另一只手重叠按住。 ②按住溺水者重叠的双手背，用蛙腿脚蹬夹上岸。 ③交叉手紧握溺水者手腕处，将溺水者转体 180 度呈背对岸边，垂直上提。 ④上岸后脱出一手移至溺水者颈背部，另一手将溺水者双腿原地旋转 90 度。	上岸时脱手扣 5 分。 没有用两手交叉的方法，将溺水者原地转体 180 度扣 5 分。 原地旋转溺水者双腿时未对头部进行保护扣 2 分。	

（3）陆上解脱技术评分标准——分值：20 分，考核形式：实操

项目	分类分值	内容	考核要点	扣分标准	得分
解脱	陆上解脱20 分	头发被抓	①两种方法:压腕扳手、扳指推肘。 ②解脱后有效控制住溺水者。	解脱时用力过度或不足扣 4 分。 解脱过程动作不连贯扣 4 分。 解脱动作的手法错误扣 8 分。 解脱后未对溺水者有效控制扣 4 分。	
		手被抓	①单手被抓:转腕、推击。 ②交叉手(臂)被抓:推击加转腕。 ③双手(臂)被抓:转腕、推击。 ④单手被双手抓:推击、转腕。 ⑤解脱后有效控制住溺水者。		
		颈部被抱	①颈部被抱持:正面被抱持上推双肘、背面被抱持压腕上推单肘。 ②解脱后有效控制溺水者。		
		腰部被抱	①正面抱持:夹鼻推颌、弓身抽手。 ②背面抱持:扳指弓身抽手、屈肘扩张。 ③解脱后有效控制溺水者。		
最多考核三项,至少有两项正确。					

(4) 现场急救评分标准——分值：30 分，考核形式：实操+笔试

① 心肺复苏技术评分标准——分值：25 分，考核形式：实操

项目	分类分值	内容	考核要点	扣分标准	得分
心肺复苏	检查10分	1. 检查意识,求救3分	轻拍肩膀并呼喊有无反应,高声呼救:你怎么了,快去打“120”。	没有轻拍双肩口1分。 没有呼叫扣2分。	
		2. 清除异物1分	用食指和中指清除异物。	没有清理异物扣1分。	
		3. 打开呼吸道3分	仰头抬颏法:一手掌根压前额,另一手食指及中指放在下颌部的颏骨体上,向上抬起下颏而使颌向前。	头部后仰不到位扣1分。 打开呼吸道手法不正确扣2分。	
		4. 判断呼吸3分	耳朵靠近溺水者口鼻:①看胸部起伏。②听吐气声。③感觉气吹到脸上。	每漏做一动作扣1分。	
	胸外心脏按压15分	5. 口对口人工吹气4分	①实施条件,在没有呼吸的条件下,先给予两口气。 ②两指捏住鼻子。 ③吹气量以明显看到胸部起伏。	吹不进气或漏气扣2分。 没捏鼻子或两次吹起中间没放开鼻子扣4分。	
		6. 检查脉搏3分	食指、中指在甲状软骨下摸到气管后,手指向外滑动,在气管与颈部肌肉之间的凹沟内即可以触及颈动脉。	检查脉搏位置错误扣3分。	
		7. 按压部位、手法8分	部位:先一手的中指沿溺者的胸廓下部肋缘向上滑动摸到肋弓和剑突交点处为胸骨下切迹。食指并拢中指,另一手掌根部沿胸骨下滑一直碰到食指,该手掌中心部位应该是胸骨下二分之一段的中点。 手法:一手掌根部置于选定的按压部位的胸骨上,使手指不触及胸壁和肋骨,另一手掌部放在一手掌根部重叠,五指相互交叉。	①定位不正确扣3分。 ②按压次数错误扣3分。 ③明显按压动作错误扣2分。	
备注		操作顺序错误计0分			

② 运动损伤急救——分值：5 分，考核形式：笔试

二、中级游泳救生员操作技能考核内容及标准

（一）考核内容结构表

等级＼形式	达标项目	实操部分	理论部分
中级 游泳救生员 考核内容	1. 25 米速度游(男 18 秒,女 20 秒) 2. 水中徒手踩水 20 秒	1. 现场赴救 2. 颈托佩带方法 3. 陆上急救板使用 4. 心肺复苏 5. 培训与管理	1. 理论试卷

（二）中级游泳救生员考核标准

1. 中级游泳救生员实操考核内容结构表

鉴定范围＼鉴定要求＼要求		现场赴救						现场急救		培训与管理		合计
		入水	接近	解脱	拖带	上岸	急救板的使用	佩带颈托	心肺复苏	培训	管理	
中级	选考方式	必考					必考	必考	必考	必考		
	鉴定比重(%)	30					10	10	40	10		100
	考试时(MIN)	5					5	5	5	5		25
	考核形式	实操					实操	实操	实操	口试		

2. 考试说明

上表中列出了本职业等级的鉴定范围、选考方式、鉴定比重、考核时间、考核形式等内容。依据考核内容结构表，本职业中级考核要求如下：

（1）理论考试时间为 60 分钟，实践操作考核时间为 25 分钟。

（2）理论笔试包括：游泳公共卫生安全常识、游泳卫生常识、自我救助、安全标识设置、突发事件紧急处理预案、救生器材、急救器材、救生员装备、器材的管理与保养、通讯器材和联络信号的设置、救生基本技术、现场赴救、现场急救等。

（3）操作技能考核包括：

① 现场赴救：包括入水、接近、解脱、拖带、上岸等技术，其鉴定比重为总分的 30%，考核时间为 5 分钟。考核形式为：学员假扮溺水者，游至距岸边 15 米处正面、侧面或背面原地等候。考评员给考生发出信号，考生完成入水、接近、解脱溺水者，并将其拖带至岸

边，上岸。

注：在现场赴救这一项目考核中，不允许考生戴游泳镜进行考核。

② 心肺复苏技术：是指开放呼吸道、呼吸支持、心脏按压等，其鉴定比重为总分的40%，满分为40分，及格分数为24分，考核时间为5分钟。考核形式是对模拟人进行心肺复苏的操作。

注：心肺复苏是中级游泳救生员实操考核中的否定项目，如果心肺复苏操作程序错误或其该项目总分不足24分，即算该项目考核不合格。心肺复苏项目考核不合格者，中级游泳救生员实操考核即为不合格。

③ 佩带颈托：学员假扮颈椎受伤者，考生两人一组，互相交叉操作，对受伤者进行颈托的佩戴，考评员根据完成情况进行打分，其鉴定比重为总分的10%，考核时间为5分钟。

④ 陆上急救板的使用：学员假扮颈椎受伤者，考生两人一组配合，互相交叉操作，另再配备两人学员，协同完成。考评员根据完成情况进行打分，鉴定比重为总分的10%，考核时间为10分钟。

⑤ 培训与管理

（4）25米速度游和20秒踩水为达标项目，这两项考核未达标者不能参加后续技能考核。

3. 中级游泳救生员考核评分标准

（1）中级游泳救生员达标评分标准

考核项目	内　容	考核标准	要　求	说　明
速度游	25米	男18秒、女20秒	25米速度游	达标合格后才能进入下一阶段进行考核。各项均可补考一次。
踩　水	踩水20秒	水中徒手踩水20秒	双手肘关节露出水面	

（2）赴救技术评分标准（30分）

考核形式：实操

项目	分类分值	内容	考核要点	扣分标准	得分
现场赴救	入水3分	蛙腿式	①入水时,两腿向下做蛙泳蹬夹腿,同时两手臂向下抱压水。 ②头部始终保持在水面上。 ③眼睛始终不离赴救目标。	双臂或两腿没有分开扣1分。 水没过头部扣3分。 眼睛离开溺水者扣1分。	
		跨步式	①入水时,两手向前下方抱压水,同时两脚作剪水动作。 ②头部始终保持在水面上。 ③眼睛始终不离赴救目标。	双臂或两腿没有分开扣1分。 水没过考生头部扣3分。 眼睛离开溺水者扣1分。	
	接近6分	正面接近	①入水后,游至离溺水者3米左右急停。 ②下潜至溺水者髋部以下转体180度。 ③单手或双手腋下控制住溺水者。	3米左右未急停下潜扣2分。 没有在髋部以下将溺水者转体180度扣3分。 未能有效控制住溺水者扣1分。	
		背面接近	①救生员游至距溺水者1~2米左右处急停。 ②单手、双手托腋或夹胸控制住溺水者。	没有急停扣2分。 距离太近、太远扣3分。 未能有效控制溺水者扣1分。	
		侧面接近	①游至溺水者3米左右处,转为侧向游进,抓住溺水者近侧手腕。 ②单手、双手托腋或夹胸控制住溺水者。	3米左右未侧向游进扣2分。 未抓住溺水者近侧手腕扣3分。 未能有效控制溺水者扣1分。	
	解脱12分	头发被抓	①两种方法:压腕扳手、扳指推肘。 ②解脱后有效控制住溺水者。	解脱时用力过度或不足扣2分。 解脱过程动作不连贯扣2分。 解脱动作的手法错误扣4分。 解脱后未对溺水者有效控制扣4分。	
		手被抓	①单手被抓:转腕、推击。 ②交叉手(臂)被抓:推击加转腕。 ③双手(臂)被抓:转腕、推击。 ④单手被双手抓:推击、转腕。 ⑤解脱后有效控制住溺水者。		
		颈部被抱	①颈部被抱持:正面被抱持上推双肘、背面被抱持压腕上推单肘。 ②解脱后有效控制溺水者。		
		腰部被抱	①正面抱持:夹鼻推颌、弓身抽手。 ②背面抱持:扳指弓身抽手、屈肘扩张。 ③解脱后有效控制溺水者。		
	拖带6分	夹胸	①反蛙泳腿或侧泳腿技术拖带。 ②溺水者口鼻必须露出水面。 ③使溺水者保持身体水平位置。 ④夹胸手不能压迫溺者的颈动脉。	拖带技术运用不合理扣3分。 拖带中溺水者口鼻没入水中(第1次扣3分,两次为0分)。 拖带脱手扣6分。 拖带方向错误扣1分。 溺水者下肢下沉扣3分。 拖带时压迫溺者的颈动脉扣3分。	
		双手托腋	①救生员托住溺水者的双腋,采用反蛙泳或仰泳拖带。 ②溺水者口鼻必须露出水面。 ③使溺水者保持身体水平位置。		
	上岸3分	深水无阶梯单人上岸	①用单手抓住溺水者的一只手,压在池岸边上,将溺水者的另一只手重叠按住。 ②按住溺水者重叠的双手背,用蛙腿脚蹬夹上岸。 ③交叉手紧握溺水者手腕处,将溺水者转体180度呈背对岸边,垂直上提。 ④上岸后脱出一手移至溺水者颈背部,另一手将溺水者双腿原地旋转90度。	上岸时脱手扣3分。 没有用两手交叉的方法,将溺水者原地转体180度扣3分。 原地旋转溺水者双腿时未对头部进行保护扣1分。	

(3) 佩带颈托评分标准(10分)

考核形式:实操

项目	分类	内容	考核要点	扣分标准	得分
佩带颈托	佩带颈托10分	检查 B1分	①询问伤情。 ②检查颈部。	其中一项未完成扣1分。	
		复位 A3分 B2分	①双手掌放在受伤者头两侧,拇指轻按额,食、中指按面颊,无名指和小指放在耳下。 ②左右复位。 ③前后复位。	A手法错误扣1分。 A鼻尖与肚脐未呈一条直线扣1分;B扣1分。 A头部仰至嘴角和耳垂的连线与地面没有垂直扣1分;B扣1分。	
		佩带 B4分	①测量:用手指度量受伤者由下颌骨角下方到锁骨的距离。 ②佩带:将颈套一端穿入后颈,将下颌垫小圆点与受伤者的下颌尖吻合。	适合的尺寸选错扣2分。 下颌垫小圆点与受伤者的下颌尖不相吻合扣1分。 颈托过紧或过松扣1分。	

(4) 陆上急救板评分标准(10分)

考核形式:实操

项目	分类	内 容	考核要点	扣分标准	得分
急救板	陆上急救板使用10分	1号位:头锁－改良肩头锁－侧翻－复原平卧位－斜方肌锁－平移定位－头部两侧放置泡沫垫、头部扣带。 2号位:胸头锁－侧翻－复原平卧位－胸头锁－胸、腰、脚扣带－胸头锁。	考生技术动作正确、口令准确、协调一致。 顺序: 头锁－胸头锁－改良肩头锁－侧翻－插入急救板－复原平卧位－胸头锁－斜方肌锁－平移定位－胸、腰、脚扣带－胸头锁－头部两侧放置泡沫垫－扣带。	头锁错误扣1分。 改良肩头锁错误扣1分。 斜方肌锁错误扣1分。 没有平移定位扣1分。 胸头锁手法错误扣2分(每次1分)。 侧翻不到位或没有控制溺者扣1分。 胸、腰、脚扣带顺序及手法错误扣1分(记胸带时两手臂被扣、脚底没有绕"8"字)。 头部两侧放泡沫垫放置不到位扣1分。 口令不清晰准确扣1分。	

注:对AB学员两人同时进行成绩评定,完成后相互交换。

(5) 心肺复苏评分标准(40分)

考核形式:实操

项目	分类	内 容	考核要点	扣分标准	得分
心肺复苏	判断心搏呼吸骤停和畅通呼吸道15分	1. 检查意识，求救3分	轻拍肩膀并呼喊有无反应，高声呼救：你怎么了，快去打“120”。（平卧位）	摇动肩部用力过猛扣2分。 没有高声呼叫扣1分。	
		2. 清除异物1分	用食指和中指把异物清除。	没有清理扣1分。	
		3. 打开呼吸道（仰头抬颏法）8分	一手掌根压前额，另一手食指及中指放在下颌部的颏骨体上，向上抬起下颏而使颌向前。	拇指和食指压放前额扣2分。 压迫颏下软组织扣4分。 头部后仰过度伸展扣2分。	
		4. 判断呼吸3分	耳朵靠近溺水者口鼻：①看胸部有无起伏。②听呼吸道有无气流通过的声音。③感觉呼吸道有无气体排出。	没看胸部有无起伏扣1分。 没听呼吸道气流通过的声音扣1分。 没感觉呼吸道有无气体排出扣1分。	
	人工呼吸6分	5. 口对口人工吹气6分	①没有呼吸，先给予两口缓慢均匀的气。 ②拇指和食指要捏住鼻孔。 ③吹气量以明显看到胸部起伏。	气吹不进扣2分。 没有吹两口气扣1分。 吹气时口没有包住溺者口唇，漏气扣1分。 没有捏住（或松开）鼻孔扣1分。 没有看到胸部起伏扣1分。	
	人工循环19分	6. 检查脉搏1分	食指、中指在甲状软骨下摸到气管后，手指向外滑动，在气管与颈部肌肉之间的凹沟内即可以触及颈动脉。	检查脉搏部位不准确扣1分。	
		7. 按压部位、手法16分	部位：先一手的中指沿溺者的胸廓下部肋缘向上滑动摸到肋弓和剑突交点处为胸骨下切迹。食指并拢中指，另一手掌根部沿胸骨下滑一直碰到食指，该手掌中心部位应该是胸骨下二分之一段的中点。 手法：一手掌根部置于选定的按压部位的胸骨上，使手掌手指不触及胸壁和肋骨。	定位不正确扣8分。 手法错误 ①两手掌重叠扣1分。 ②手指压在胸壁上扣1分。 ③左右摆动扣1分。 ④肘部弯曲扣1分。 ⑤按压速度不自主地加快或减慢扣1分。 ⑥按压与吹气比例不正确扣1分。 ⑦冲击式按压、猛压扣1分。 ⑧放松时定位手掌根部离开胸骨定位点扣1分。	
		8. 问答2分	1. 按压频率：100次/分钟。 2. 按压深度4～5厘米。 3. 按压与吹气比率：成人30∶2。 4. 吹气量700～1000ml。 5. 按压与放松比例1∶1。 6. 再次评估：5个周期后或2人以上每2分钟轮换。 ①有呼吸者：处于侧卧位；保证畅通呼吸道；监测意识呼吸脉搏。 ②无呼吸者：有脉搏，每5秒吹气一口（10～12次/分）。 ③无呼吸者：无脉搏，继续徒手CPR。	回答错误扣2分。	
备注	操作顺序错误0分；问答口试任选一题。				

三、高级游泳救生员操作技能考核内容及标准

（一）考核内容结构表

等	实操部分	理论部分
高级游泳救生员 考核内容	1．水中急救板的使用 2．心肺复苏的讲解与操作 3．培训与管理	见考核说明

（二）高级游泳救生员考核标准

1．高级游泳救生员实操考核内容结构表

		培训与管理	水中急救板	心肺复苏 讲解与操作	合　计
高级	选考方式	必考	必考	必考	
	鉴定比重（%）	40	20	40	100
	考试时间（MIN）	40	10	10	60
	考核形式	笔试、口试	实操	实操、口试	

2．考试说明

上表中列出了本职业等级的鉴定范围、选考方式、鉴定比重、考核时间、考核形式等内容。依据考核内容结构表，本职业高级考核要求如下：

（1）理论考试时间为 60 分钟，实践操作考核时间为 60 分钟。

（2）理论笔试包括：游泳公共卫生安全常识、游泳卫生常识、自我救助、安全标识设置、突发事件紧急处理预案、救生器材、急救器材、救生员装备、器材的管理与保养、通讯器材和联络信号的设置、救生基本技术、现场赴救、现场急救等。

（3）操作技能考核包括：

① “培训与管理”考试时间为 40 分钟，水中急救板考核时间为 10 分钟，心肺复苏讲解与操作考核时间为 10 分钟。

② “培训与管理”包括培训与管理两个部分，其鉴定比重为总分的40%，考核时间为40分钟。考核形式：培训部分的分值为20分，其考核形式为考生根据抽取的题签，进行现场的示范与讲解，考评员根据考生在教学及考核技术要点的把握、示范面的掌握及示范能力、讲解能力与表达等几个方面进行现场评分；管理部分的分值为20分，其考核形式为笔试，考生将根据具体命题，制定一份有针对性的开发管理计划。考评员将根据考生布岗图、观察区划分、值岗救生员管理以及应急预案等几方面进行评分。

③ 水中急救板的使用：学员假扮颈椎受伤者，考生两人一组配合，互相交叉操作，另再配备两人学员，协同完成。考评员根据完成情况进行打分，鉴定比重为总分的20%，考核时间为10分钟。

注：在水中急救板这一项目考核中，不允许考生戴游泳镜进行考核。

④ 心肺复苏技术：是指开放呼吸道、呼吸支持、心脏按压等，其鉴定比重为总分的40%，考核时间为10分钟。考核形式是首先对心肺复苏的考核步骤和考核要点进行讲解，后对电脑模拟人进行心肺复苏的操作，其鉴定比重为总分的40%。在讲解部分中，考评员将根据考生对教学及考核技术要点的把握、示范面的掌握及示范能力、教学语言的使用、亲和力与学员的交流能力等几个方面对考生进行评分。

注：心肺复苏是高级游泳救生员实操考核中的否定项目，如果心肺复苏操作程序错误或其该项目考核不合格者，高级游泳救生员实操考核即为不合格。

3. 高级游泳救生员考核评分标准

(1) 培训与管理考核评分标准

在培训部分的考核中，考评员将从教学及考核技术要点的把握、示范面的掌握及示范能力以及讲解能力与语言表达等几个方面对考生进行评定。在管理部分的考核中，考评员将从布岗图、观察区划分、值岗救生员管理、应急预案的制定等几个方面对考生进行评定。

(2) 水中（浅水）急救板评分标准

考试形式：实操，考试时间10分钟，二人交替考试，总分：20分。

项目	分类	内　容	考核要点	扣分标准
水中急救板的使用	上臂固定法	①1号救生员使用手法将伤者头部固定。脸部向上，口鼻露出水面，招呼同伴协助。并向池岸边靠近。	1. 固定手法正确。 2. 口鼻露出水面。	扣2分 扣2分
		②2号救生员持急救板轻轻下水，在1号救生员指挥下，将板插入伤者身下。随即使用手钳固定法固定伤者头部。用手钳固定法固定伤者在急救板上。	1. 轻轻入水。 2. 板位准确。 3. 固定手法正确。	扣1分 扣2分 扣1分
		③1号救生员将伤者双臂放置身体两侧，然后到板头，背靠池边，用肩胸承托板头，两臂固定板边，双手扶持伤者面颊，固定头部。	1. 两臂放在体侧。 2. 用肩胸承托板头。 3. 用两臂固定板边。 4. 双手固定头部。	扣1分 扣1分 扣1分 扣1分
		④2号救生员按胸、腰、腿顺序固定伤者。	依次扣上胸、腰、腿。	扣2分
		⑤2号救生员用手钳固定法固定伤者头部。	固定手法正确。	扣1分
		⑥1号救生员用头部固定器固定伤者头部。	放置固定器和固定正确。	扣2分
		⑦1、2号救生员移至急救板两侧，将板头抬上池岸。	动作轻缓，配合协调。	扣1分
		⑧2号救生员上岸抓紧板头，1号救生员移至板尾，合力将伤者搬到池面。	1、2号救生员配合时，口令准确。	扣2分

(3) 心肺复苏考核标准（见中级）

备注：讲解20%，分值20分；对电脑模拟人的现场操作20%，分值20分。

思考题

1. 依据游泳救生员国家职业标准和游泳救生员培训大纲，初级游泳救生员培训总时数为多少学时？理论与技能培训学时各占多少？

2. 依据游泳救生员实操考核内容和标准，初级游泳救生员达标项目包括哪些？其考核标准是什么？

3. 依据游泳救生员实操考核内容和标准，初级游泳救生员实操考核包括哪些项目？如何配分？

4. 依据游泳救生员国家职业标准和游泳救生员培训大纲，中级游泳救生员培训总时数为多少学时？理论与技能培训学时各占多少？

5. 依据游泳救生员实操考核内容和标准，中级游泳救生员达标项目包括哪些？其考核标准是什么？

6. 依据游泳救生员实操考核内容和标准，中级游泳救生员实操考核包括哪些项目？如何配分？

7. 依据游泳救生员国家职业标准和游泳救生员培训大纲，高级游泳救生员培训总时数为多少学时？理论与技能培训学时各占多少？

8. 依据游泳救生员实操考核内容和标准，高级游泳救生员实操考核包括哪些项目？如何配分？

9. 心肺复苏是各级游泳救生员实操考核中的否定项目。心肺复苏在各级游泳救生员实操考核中各占多少分？及格分数为多少？

10. 在初级游泳救生员和中级游泳救生员实操考核中，解脱项目的考核有何区别，各占多少分值？

出版人　李　飞
责任编辑　佟　晖
审稿编辑　董英双
责任校对　未　茗
版式设计　佟　晖
版式设计　博文宏图

图书在版编目(CIP)数据

游泳池救生教程/高捷主编．－北京:北京体育大学出版社,2014.4
高等教育体育学精品教材
ISBN 978－7－5644－1591－4

Ⅰ．①游…　Ⅱ．①高…　Ⅲ．①水上救护－高等学校－教材　Ⅳ．①G861.17

中国版本图书馆 CIP 数据核字(2014)第 062609 号

游泳池救生教程　　高　捷　主编

出　　版　北京体育大学出版社
地　　址　北京海淀区信息路 48 号
邮　　编　100084
邮 购 部　北京体育大学出版社读者服务部 010－62989432
发 行 部　010－62989320
网　　址　http://cbs.bsu.edu.cn
印　　刷　北京昌联印刷有限公司
开　　本　787×1092 毫米　1/16
成品尺寸　260×185 毫米
印　　张　12.5

2017 年 1 月第 1 版第 2 次印刷
定　价　40.00 元
（本书因印制装订质量不合格本社发行部负责调换）